ŒUVRES COMPLÈTES DE J. MICHELET

HISTOIRE DE FRANCE

ÉDITION DÉFINITIVE, REVUE ET CORRIGÉE

TOME DIXIÈME

HENRI IV

PARIS
ERNEST FLAMMARION, ÉDITEUR
26, RUE RACINE, PRÈS L'ODÉON

Tous droits réservés.

HISTOIRE

DE FRANCE

X

IMPRIMERIE E. FLAMMARION, 26, RUE RACINE, PARIS.

ŒUVRES COMPLÈTES DE J. MICHELET

HISTOIRE DE FRANCE

ÉDITION DÉFINITIVE, REVUE ET CORRIGÉE

TOME DIXIÈME

HENRI IV

PARIS

ERNEST FLAMMARION, ÉDITEUR

26, RUE RACINE, PRÈS L'ODÉON

Tous droits réservés.

HISTOIRE DE FRANCE

CHAPITRE PREMIER

Le roi d'Espagne fait faire les *Barricades* de Paris. (Mai 1588.)

« Le duc de Guise est triste, écrivait à son maître l'envoyé de Florence; il a perdu la gaieté qui lui était habituelle. A peine âgé de trente-cinq ans, il a déjà des cheveux blancs aux tempes. Regrette-t-il d'avoir manqué son but? Forme-t-il de nouveaux projets? » (Alberi, *Cath.*)

Il n'est pas difficile maintenant de répondre à cette question. Guise sentait dès lors parfaitement le nœud qui le tenait au cou. *Il ne pouvait agir ni sans l'Espagnol ni par lui.* Il devait périr au lacet dont fut étranglé Don Juan.

On l'a vu en 1583, lancé par les Jésuites, vouloir jouer le tout pour le tout et brusquer l'affaire d'Angleterre; un mot de Mendoza le ramena en arrière.

En 1587, Philippe lui avait promis de l'argent et des troupes, l'assistance même du prince de Parme ; mais le 11 août, il écrivait que, le roi de France agissant lui-même contre les Allemands, *il était inutile* d'aider le duc de Guise ; celui-ci resta faible, réduit aux escarmouches, incapable de faire de grandes choses.

Philippe II avait sur les Guises l'opinion du duc d'Albe, que c'étaient des brouillons et de dangereux intrigants. Leur alliance avec Don Juan ne dut pas modifier cette opinion. Il sut probablement l'offre de Guise aux catholiques anglais (1583) de les aider à chasser l'Espagnol quand on s'en serait servi.

L'envoyé d'Henri III, Longlée, toucha Philippe à un point bien sensible en lui disant (1587) « qu'une étroite liaison existait entre Guise et le prince de Parme ». Celui-ci, comme tous les Farnèse, avait eu toujours à se plaindre du roi d'Espagne. On avait vu la dureté sauvage de Charles-Quint au meurtre de Pierre Farnèse, et sa saisie sur les enfants qui, par leur mère, étaient pourtant les propres petits-fils de Charles-Quint. Cette mère, Marguerite de Parme, gouvernante des Pays-Bas, servit avec intelligence et d'un zèle admirable, sans obtenir la moindre gratitude pour ses intérêts d'Italie. Elle en pleurait souvent. Au fils de Charles-Quint elle fit un grand don ; elle donna son fils Alexandre, le grand tacticien, ce fort et froid génie qui, mêlant la victoire au crime, la douceur à la cruauté, reconquit pour l'Espagne tous les Pays-Bas catholiques. Il venait de mettre le sceau à cette œuvre par le siège d'Anvers, la plus grande opération du siècle, lorsque la mort de son père le fit prince de Parme. Philippe II, qui s'était longuement fait tirer l'oreille pour leur rendre Plaisance, et peut-être ne désirait pas que les Farnèse s'affermissent, refusa durement au prince d'aller voir ses États; il redouta l'effet qu'aurait au delà des monts l'apparition de ce vainqueur, qui avait fait ce que n'avait pu le duc d'Albe, et la réflexion qui fût venue que l'Espagnol n'était grand que par le génie et le sang italien. Donc, on le cloua en Flandre; usé déjà, malade, désirant le soleil, on lui dit que c'était assez d'aller aux eaux de Spa; on lui défendit l'Italie, on le retint au Nord pour traîner jusqu'au bout dans la guerre des marais, des fanges et des brouillards.

Parme était mécontent et Guise mécontent. Philippe II les tenait tous les deux comme deux chevaux généreux, deux arabes pur sang attelés à une charrette.

Il employait le prince de Parme dans les travaux immenses de construction nécessaires pour la flotte complémentaire de bateaux plats qui devaient porter son armée en Angleterre sous la protection de l'*Armada*. De son grand général, il avait fait un bûcheron, un charpentier, que sais-je? Il lui fit d'abord abattre une forêt de Flandre pour les matériaux, puis ramasser dans tout le Nord d'innombrables tonneaux pour faire les ponts, puis réunir une masse incroyable de fagots ou fascines qui feraient des retranchements pour l'armée débarquée. Long et fastidieux travail, ridicule même par l'excès des précautions, jusqu'à bâtir dans les bateaux des fours à cuire le pain pour un trajet de deux jours! Ajoutez qu'une chose travaillée ainsi publiquement pendant quatre ans, et si connue de l'ennemi, était presque sûre d'avorter.

Maintenant que faisait-il de Guise? On voyait beaucoup mieux ce qu'il n'en faisait pas. Il avait agi avec lui justement comme le désirait Henri III. La superbe occasion d'une grande victoire nationale sur l'armée allemande, indisciplinée, errante, ivre, il l'avait enlevée à Guise en lui refusant le secours promis. Ce nouveau Don Juan aurait eu là à bon marché sa victoire de Lépante. L'Espagne la lui souffle. Je ne m'étonne pas s'il blanchit.

Et pourquoi, dira-t-on, Guise, ayant les Jésuites et la Ligue, ayant le peuple, ayant le pape, n'agit-il pas sans Philippe II?

1° *Il n'avait pas le pape*. Sixte-Quint fut toujours ennemi de la Ligue, comme de toute révolte. Il refusa l'argent, il refusa les troupes. A un ambassadeur d'Espagne qui lui disait qu'on le forcerait par une sommation générale des princes, la vieille tête de fer répondit : « Sommez-moi; je vous coupe la tête! »

2° *Guise n'avait pas le peuple*, comme on l'a dit. A Paris même, où le clergé paraissait maître, il n'y avait pas un tiers du peuple pour la Ligue (Cayet). Et, dans ce tiers encore, il y avait des gens qui n'étaient pour la Ligue qu'à force de peur, comme le président colonel Brisson.

Voilà les deux fortes raisons pour lesquelles Guise fut obligé d'attendre et de dépendre, n'agissant pas à son jour ni librement, mais au jour de Philippe II, pour sa commodité, et n'étant qu'un accessoire de la politique espagnole.

Les auteurs de mémoires se demandent pourquoi les *Barricades* eurent lieu le 12 mai, lorsque Guise ne se croyait pas prêt encore. Elles eurent lieu parce que Philippe II était prêt, et qu'il le voulut ainsi; son *Armada* devait sortir le 29 du port de Lisbonne; il voulait qu'Henri III annulé, la France effarée et surprise de ses propres événements, ne pussent pas regarder au dehors, laissassent tranquillement le prince de Parme quitter la Flandre dégarnie et faire la grande affaire anglaise.

De sorte que cette longue, vaste et terrible révolution de France était un épisode dans le poème gigantesque de Philippe II, un incident utile, mais secondaire. Guise, en faisant la guerre dans la boue des rues de Paris, allait rendre possible à l'Espagne de cueillir ce laurier sublime de la grande victoire européenne. Philippe, avec son écritoire, par l'épée de Farnèse et l'intrigue de Guise, serait le vainqueur des vainqueurs.

Mortification singulière, quand on y songe, pour les ligueurs français, pour le clergé, qui, dès 1561, constitua dans la maison de Guise un capitaine héréditaire de l'Église, et qui, en même temps, appela l'Espagne, de voir qu'en réalité, au lieu de se servir de l'Espagnol, il devenait son serviteur, le valet du roi politique qui, si barbarement, traita le clergé portugais.

Il faut avouer que, pour cette grande opération tant retardée, Philippe II avait choisi un moment admirable.

L'Angleterre, fortifiée en 87 par la mort de Marie Stuart, s'était fait en 88 la plaie la plus sensible.

Élisabeth, appelée aux Pays-Bas, y avait envoyé l'indigne favori Leicester, dont tout le mérite était une grande apparence de zèle protestant. La Hollande le reçut avec une confiance extraordinaire, lui donna plus de pouvoir que la reine n'avait demandé. Un parti se forma pour faire de cet Anglais un souverain absolu du pays. Une bonne part de la populace demandait un tyran. Les États généraux montrèrent une vigueur admirable; en gardant un profond respect pour la reine d'Angleterre, ils firent couper la tête aux traîtres qui conspiraient pour elle. Dégoûtés et découragés, les Anglais écoutaient les propositions de l'Espagne. Les États généraux soutinrent qu'il n'y avait de paix que dans la victoire, et ils mirent leur pensée de bronze dans des médailles sublimes, l'une, entre autres, avec la devise : « Le lion libre ne revient pas aux fers. »

Élisabeth, qui montra du courage une fois que la guerre commença, parut d'abord faible et femme dans cette vaine idée de l'éviter, dans cette mollesse d'écouter les hâbleries dont l'Espagnol l'amusait pour la mieux surprendre.

Son Leicester était perdu, et Henri III était perdu, quand Philippe ébranla sa flotte.

Seulement il avait fallu qu'Henri III ruiné reçût le

coup suprême, fût déraciné, perdît terre, s'envolât au vent comme une feuille morte. C'est ce que fit le jour des *Barricades*.

Les deux partis étaient en face. Le roi avait failli tout récemment être pris par une femme. La duchesse de Montpensier, sœur du duc de Guise, la furie de la Ligue, avait imaginé de fourrer des bandits à La Roquette, maison de plaisance près la porte Saint-Antoine. De là, ils devaient tomber sur le roi quand il reviendrait de chez les moines de Vincennes, où il faisait une retraite, couper la gorge à ses cinq ou six domestiques, et l'enlever à Soissons, où était Guise. On aurait dit aux Parisiens que les huguenots enlevaient le roi, pour exaspérer la foule et lui faire commencer le massacre des politiques.

Il n'y a aucun animal qui, mis en demeure de périr, ne devienne très clairvoyant. Le roi avait fini par voir que la bêtise de sa vieille mère, qui appelait Guise son bâton de vieillesse, les pantalonnades de Villequier et autres, le perdaient. Il ne crut plus que d'Épernon. Celui-ci, colonel de l'infanterie, mit les Suisses à Lagny-sur-Marne, pour menacer Paris d'en haut, et alla, comme gouverneur de Normandie, se saisir en bas de Rouen. En même temps, il voulait s'assurer d'Orléans, de façon à serrer Paris de trois côtés. Cela fait, on eût pu, sans trop grande imprudence, suivre le conseil d'Épernon, qui était d'arrêter et de faire étrangler les pensionnaires de Philippe II.

Les terreurs de ceux-ci coïncidaient avec les intérêts du maître. Philippe attendait la guerre civile de

France pour faire partir son *Armada*. Aux premiers jours d'avril, l'Aragonais Moreo vint à Soissons trouver Guise, et lui intima l'ordre de rompre avec le roi, en l'assurant de trois cent mille écus, de six mille lansquenets et de douze cents lances ; à quoi il ajoutait, ce qui eût fait bien plus, que son maître n'aurait plus d'ambassadeurs auprès du roi, mais *auprès de l'Union*. (Papiers de Simancas ; Mignet, *Marie Stuart*, ch. XII.)

Belles promesses. Mais les tiendrait-on ? Philippe II poussait vers l'Angleterre tout ce qu'il avait d'argent et de force. Il voulait, la Ligue voulait que Guise se jetât dans Paris. Périlleuse exigence. Guise n'avait pas assez de forces pour y venir en ennemi. Et il était difficile d'y venir en ami, lorsque déjà il faisait faire la guerre au roi en Picardie, chassait ses garnisons, se moquait de ses ordres.

Mettre Guise à Paris avant de lui donner des forces, c'était tenter le roi, et, selon toute apparence, l'obliger de le tuer. Cela n'arrêta pas les meneurs. L'ambassadeur d'Espagne était déterminé ; il lui fallait l'explosion. Les Jésuites étaient déterminés ; la soutane est hardie, comme les femmes, qui ne risquent guère ; et l'on a vu de plus, par l'affaire de Marie Stuart, combien ils étaient romanesques, mauvais appréciateurs du possible et de l'impossible, compromettants surtout et peu ménagers de la vie de leurs amis. Pour les autres meneurs, hommes d'exécution, vieux massacreurs connus, qui risquaient bien plus que les prêtres, ils se voyaient percés à jour, menacés de très près, et ils avaient grande hâte de diminuer leur péril en y associant le duc de Guise.

C'était leur serf; ils lui signifièrent que, s'il n'arrivait pas, il ferait bien de ne jamais mettre les pieds dans Paris. Il se mit en voie d'obéir, fit venir de Picardie le duc d'Aumale, appela le ban et l'arrière-ban des siens, fit filer dans la ville un monde de seigneurs, de gentilshommes et de soldats, comme avant la Saint-Barthélemy. « Tout se perdait comme dans une forêt épaisse ou une grande mer. » On a vu déjà, en 1572, comment cela *se perdait*. L'immensité des couvents, des collèges, des vastes cloîtres de chanoines à Notre-Dame, Saint-Germain-l'Auxerrois, pouvait cacher toute une armée.

Cependant on chauffait Paris à blanc par le grand moyen qui ne manque jamais, la peur de la famine. Des mines allongées, des visages pâles, erraient. Des gens prudents se parlaient à l'oreille. On disait : « Que deviendrons-nous? »

Le roi, seul à Paris, n'ayant pas d'Épernon, était fort inquiet. Il envoya Bellièvre à Soissons pour tâcher d'y retenir Guise, le priant assez bassement de ne pas venir, de ne pas augmenter le trouble. Guise paya cet ambassadeur de quelques paroles hypocrites, et s'en débarrassa. Puis, l'ayant fait partir, lui-même monta à cheval, lui laissa la grande route, et, par des chemins de traverse, arriva à Paris en même temps que lui. Le lundi 9 mai, il entra à midi.

Presque seul, ayant à peine cinq ou six cavaliers, il entra dans la foule de la rue Saint-Denis, le nez dans son manteau, sous un grand chapeau rabattu. Là, un jeune homme à lui, comme par espièglerie, enleva le chapeau et tira le manteau : « Monseigneur, faites-vous connaître. »

Un cri s'élève : « C'est le duc de Guise! » Les Parisiens, qui se croyaient déjà affamés, n'auraient pas vu toute une armée pour eux et un grand convoi de farines avec tant de satisfaction. Les vivats éclatèrent. Une dame, au pas d'une boutique, baissa son masque (les élégantes suivaient cette mode italienne), et, d'un riant visage, lui dit : « Bon prince! te voilà!... Nous sommes sauvés ! »

A ce mot, on s'élance, on baise ses bottes. Les fleurs pleuvaient. Il y eut des simples qui frottaient leur chapelets contre lui pour les sanctifier. Il est entouré, étouffé presque, peut à peine passer. Il souriait, mais avait hâte de profiter de la surprise qu'allait causer son arrivée. Il parvint, non sans peine, à l'Hôtel de Soissons (Halle-au-Blé), chez la reine mère. Elle qui négociait, qui croyait l'empêcher de venir, elle le voit tout venu, pâlit, bégaye. Lui, modeste, il assure qu'il ne vient que pour se justifier.

Il espérait en elle. Il avait besoin d'elle pour qu'elle donnât à son fils des conseils de lâcheté. La vieille femme va prendre sa chaise et le conduire au Louvre. En avant, elle envoie Davila, son jeune chevalier, dire au roi que Guise est venu.

Le roi fut si surpris qu'il chancela, s'appuya du coude sur une petite table, soutenant sa tête avec la main dont il se couvrit le visage. Le colonel corse

Ornano et un abbé Del Bene, qui étaient là, dirent qu'il fallait le poignarder. L'abbé, avec douceur, citait le mot biblique : « Je frapperai le pasteur ; les brebis seront dispersées. »

C'était un conseil très hardi ; cependant on croyait que le roi le suivrait et ne se laisserait pas braver dans son Louvre. Crillon, mestre de camp des gardes, voyant le duc entrer, enfonça son chapeau et ne le salua pas, comme un homme qu'on allait tuer. Sixte-Quint aussi, quand on lui conta la chose, était surpris qu'il fût sorti vivant.

Il n'y avait pas grande force au Louvre. Mais, sans nul doute, c'eût été un coup de terreur épouvantable qui d'abord eût paralysé. Beaucoup de gens auraient fui de Paris. Le roi avait des hommes d'exécution, Biron, Crillon et Ornano. Il tenait, outre le Louvre, la Bastille et l'Arsenal, où était l'artillerie. Selon toute apparence, il eût eu vingt-quatre heures pour lui.

Mais lui-même avait peur. Et il avait près de lui des gens comme Villequier qui avaient encore plus peur, calculant que, si on prenait le Louvre et le roi, eux, ils payeraient l'affaire ; la foule les eût mis en morceaux. Ils prêchaient fort pour la douceur, lorsque le duc entra avec la reine mère. Il était défait, pâle, ayant, aux antichambres, aux escaliers, passé entre des épées nues, et perdu là toutes ses politesses sans qu'on lui répondît.

Le roi, de son côté, était très altéré, et son visage montrait une résolution violente. Il lui dit sèchement : « Pourquoi êtes-vous venu ? » Puis à Bellièvre :

« N'étiez-vous pas chargé de dire?... » Et, Bellièvre voulant s'expliquer, le roi lui dit : « Assez. » Et il tourna le dos au duc de Guise. Selon un manuscrit, celui-ci s'assit sur un coffre, non pas par insolence, mais sans doute par émotion.

Cependant les femmes, la reine mère, la duchesse d'Uzès, prenaient le roi à part, lui disaient cette terrible effervescence du peuple, et lui montraient la foule qui avait pénétré dans la cour du Louvre. Bref, on le détrempait.

Guise sentit finement, vivement, ce moment de fluctuation, et prit congé. En sortant, il se demandait si vraiment il vivait encore, et se blâmait de s'être livré à ce hasard. Mais il était sauvé. Il fit venir les meneurs de la Ligue et tous ses gens; il s'arma, s'assura dans son hôtel, quoiqu'il n'en eût plus guère besoin, ayant doublé de force par le succès de sa témérité.

Pendant ce temps-là, le roi avait fait venir Poulain; celui-ci lui disait que la Ligue se réunissait le soir dans telle maison, qu'on pouvait encore rafler tout. Trop tard, beaucoup trop tard. Ce qu'on pouvait au Louvre le matin, on ne le pouvait pas le soir, et hors du Louvre. Le roi n'avait plus rien à faire.

Le 10, Guise était maître. Avec quatre cents gentilshommes cuirassés sous l'habit, les pistolets dans le manteau, il alla faire sa cour au roi, qui dut le bien recevoir. Le bon duc alla ensuite rendre ses respects à la reine régnante, et accompagner le roi à la messe, enfin retourna à son hôtel à travers la foule enthousiaste.

Il dîna. Après son dîner, il alla chez la reine mère, où le roi se rendit. Maintenant c'était au roi à se justifier. Il le fit comme il put, se plaignant seulement des *étrangers* qui étaient cachés en ville et désirant qu'on les chassât. Guise s'offrit pour y aider. Ce fut une farce ; on se moqua des envoyés du roi.

Cela le mit dans une colère d'enfant. « Je dompterai Paris », dit-il. Il envoie ordre aux Suisses de venir de Lagny. On le sut presque avant qu'il l'eût dit, et tout le soir, toute la nuit, on sema le bruit que le roi ferait le lendemain l'exécution des meilleurs catholiques et mettrait la ville au pillage.

Le matin, les Suisses entrent vers quatre heures avec leurs fifres et quelques Gardes-françaises, mèche allumée. Démonstration ridicule. Guise ayant déjà tant de forces, son frère Aumale à une lieue, toutes ses bandes dans la ville, un tiers de la ville pour lui ! le tiers armé, le tiers actif.

Le roi comptait sur les deux autres tiers, et il avait cru faire un grand coup de politique en faisant capitaines, colonels de la garde bourgeoise, des hommes du Parlement. Le colonel président De Thou, mis dès le soir avec ses gens au poste des Innocents, ne put même les y tenir ; ils s'en allèrent, disant que Paris allait être pillé, et qu'ils voulaient défendre leurs femmes et leurs enfants. Le colonel président Brisson, qui était le plus doux des hommes, fut si bien pris par les ligueurs que, de gré ou de force, il se mit avec eux.

Dès cinq heures du matin, l'un des Seize (chefs

des seize quartiers de Paris), le procureur Crucé, fait sortir de chez lui trois garçons en chemise qui crient aux armes dans le quartier Saint-Jacques.

« Qu'y a-t-il ? » dit chacun. « C'est le fils de Coligny qui est au faubourg Saint-Germain, avec ses huguenots. »

A neuf heures du matin, tout le quartier ecclésiastique des collèges et séminaires, l'évêché, la Cité, étaient déjà barricadés. On prit le Petit-Châtelet. On s'empara des ponts. Tout cela exécuté par Crucé et la noire populace en robe qu'on appelait les écoliers. Le tocsin fut d'abord sonné au cloître Saint-Benoît, sur la pente de la rue Saint-Jacques. La place d'armes était Saint-Séverin, au bas de la rue.

Une dépêche espagnole (Ranke, V, 6) nous apprend que tout ceci se fit *contre l'avis de Guise*. Il eût voulu seulement intimider le roi, et il dit dans la nuit qu'il était sûr dès lors d'en obtenir les États généraux (où on l'aurait fait connétable). Il n'en voulait pas davantage pour le moment.

C'était un vilain jeu dans sa pensée, très périlleux, de se barricader contre son roi et de lui livrer dans sa capitale une bataille en règle. On a vu, par le premier Guise, la prudence excessive de ces Lorrains; François voulait un ordre écrit pour la bataille de Dreux.

Guise ne négligea rien pour faire croire qu'il n'était pour rien dans l'affaire, qu'il s'en lavait les mains. « Je dormais, dit-il dans une lettre, quand tout commença. » Et, en effet, il se montra le matin à ses fenêtres en blanc habit d'été, dans le négligé d'un bonhomme qui à peine s'éveille et demande : « Eh ! que fait-on donc ? »

Il avait placé dans chaque quartier des gentilshommes pour enhardir le peuple. Mais il prétendait que cette hardiesse s'arrêtât aux menaces.

Ce qui est curieux, c'est que la pensée du roi était exactement la même. Il avait expressément recommandé deux choses : 1° de ne rien prendre et de payer les vivres dont on aurait besoin ; 2° de ne pas tirer.

Tout fut très lent sur la rive droite, où était l'hôtel de Guise. Les barricades, terminées à neuf heures dans le pays latin, ne se firent qu'à midi de l'autre côté.

Dans le quartier de l'Université, Crucé (et les meneurs du parti espagnol) trouvèrent un vigoureux appui dans le jeune comte de Brissac, qui était au duc de Guise, mais qui ne tint compte de ses réserves. Brissac haïssait le roi, qui s'était moqué de lui, et voulait se venger.

La place Maubert, entre l'Université et la Cité, était un point fort important pour séparer les deux Paris, les deux émeutes. Crillon l'occupe ; il y trouve Brissac. En vain il demande au Louvre la permission de charger ; le roi persévère dans ses défenses. Ce brave resta là sans agir, et misérablement livré.

Brissac ne demanda pas permission à l'hôtel de Guise. Il fit ses barricades. Il s'empara de la Cité, du Petit-Châtelet et des entours du Marché-Neuf, où étaient des compagnies suisses. Là et partout commodément placé et maître des fenêtres, d'en haut, il fit tirer sur eux. Il en fut de même plus tard sur l'autre rive, au cimetière des Innocents. Ces Allemands qui étaient là sans vivres, tout exposés aux coups, et qui recevaient sans rendre, finirent par se mettre à genoux, leur rosaire à la main, criant en leur patois : « Bons catholiques ! bons catholiques ! »

Les Parisiens en tuèrent passablement. Ce qui les rendait furieux, c'était un mot qu'avaient répandu les ligueurs, en l'attribuant ici à Biron, là à Crillon, et ailleurs aux officiers suisses : « Messieurs les Parisiens, mettez des draps au lit ; nous coucherons ce soir avec vos dames. »

Ainsi le sang coula et la guerre fut lancée. Dès lors l'Armada put sortir. Très probablement, le jour même (12 mai), avant le soir, Mendoza dut écrire à Madrid ; puis, de Madrid partit l'ordre d'embarquement. Opération immense qui pourtant fut faite le 28 ; le lendemain eut lieu le départ. Seize jours avaient suffi pour tout.

Guise aussi était embarqué sur l'inconnu, et plus qu'il ne voulait. Les États généraux qu'il allait assembler pour en tirer cette charge de connétable, charge de haute confiance, comment jugeraient-ils un acte si sauvage de flagrante rébellion ?

Les troupes se trouvaient prisonnières entre les barricades, et on ne pouvait les retirer. Le roi envoya prier Guise de sauver ces pauvres soldats, d'épargner le sang catholique.

Chose odieuse, bien nouvelle alors, que le roi dût à

son sujet la protection des siens et demandât grâce ! Cela aurait pu faire un revirement, au moins de pitié. Le Louvre, désert le matin (De Thou), l'était moins vers le soir ; cinq cents gentilshommes (Davila) s'y réunirent pour le défendre. Parmi eux, un Montmorency (L'Estoile).

Brissac, au nom de Guise, alla offrir une sauvegarde à l'ambassadeur d'Angleterre, qui le reçut fort mal. Et, comme le jeune homme hypocritement s'inquiétait pour lui, lui conseillait de fermer son hôtel, demandait s'il avait des armes, l'Anglais dit sèchement : « Mon arme, c'est la foi publique ; mes portes resteront ouvertes. Je ne suis pas envoyé à Paris, mais bien en France. Je serai où sera le roi. »

Du reste, Guise avait de bonne heure et de lui-même travaillé à apaiser tout. Ces furieux bourgeois, devenus tout à coup des lions, il les arrêta, leur tira des mains les Suisses et les Gardes-françaises. Sans armes, une canne à la main, il parcourait les rues, recommandant la simple défensive ; les barricades s'abaissaient devant lui. Il renvoya les gardes au Louvre ; il rendit les armes aux Suisses. Tous l'admiraient, le bénissaient. Jamais sa bonne mine, sa belle taille, sa figure aimable, souriante dans ses cheveux blonds, n'avaient autant charmé le peuple. Le 9 mai, c'était un héros ; le 12 au soir, ce fut un dieu.

Ce dieu, comme la situation le voulait, avait deux visages ; il était prince, il était peuple ; il saluait gracieusement les gentilshommes, avec nuance et distinction, et ne refusait pas aux mains sales les grosses poignées de main. Sa figure était d'un Janus, tout autre sur chaque joue. Sa balafre, voisine de l'œil, le rendait fort sujet aux larmes, de sorte qu'il offrait deux aspects, souriant d'un œil, et pleurant de l'autre.

Le prince de Parme, sombre Italien, qui ne connaissait pas la France, jugea sévèrement la conduite de Guise : « Il aurait dû, dit-il, ou ne pas commencer, ou aller jusqu'au bout. Qui tire l'épée contre son roi doit jeter le fourreau. » La vraie pensée des Espagnols, c'est que la guerre civile n'était pas assez engagée.

Leurs agents, et surtout les moines, poussaient aux dernières violences; ils voulaient qu'on forçât le Louvre. Et, si le roi avait péri dans la bagarre, ils n'en auraient pas fait grand deuil, étant sûrs désormais d'avoir une bonne guerre civile, irrévocable, qui donnerait le champ libre à Philippe II.

L'intérêt de Guise était autre. Il eût été déshonoré. La chose eût été sur son dos. Le roi, tellement fini dans l'opinion, pouvait faire pitié, il est vrai, mais non reprendre force. Lui, grandi et si haut dans l'estime du peuple, après une telle journée, il croyait avoir peu à craindre. Par le roi ou par les États, il ne pouvait manquer d'avoir cette épée de connétable ou de lieutenant du royaume, à laquelle sa douceur magnanime lui avait donné nouveau droit. Même hors de Paris, il crut tenir le roi, puisqu'il tenait la France. Mais le roi pris, le roi tué, Guise baissait; l'opinion tournait; accusé, affaibli, il était trop heureux alors de se livrer sans réserve à l'Espagne; la mort du roi le constituait valet de Philippe II.

La reine mère, allant de l'un à l'autre, et conseillant toujours, donnait au duc, au roi, deux étranges conseils, bien propres à la faire suspecter. Elle voulait que le roi allât se montrer aux barricades, apparût aux ligueurs dans sa haute majesté. Un sûr moyen de se faire prendre. Et, quant au duc, elle l'engageait à se mettre dans le Louvre avec le roi, et à le garder; elle lui promettait tout de la reconnaissance royale, spécialement la lieutenance générale. « Mais, madame, disait-il, voulez-vous que j'aille me jeter tout seul et en pourpoint parmi mes ennemis?... J'en suis bien marri. Mais que puis-je? un peuple furieux, c'est comme un taureau échauffé qu'on ne peut retenir... »

Il n'ajoutait pas une chose, c'est que, tout brave qu'il était, il n'aurait jamais osé barrer le chemin à ses maîtres, je veux dire à la tourbe des moines et agents espagnols.

Je ne crois pas qu'un homme si avisé, si informé, ait ignoré que le roi avait toujours une porte libre pour s'en aller. Si Guise les faisait garder toutes, *moins une* (celle des Tuileries), c'est que, probablement, n'osant défendre le roi et cependant craignant pour lui, il voulut que son mannequin royal gardât la clef des champs.

La dernière violence n'était nullement invraisemblable. La duchesse de Montpensier, Brissac et autres marchaient d'accord avec les furieux fanatiques et les agents de l'étranger. Le 13, vendredi, à deux heures, on se remit à sonner le tocsin. Les bas meneurs, l'avocat La Rivière, le tailleur La Rue, le cabaretier

Perrichon, commençaient à crier : « Les barricades au Louvre!... Allons prendre ce b..... de roi! » Un bataillon sacré se formait au pays latin de la fine fleur espagnole, huit cents séminaristes avec quatre cents moines de toute robe et de tout couvent, et pour capitaines les prédicateurs. Leur mot de ralliement était : « Allons chercher le *frère* Henri! »

Ils n'auraient peut-être pas fait un grand exploit au Louvre. Mais ils auraient mis le duc de Guise dans un terrible embarras; il n'eût osé ni agir avec eux, ni agir contre eux, ni même rester neutre à ne rien faire.

La reine mère, vers les six heures du soir, était chez lui, lorsque Menneville, le plus intime confident de Guise, lui dit tout bas : « Le roi est parti. » Guise fut étonné ou feignit l'étonnement. Mais il ne remua point, il ne se mit pas à sa poursuite. Toute la cavalerie dépendait de lui. Les Parisiens, moines et écoliers, ne se seraient pas risqués en plaine contre les Suisses et les gardes que Guise avait rendus et que le roi emmena avec lui.

Il s'était décidé vers cinq heures à partir, et encore parce qu'on lui dit que Guise pourrait bien aussi l'assaillir avec les autres. Du Louvre, à pied, la baguette à la main, il alla aux Tuileries, où étaient les écuries, et monta à cheval. Les princes, seigneurs et conseillers, Montpensier, Longueville, Saint-Paul, le grand prieur, un cardinal, Biron, Aumont, Cheverny, Villeroy, Bellièvre, y montèrent avec lui. Les hommes de robe longue, comme Cheverny, montèrent comme ils étaient, sans bottes, assez embarrassés de cette subite résolution. Il n'est pas vrai qu'on se soit enfui à toute bride, puisque, devant, marchaient les gardes et les Suisses à pied.

Le roi laissa le secrétaire Pinard pour expliquer poliment au duc de Guise pourquoi il se décidait à partir.

En s'en allant, dit-on, il jeta feu et flamme contre cette ville, qu'il avait toujours habitée, et enrichie par son séjour, négligeant Blois et Fontainebleau que les autres rois préféraient, et qui traitait si mal son prince débonnaire, trop fidèle bourgeois de Paris.

CHAPITRE II

L'Armada. (Juin, juillet, août 1588.)

La France troublée, livrée, vendue, la Hollande en défiance très grande de l'Angleterre, l'Allemagne paralysée par l'Empereur, la décomposition du monde protestant, tels furent les vents favorables qui, le 29 mai, enflèrent les voiles de l'Armada.

Elle surprit Élisabeth. Retardée par la tempête, elle rentra à la Corogne, n'en sortit que le 21 juillet, et ne fut que le 29 en vue de Plymouth. Deux mois s'étaient passés, et elle était encore à temps de tenter l'invasion, la flotte anglaise étant faible, et les milices, fort peu aguerries de l'Angleterre, se rassemblant lentement.

L'Angleterre fut sauvée par trois choses : l'héroïsme de sa marine, le découragement du parti catholique après la mort de Marie Stuart, et spécialement la puissante assistance de la Hollande, qui bloqua le prince de Parme et le cloua au rivage de Flandre.

Si ces choses ne s'étaient pas rencontrées, les vaillants marins anglais et leurs petits vaisseaux n'auraient pas été assez forts pour faire face aux deux dangers. Pendant qu'ils luttaient avec l'Armada, le prince de Parme aurait eu le temps de passer d'un autre côté, avec ses trente mille hommes, les premiers soldats du monde. Dès lors, tout était fini.

La Hollande ne le permit pas.

Ceux qui préconisent la force du gouvernement monarchique auront fort à faire ici. Il semble qu'après sa résolution violente contre Marie Stuart, la reine d'Angleterre ait faibli; on put croire que l'abeille avait perdu son aiguillon.

Évidemment elle flotta pendant une année, ne sut pas ce qu'elle voulait. Elle découragea ses amis, enhardit ses ennemis.

Les États généraux, au contraire, après avoir déjoué le complot de Leicester, réprimé leur populace, qui voulait un maître étranger, sans rancune, sans aigreur, essayèrent d'éclairer la reine d'Angleterre. Ils lui dirent qu'elle risquait de se perdre, elle, l'Angleterre et la Hollande, en écoutant les Espagnols; ils lui dirent que le seul mot de paix allait produire une énervation déplorable, un fatal resserrement des cœurs et des bourses. Ils lui montrèrent l'Armada toute prête dans les ports espagnols, qui allait les surprendre affaiblis, engourdis. Eux qui, depuis vingt années, soutenaient de leur propre sang et de leur fortune la querelle de l'Europe, ils supplièrent l'Angleterre, qui n'avait rien fait encore, de ne pas se tenir déjà pour trop fatiguée. La guerre l'avait engraissée; Londres avait bu la substance d'Anvers et des Pays-Bas; elle avait en elle une Flandre. Toutes les peurs, toutes les ruines, le sauvetage des richesses et les industries fugitives avaient fait la large base de cette pyramide d'or qui depuis a monté toujours, et d'où l'opulence britannique voit sous elle toute la terre. C'était la Hollande, épuisée d'une guerre terrible, qui priait cette grasse Angleterre de ne pas dire : « Je suis trop pauvre pour combattre et me défendre. »

Élisabeth, en vieillissant, devenait plus qu'économe. Elle trouvait lourde la charge d'aider la Hollande, qui pourtant depuis tant d'années lui évitait et le péril et les frais d'une guerre directe. Pardonnerait-elle aux États d'avoir déjoué Leicester et repris le gouvernement? Elle rappela celui-ci, mais lui montra six mois après la plus haute faveur en lui confiant sa défense, sa personne, l'unique armée qui couvrît sa capitale.

Le fameux amiral Drake, dont nous parlerons tout à l'heure, ayant fait une pointe hardie dans le port même de Cadix, Élisabeth parut épouvantée de son audace. Elle dit qu'elle le punirait, et discuta avec le prince de Parme ce qu'elle pouvait faire de réparation.

Cependant, voyant l'Armada prête à mettre en mer, elle leva des matelots. Puis, sur de nouveaux pourparlers, elle désarmait encore. Heureusement son grand amiral lui désobéit autant qu'il le put.

Le 29 mai 88, l'Armada sortait de Lisbonne, et rien

ne se faisait encore en Angleterre. Mais cent vaisseaux de Hollande bloquaient les côtes de Flandre, depuis l'embouchure de l'Escaut jusqu'à Gravelines et Calais, Farnèse, avec sa forte armée et ses bateaux innombrables, se morfondait sous la garde du lion de Hollande, qui le tenait là frémissant.

Si la volonté, l'effort, l'extrême persévérance, la pesante attention portée sur les détails, si tout cela suffisait pour rendre digne de la victoire, certes, Philippe II en eût été digne. Depuis quatre ans, malgré l'âge et la santé déclinante, des embarras de toute espèce, une grande pénurie d'argent, il était pourtant parvenu à organiser cette épouvantable machine.

Il y avait cent cinquante vaisseaux, huit mille marins, vingt mille soldats ; on ne pouvait compter la noblesse et les volontaires. Il y avait deux mille canons, plus d'un million de boulets, cinq cent mille livres de poudre, sept mille mousquets, dix mille haches et hallebardes, un nombre énorme de chevaux, charrettes, instruments de toute sorte, pour remuer, porter la terre et faire des retranchements. Les munitions abondaient et les vivres surabondaient (jusqu'à quinze mille pièces de vin), de quoi manger pour six mois ! Tout cela pour un trajet de quinze jours et pour entrer au pays le plus plantureux du monde !

J'ai dit les préparatifs que Parme faisait de son côté. Dans l'Escaut, cent bateaux de vivres et soixante-dix bateaux plats, portant chacun trente chevaux. A Newport, deux cents plus petits pour porter les hommes.

A Dunkerque, une vingtaine de vaisseaux hanséatiques, avec poutres, pointes et crampons pour être agencés ensemble. A Gravelines, vingt mille tonneaux, avec clous, cordes, à faire des ponts. Des montagnes de fascines.

Les Hollandais gardant la côte, il improvisa un canal superbe pour mener ses vaisseaux en pleine terre, d'Anvers à Gand et à Bruges, rejoindre le canal d'Ypres et sortir dans l'Océan sous l'abri de l'Armada.

Parme avait au camp de Newport soixante compagnies espagnoles, dix wallonnes et trente italiennes, la fleur militaire de l'Europe. Ajoutez cent neuf compagnies de toute nation, dans lesquelles sept d'Anglais, pour donner la main à l'Angleterre catholique.

Si grande, si admirable dans ce camp d'élite, la monarchie espagnole n'était pas moins merveilleuse dans les marins de l'Armada. Les Portugais de Gama, les Andalous de Colomb, qui, sous lui, trouvèrent l'Amérique, les aventureux pêcheurs de baleine, les intrépides Biscayens, environnaient le pavillon dominateur de la Castille, et l'Italie elle-même, par une grande flotte de Naples, de Venise et de Toscane, apportait à l'Armada l'augure heureux de Lépante.

Telle avançait sur mer, immense, majestueuse, altière, cette masse à laquelle rien d'humain semblait ne pouvoir résister.

Mais ce qu'on n'en voyait pas était plus terrible peut-être que ce qui frappait les yeux. On ne voyait pas la France, la conjuration de la Ligue, qui, de nos rivages, saluait la flotte au passage; enfin la défection des meilleurs serviteurs du roi qui, devant une telle force, perdaient courage et cessaient de lutter.

C'était certainement une des forces de l'Armada de savoir les *Barricades* et la chute de la monarchie ; de savoir, en suivant nos côtes, que là, tout la favorisait, qu'aucun port n'eût osé se fermer à elle. Ceux de Bretagne, sous un cousin des Guises, lui étaient ouverts ; le Havre-de-Grâce, dans les mains d'un ligueur déterminé ; Calais, tellement pour les Espagnols, que le gouverneur tira le canon pour sauver un de leurs vaisseaux.

Mais tous ces ports étaient étroits, peu profonds, et ne pouvaient recevoir de tels vaisseaux de guerre. Le roi d'Espagne tenait infiniment à Boulogne, belle rade, où une partie de sa flotte, au besoin, eût pu s'abriter.

De là, l'effort persévérant des Guises pour s'emparer de Boulogne en 1587 et 1588. La place était au duc d'Épernon, qui, par des hommes sûrs, la défendit avec acharnement et contre les Guises et contre la faiblesse de son maître, qui la leur aurait livrée. Il n'y a pas de fait plus honteux dans toute l'histoire de France. La première fois que les Guises manquèrent de s'en emparer, ils amenèrent, on l'a vu, ils promenèrent en triomphe le traître qui avait voulu leur livrer la ville.

Je crois que c'était l'une des principales raisons pour lesquelles Philippe II avait pressé les *Barricades*. Il voulait que nos ports, et surtout Boulogne, se trouvassent ouverts à sa flotte. Le lendemain de l'événement, le 15 ou 16 mai, Aumale avec la petite armée qu'il avait devant Paris, alla tout droit à Boulogne. On supposait que l'Armada allait passer. Une tempête la retarda. Elle ne passa que le 28 juillet entre Boulogne et Plymouth. La noblesse, qui suivait Aumale à ce siège honteux, obéissait à regret, sentant qu'elle se salissait à jamais par une telle trahison. L'affaire traîna. Trois cents hommes de renfort furent mis dans la place. Le vent emportait l'Armada au Nord. Si Boulogne avait faibli, un seul vaisseau détaché en eût pris possession; l'Espagne s'y serait établie, affermie, et peut-être cette épine fût restée deux siècles au cœur de la France, comme jadis celle de Calais.

Ce fait de Boulogne et un autre que nous dirons furent les causes réelles pour lesquelles le bon sens national se souleva plus tard, redoutable dans son silence. L'audace et l'effronterie des Guises à se dévoiler ainsi comme agents de l'étranger sans pudeur, sans ménagement, finirent par entrer au cœur des Français; ils virent qu'ils étaient non seulement trahis, livrés, mais méprisés.

Tant catholique qu'on fût, on devait être épouvanté au passage de l'Armada. Toute violence, toute tyrannie y étaient. Et la flotte même se composait de victimes. Ces Portugais, condamnés à servir leur impitoyable bourreau, suivaient, en le maudissant, le pavillon de Castille. Douze bâtiments de Venise, saisis contre le droit des gens par leur ami et allié Philippe II, avaient été contraints de se joindre à la grande flotte, de partager ses périls et ses défaites.

Le pape même, qui, à sa manière, combattait aussi pour l'Espagne par sa bulle contre Élisabeth, était-il libre en cette guerre et agissait-il de cœur? Italien et prince, tout autant que pape, s'il désirait la défaite du protestantisme, il redoutait la victoire du tyran de l'Italie. Sixte-Quint, loin de désirer la grandeur de Philippe II, eût souhaité que la France soutînt contre lui les Pays-Bas. Les humbles manifestations de Philippe, qui prétendait faire la guerre pour le Saint-Siège et d'avance s'en disait vassal, ne pouvaient tromper le pape. Déjà étouffé par l'Espagne, il savait bien que, si elle venait à écraser l'Angleterre, tout était perdu en Europe. Misérable principicule du désert de Rome, dans quel néant tomberait-il à l'universelle asphyxie?

L'Inquisition espagnole, cette arme terrible, pour qui fonctionnait-elle? Instrument de confiscation, détournée à tous les usages de la police civile, appliquée même à la douane, elle donnait une force étrange, au besoin, cruelle pour le clergé même. Si Philippe II ne l'eût eue, aurait-il osé verser par torrents le sang du clergé portugais, sauf à extorquer du pape son absolution?

Il fallait la furie folle des Jésuites, le génie bizarre, brouillon, demi-visionnaire, qu'ils tenaient de Loyola, pour pousser dans une aventure qui eût mis Rome sous le pied du roi. Ils étaient montés sur la flotte avec force moines, les Capuccini d'Italie et les Dominicains espagnols de l'Inquisition. Le vicaire général du Saint-Office y était en personne. Et, d'autre part, sur la côte de Flandre, le célèbre docteur Allen, le chef de l'école du meurtre, que Philippe II venait de faire faire cardinal légat d'Angleterre, attendait avec les soldats pour passer et *travailler* avec eux *à la religion.*

Les Anglais ont assuré avoir trouvé sur les vaisseaux espagnols des instruments de torture, chevalets, grils, estrapades. Pourquoi pas? On n'eût pas épargné à l'Angleterre vaincue ce qu'on faisait à Paris même. Ce fut le premier fruit de la journée des *Barricades.* En mai et juin, il y eut des faits exécrables qu'on ne voyait plus depuis longtemps. Un maître d'école catholique, allant à la messe et communiant, fut jeté à l'eau, comme suspect d'être huguenot. Deux demoiselles Foucaud, qui l'étaient et se maintinrent telles avec un courage intrépide, furent condamnées à être étranglées, puis brûlées. On les mena bâillonnées au supplice. Mais ce n'était pas assez. On eut soin de couper les cordes pour qu'elles tombassent vivantes dans le brasier et fussent réellement brûlées vives.

Voilà ce que les Anglais avaient à attendre, ce qui devait les rendre invincibles. Certes, c'était une bonne pensée de Philippe II d'avoir mis cette armée de moines sur le pont de ses vaisseaux, ces Jésuites, ces inquisiteurs. Exhibition politique, infiniment propre à séduire l'Angleterre et lui donner l'empressement de recevoir un tel joug!

Il y avait aussi une chose sur cette flotte qui devait

lui porter malheur : c'est que ceux qui la montaient étaient des ennemis de l'Espagne, qu'elle traînait, ou des peuples amortis par elle, tombés au-dessous d'eux-mêmes. Ces nations qui, séparément, avaient fait tant de grandes choses, ces individus qui, pris à part, étaient encore héroïques, mis ensemble se trouvaient faibles.

La grande puissance nouvelle, la pesante, l'inintelligente royauté des commis, le terrible bureaucrate de l'Escurial, cul-de-jatte qui gouvernait la guerre, c'était comme une masse de plomb qui pendait à l'Armada et l'empêchait de marcher, qui d'avance rompait les reins, cassait les ailes à la victoire.

Un homme qui vivait immuable dans ce palais de granit, dans un cabinet de dix pieds carrés, n'avait aucune notion du lieu ni du temps. A dix-sept ans de distance, dans une guerre sur l'Océan, il copia servilement ce qui avait réussi à Lépante en 1571 sur la Méditerranée. Et il ne sut pas mieux faire la différence des hommes, croyant encore avoir affaire à la pesanteur des Turcs, ne tenant compte de l'audace des Anglais et Hollandais, dont les rapides corsaires, avant qu'il eût eu le temps de remuer, lui enlevaient ses navires jusque dans la mer du Pacifique. A Lépante, les hauts vaisseaux, les châteaux flottants de Castille, avaient canonné à leur aise des Turcs qui ne bougeaient pas. Philippe refit ces gros vaisseaux, gigantesques galions, lourdes et massives galéaces, supposant que l'Anglais aurait la bonté de se tenir immobile et d'attendre en repos les coups. Seulement il ne trouva pas ces masses suffisamment lourdes ; il y fit ajouter de bonnes poutres, de bons madriers d'un énorme poids.

Une partie de ces vaisseaux paralytiques étaient remués à bras d'hommes, par des quantités de forçats, comme dans la Méditerranée ; action nulle dans la lame forte et longue de l'Océan. Et dangereuse de plus. En pleine mer, un forçat anglais délivra ses camarades, Turcs, Français, etc. Sur trois vaisseaux portugais s'étendit la révolte, la tuerie. Hideux spectacle de voir ces Portugais ennemis de l'Espagne, contraints par elle et vrais forçats, égorgés par les forçats qu'ils faisaient ramer pour l'Espagne !

Cette exécrable Babel de toutes les tyrannies du monde, contenue pourtant encore dans une apparente unité, était montée par un pilote qui devait la faire enfoncer, le génie de l'Escurial, du *Gesù*, de l'Inquisition, — autrement dit, la mort des peuples et de la pensée humaine.

Il semble que, du premier coup, la mer en ait eu horreur. Dès la sortie de Lisbonne, dans les meilleurs jours de l'année (29 mai), le vent devient furieux, il lui brise quelques vaisseaux, surtout lui fait perdre du temps. Elle se refait à la Corogne, mais elle n'entre en Manche que le 28 juillet.

Il y avait une fatalité visible sur cette flotte espagnole, préparée depuis si longtemps. Un célèbre marin de Lépante est nommé pour la commander ; il devient malade, il meurt. Puis c'est le vieux et illustre Santa-Crux. Philippe II le trouve trop lent, lui adresse un mot amer; il en meurt. Philippe est réduit à prendre pour amiral un haut seigneur, homme de cour, Medina Sidonia, qui n'avait guère de mérite que sa grande docilité. Celui-là, Philippe était sûr qu'il le dirigerait toujours, le tiendrait en laisse. Et, en effet, le pauvre homme obéit, mais ne fit rien.

L'Armada, arrivée devant l'île de Wight, jeta l'ancre. Elle croyait vraisemblablement avoir nouvelles du parti catholique. Mais les catholiques anglais avaient perdu, avec Marie, leur centre et leur unité. Ils avaient été rudement éloignés des côtes, mis dans l'intérieur. Ils croyaient sentir au cou la hache de la reine d'Écosse et craignaient une revanche de la Saint-Barthélemy. L'Armada n'avait rien à attendre. L'Angleterre lui apparut, gardée et fermée, silencieuse sous ses blanches dunes, et ne donnant pas un signe.

Cependant elle était en danger réel. Quand les Espagnols passèrent en vue de Plymouth, des cent vaisseaux de la reine cinquante seulement étaient prêts. Drake fit la sublime imprudence de sortir, voulant que le pavillon anglais se montrât toujours, fort ou faible. Grande tentation pour les Espagnols. Un de leurs vice-amiraux, Martin Recalde, un de ces vieux marins de Biscaye, des hardis pêcheurs de baleine, brûlait de combattre, de passer par-dessus Drake et de harponner Plymouth.

Il aurait bien pu réussir, débarquer et marcher sur Londres. La flotte avait vingt mille soldats, que les paysans de milice qu'on exerçait à Tilbury n'auraient pas arrêtés une heure. Pendant ce temps, l'Armada eût écarté les Hollandais, amené les bateaux de Farnèse et réuni les deux armées.

Mais Philippe II était sur l'Armada, pour le salut de l'Angleterre : je veux dire son froid génie, sa lenteur, sa timidité. A cet ardent Biscayen, Medina Sidonia opposa un petit papier, ordre suprême du maître.

Défense expresse de rien faire avant d'avoir été chercher le prince de Parme.

Ce ne fut que le 30 juillet que l'amiral anglais put sortir de Plymouth avec cent petites embarcations qu'on appellerait aujourd'hui des bateaux. Le lendemain, il aperçut les cent cinquante géants qui occupaient l'Océan de leur masse, de l'ombre sinistre de leurs voiles immenses.

Il avait heureusement avec lui une élite d'hommes intrépides, de têtes froidement héroïques et sans imagination, qui, dans ces masses si hautes, virent sur-le-champ une chose, c'est qu'elles tireraient trop haut et ne toucheraient jamais ; que plus on serait près d'elles, moins on souffrirait de leur feu. Ils résolurent d'attaquer presque à bout portant.

Il y avait là deux hommes extraordinaires : d'abord Drake, qui revenait de faire le tour du monde, qui avait forcé le mystérieux sanctuaire de l'empire des Espagnols, l'océan Pacifique, qui s'était promené invincible à travers leurs flottes, avait forcé leurs villes, terrifié leurs plus lointaines possessions. C'est lui qui trouva l'extrême point sud du monde.

L'autre, Forbisher, simple capitaine, avait percé le

Nord jusqu'au Groënland. Le premier, il avait cherché le passage septentrional d'Amérique en Asie. Avec ces deux hommes, déjà de réputation immense, l'un du Sud, l'autre du Nord, une force morale prodigieuse était sur la flotte. L'Angleterre allait aussi ferme que si elle eût eu par eux les deux pôles dans la main.

Les petits vaisseaux, volant plutôt qu'ils ne voguaient, passèrent derrière les Espagnols, leur prirent le dessus du vent, les canonnèrent avec une audace, une vigueur inattendues, prouvant la supériorité de leur tir comme de leur navigation.

Le 2 août, nouvelle épreuve. Les Espagnols, qui avaient l'avantage du vent, ne purent le garder ; canonnés, ils reculèrent, il est vrai, pour gagner Dunkerque, où ils invitaient le prince de Parme à se rendre sur-le-champ. En attendant, un renfort d'une vingtaine de vaisseaux arrivait à la flotte anglaise avec tous les grands seigneurs qui venaient prendre part à la fête. Action très vive le 4 août. Les deux flottes se canonnaient à cent cinquante pas. Et, cette fois, ce furent encore les Espagnols qui se retirèrent, suivis de près par les Anglais.

Chaque jour, l'Armada fit de grosses pertes. Elle n'avait pas l'avantage, donc ne pouvait débloquer les bateaux du prince de Parme. N'ayant pas battu les Anglais, elle ne pouvait, derrière eux, aller trouver les Hollandais et les arracher de la côte où ils bloquaient la grande armée. Le prince n'avait de vaisseaux qu'une vingtaine d'hanséatiques. Eût-il pu, l'Armada n'allant pas à lui, lui aller à elle avec si peu de forces, hasarder ses trois cents bateaux, ce grand nombre de soldats, en profitant d'une nuit, d'un brouillard?... C'eût été un acte de témérité insensée qu'un jeune homme désespéré, ayant sa fortune à faire, eût tenté peut-être, mais auquel Farnèse, si sage, âgé d'ailleurs et malade, couvert de gloire, n'eût pu songer. Philippe II, si extraordinairement prudent, lui reprocha, après l'événement, de n'avoir pas fait la folie. Il l'eût disgracié s'il l'eût faite.

Il y avait aussi une grande et très grande difficulté, c'est que les matelots que Farnèse avait *pressés* et amenés de force s'enfuyaient de tous les côtés. Le brave soldat espagnol, si ferme sur terre, le noble *señor soldado*, déclarait avec gravité qu'il ne s'embarquerait pas sans la protection de la flotte.

Même sous cette protection, y avait-il sûreté? Les vaisseaux anglais, si rapides, n'auraient-ils pas, derrière la flotte et dans ses rangs même, coulé les bateaux? Cela est assez probable. Mais tous n'eussent pas péri, et, si l'Armada en eût amené seulement un tiers, avec les vingt mille soldats qu'elle contenait elle-même, l'invasion aurait eu de terribles chances.

Drake ne leur donna pas le loisir d'en faire l'essai. Dans la nuit du 7 au 8 août, il prit huit mauvais vaisseaux, les remplit de poudre, de toute sorte de ferraille, les poussa dans l'Armada, y mit le feu. La terreur, le désordre, furent épouvantables. On se souvenait d'Anvers, où nombre de soldats espagnols avaient été brûlés vifs. Sans attendre de signal, les vaisseaux coupèrent leurs câbles, se séparèrent et s'enfuirent à travers la haute mer.

Le vent les poussait aux côtes de l'est. Ralliés à Gravelines, ils virent bientôt fondre sur eux la furieuse petite flotte, qui, de plus belle, les canonna à bout portant. Malgré la force et la grande épaisseur du bordage, plusieurs vaisseaux furent percés, d'autres démâtés et désagréés. L'intrépide résistance de leurs capitaines ne servait de rien.

Le prince de Parme n'arriva que pour les voir emportés par un vent violent du midi qui les mit bientôt hors du canal, dans la mer du Nord, et jusque vers le Danemarck, vers les côtes de Norvège, où le gros temps empêcha les Anglais de les poursuivre. Cette flotte de vaisseaux épars ne pouvait plus se diriger, ne s'appartenait plus. Ils avaient déjà perdu quinze navires et cinq mille hommes. Ils tournèrent, chassés ainsi, l'Angleterre et l'Écosse, couvrant la mer de leurs débris, et ils perdirent encore dix-sept vaisseaux sur les côtes d'Irlande.

En tout, quatre-vingt-un vaisseaux et quatorze mille soldats.

Ce n'était pas une flotte qui avait péri, mais un monde. Tout le Midi, traîné par Philippe II à cette misérable croisade, se sentit moralement atteint pour toujours.

Cette immense ruine, c'était celle, non de l'Espagne seulement, mais du Portugal, de Naples, de Venise, de Florence, etc. La défaite était commune au monde catholique.

Et, de ces débris, rejaillit comme un éclat à la tête des Guises. Ils en furent atteints, blessés. Si l'Armada avait vaincu, qui aurait osé les frapper?

Grand véritablement, immense fut le triomphe d'Élisabeth. Sa position sur toutes les mers devint dès lors offensive. Dans Cadix même et dans Lisbonne, c'était à Philippe à trembler.

Quand la reine, sur un cheval blanc, se montra en amazone au camp de Tilbury, l'enthousiasme, l'émotion, la tendresse, j'allais dire l'amour, éclatèrent. Ses cinquante-cinq ans disparurent. On la trouva jeune et admirablement belle. Cette fois se réalisa la prétention de la reine, « qu'on ne pouvait soutenir en face le rayonnement de sa beauté ».

Shakespeare fut historien et le fidèle interprète du sentiment national et de la reconnaissance européenne, quand il salua en elle « la belle vestale assise sur le trône d'Occident ».

CHAPITRE III

*Le roi, Guise et Paris pendant l'expédition de l'*Armada.
(Mai-août 1588.)

Si l'on veut comprendre l'état de la France mieux qu'on ne l'a fait jusqu'ici, il faut, pendant quatre mois, de mai en août, voir suspendue cette menace épouvantable de l'expédition espagnole et de l'affaire d'Angleterre.

C'est là, on ne peut en douter, ce que le roi, d'une part, et, de l'autre, Henri de Guise, considéraient attentivement et suivaient de l'œil. Cette question supérieure dominait les petites affaires de la Ligue, qui visiblement pouvaient se trouver un matin tranchées d'un coup. La France regardait d'en bas passer cette terrible Armada, comme un immense oiseau noir qui, s'il emportait l'Angleterre, la frapperait elle-même.

En réalité, c'était la journée des *Barricades* qui avait coupé le câble qui retenait la grande flotte. Les enfants perdus de la Ligue et le parti espagnol, le furieux et factieux ambassadeur Mendoza, avaient précipité la chose pour le moment où elle était nécessaire à Philippe II. Il n'avait pas tenu à eux qu'elle n'allât bien plus loin; le Louvre allait être attaqué, et Guise forcé par les siens de faire le roi prisonnier, extrémité terrible qui eût fait de Guise lui-même le serviteur dépendant, et j'allais dire aussi le prisonnier de l'Espagne. On a vu comme il s'en tira.

Guise connaissait parfaitement l'hypocrisie de Philippe II; et, comme il avait jadis désavoué le duc d'Albe, il était sûr que Philippe, qui venait de le forcer à agir contre le roi, peu reconnaissant de la chose et la trouvant incomplète, le désavouerait et lui reprocherait d'avoir attenté à la majesté des rois. Aussi Guise s'empressa d'envoyer à Mendoza une justification des Barricades et de la fuite du roi : « Il est parti avant que nous eussions le loisir de lui témoigner que les menaces et dangers avaient pu seuls nous éloigner du devoir que nous sommes résolus de lui garder inviolable. » Puis ce fidèle sujet exprime l'espoir que : « Vous ne serez point inutiles spectateurs des entreprises qui se feront contre la religion, et *que le roi votre maître nous donnera secours* si notre prince veut se servir des huguenots », etc.

Le lendemain de sa victoire, il demandait du secours. Il ne se sentait pas fort. Maîtrisé par cette foule dont il paraissait le maître, obligé de donner la main, sa blanche main de prince italien, à je ne sais quels crasseux, va-nu-pieds et massacreurs, le vrai rebut de Paris, entouré et espionné de sacripants espagnols, dès le lendemain il fut excédé de son rôle de tribun du peuple. Il fallut, pour leur obéir, qu'il fît un prévôt des marchands, qu'il se saisît de la Bastille et des petites places de haute et basse Seine qui assurent les arrivages. Démarches hardies qui le brouillaient de plus en plus avec Henri III au moment où il avait hâte de se rapprocher de lui.

Ce qu'il désirait le plus, c'était de reprendre le roi, d'être maître au nom du roi, connétable ou lieutenant général du royaume, de façon que, si l'Espagnol retombait d'Angleterre en France, il trouvât la besogne faite, Guise assis déjà fortement, pouvant traiter plus librement, chapeau bas, mais l'épée en main.

D'une part, il demandait le secours espagnol. D'autre part, il faisait près du roi ce qu'il pouvait pour se passer de ce secours.

Voilà pourquoi il permit, ou probablement suscita des manifestations suppliantes, presque repentantes, de la Ligue auprès du roi. Celui-ci, tout seul, à Chartres, attendant en vain et ne voyant point venir ses hommes du tiers parti, vit à leur place arriver les ligueurs, qu'il avait crus irréconciliables, implacables.

La première ambassade, il est vrai, fut une farce où l'on n'eût pas trop distingué si on voulait flatter le roi ou bien se moquer de lui. Henri III avait importé à Paris les pénitents d'Avignon et les flagellants du Midi. Lui-même, aux processions, figurait sous cet habit. On imagina de lui envoyer une bande de pénitents. « Dans ce costume, disaient les Parisiens (De

Thou), il faudra bien qu'il nous reçoive. Il ne pourra fermer sa porte. » Ils s'adressèrent au frère d'un homme que le roi avait fort aimé, Henri de Joyeuse, devenu capucin sous le nom de frère Ange. Pour rendre la chose plus touchante, on en fit un mystère ambulant. Ange faisait le Crucifié. La tête couronnée d'épines, des gouttes de rouge à la face, sous une grosse croix de carton, il paraissait succomber, soupirait à rendre l'âme. Les soldats de la Passion, ayant en guise de casques de grasses marmites en tête, portaient des armures rouillées. Ils roulaient les yeux et se démenaient pour épouvanter la foule. Les saintes femmes, Marie, Madeleine (deux jeunes capucins déguisés), pleuraient, priaient, se prosternaient. Ange se laissait tomber; à coups de fouet, on le relevait. La moralité parlante était que, le Christ ayant pardonné sa flagellation à Jérusalem, le roi pouvait bien aussi oublier que Paris lui eût donné les étrivières.

Dans la bande des apôtres, apparemment pour faire Judas, était un des premiers ligueurs, le président de Neuilly. Il venait là pour deux choses : voir ce que faisait le roi, le tâter, et par-dessous travailler contre lui la ville de Chartres, y raffermir les ligueurs. Ce bonhomme avait une chose excellente pour ce genre d'affaires, une sensibilité extrême et des larmes à torrents.

Dans un de ces messages au roi, Henri, le voyant « pleurer comme un veau », ne put s'empêcher de lui dire : « Eh! pauvre sot que vous êtes, pensez-vous que, si vraiment j'avais tenu à vous faire pendre, le pouvoir m'en aurait manqué?... Mais non, j'aime les

Parisiens, malgré eux, et quoi qu'ils fassent. Qu'ils témoignent du repentir, je suis tout prêt à pardonner. »

Le chef-d'œuvre, pour Henri de Guise, c'était d'employer pour lui le parlement de Paris, qui le détestait. Comme il avait sous sa main la vieille machine à trahison, la reine mère, par elle il obtint une démarche du Parlement.

Le roi reçut la députation à merveille, et sembla plus occupé de s'excuser que d'accuser. Cela encouragea tellement, que les Seize et les nouveaux magistrats entreprirent de faire leur paix. Dans un acte où ils expliquaient les Barricades par la nécessité de sauver la foi catholique, ils proposèrent, au nom de Paris, des seigneurs des villes liguées, une réconciliation. Le roi fut tout miel. Il répondit qu'il ne songeait qu'à son bon peuple, qu'il avait déjà révoqué trente édits bursaux, *qu'il détestait les hérétiques, voulait les exterminer*, et que, pour mieux faire cette guerre sainte, il assemblerait le 15 août les États généraux.

C'était en réalité se livrer à ses ennemis, agir comme si les ligueurs eussent été vraiment fanatiques, fort inquiets de l'hérésie. Mais l'affaire était politique; la Ligue, moitié lorraine, moitié espagnole, ne voulait du roi qu'une chose, lui arracher sa couronne. Par ce traité, il la donnait.

La peur explique sa conduite. Il avait emporté la peur de Paris, cette grande image de la furie du peuple. Il avait une peur nouvelle, l'apparition de l'Armada, qui, à ce moment, voguait à pleines voiles le long de nos côtes. Il avait peur de son gardien, d'Épernon, tellement haï, tellement compromettant, et hâte de s'en débarrasser. Il avait peur de son ami naturel et de son meilleur allié, le roi de Navarre, qu'il eût volontiers appelé, et qu'il faisait mine d'avoir en horreur. Enfin il avait son conseil, son cabinet plein de traîtres, tout au moins d'hommes équivoques, qui, plus qu'à moitié, étaient pour les Guises. Le chancelier Cheverny, créature de la reine mère, avait eu l'insigne honneur de marier une de ses parentes au frère du duc de Guise. Le secrétaire Villeroy, ennemi de d'Épernon, qui l'appelait le *petit coquin* et voulait le bâtonner, était de cœur avec la Ligue. La reine mère, qui était à Paris avec Guise, écrivait au roi des lettres trempées de larmes maternelles, le suppliant d'avoir pitié de lui-même, de ne pas se perdre.

On lui fit faire de très fausses démarches : par exemple, d'envoyer trois fois son médecin à Paris, puis Villeroy même. Plus il se montrait facile, et plus on devint exigeant.

On obtint aussi de lui qu'il se défît de son dogue, du seul des siens qui pouvait mordre, je parle de d'Épernon. Le roi lui dit qu'il fallait céder au temps, se retirer dans son gouvernement de Provence. Telle était sa docilité pour la Ligue, qu'il voulait que d'Épernon rendît tout ce qu'il conservait au roi : Metz, la grande position contre les Guises; Angoulême, la communication avec le roi de Navarre; la Normandie et Boulogne, c'est-à-dire la côte, le port, dont avait besoin l'Armada.

D'Épernon fut plus royaliste que le roi : il refusa Boulogne, Metz et Angoulême. Et tel était l'affaissement du roi, qu'on obtint de lui un ordre ambigu de fermer à d'Épernon cette dernière place, ou de l'arrêter s'il y était. Dépêché par Villeroy avec empressement, cet ordre fut si bien reçu des ligueurs de l'endroit, que d'Épernon faillit périr. Il n'échappa que par un miracle de courage et de présence d'esprit, enfin par l'approche d'un secours du roi de Navarre.

Henri III cédait, livrait tout, lorsque Paris, qu'on croyait tellement contre lui, tellement ligueur, faillit échapper à la Ligue. Le tiers parti, le Parlement qui en était la tête naturelle, s'était laissé enlever la prévôté, la magistrature municipale. Mais quand, du 1er au 4 juillet, les nouveaux prévôts et échevins procédèrent à l'épuration de la garde bourgeoise, firent déposer, comme hérétiques, tous les gens de robe, il y eut de grands murmures et résistance positive.

Le 5 juillet, le conseiller Legrand, capitaine de son quartier, ayant été déposé, sa compagnie refusa de marcher sous le nouveau capitaine. Le poste (c'était la porte Saint-Germain) resta fermé, faute de garde. Un mouvement pouvait avoir lieu si le Parlement eût été hardi. La bourgeoisie de Paris avait généralement pris les armes, et, en majorité immense, elle détestait ce monstre de la Ligue, chimère bizarre, mêlée de tant de choses, mais dans lequel, après tout, une était beaucoup trop claire, l'alliance du clergé et de l'Espagne, l'or, l'intrigue et la menace, l'insolence de l'étranger.

Les présidents du Parlement, mis en demeure de prendre initiative dans un moment si critique, se montrèrent d'abord fort timides. Ils parurent condamner la résistance. Ils déclarèrent « que, l'affaire semblant tendre à *sédition*, on en référerait à la reine mère et aux princes *pour avoir règlement* ». Aux princes, c'était dire aux Guises. »

Mais, quelle que fût la faiblesse, le tremblement visible de ces magistrats, Guise n'en abusa pas. Il se montra lui-même excessivement prudent. Il fit venir le conseiller capitaine, le pria de ne pas se mettre en danger, de donner sa démission. « J'en endure bien aussi, dit-il. Faites comme moi. Quand la colère de ces Parisiens sera un peu plus rassise, je donnerai bon ordre à tout; et alors vous serez content, vous et tous les gens de bien qui vous ressemblent. »

La démission n'arrêta rien. L'indignation publique ne se cachait plus. On avait ôté l'épée à des magistrats, à des hommes connus, posés dans l'estime publique, et on l'avait confiée à des banqueroutiers, à des gens sans profession connue. Cette disposition des esprits enhardit le Parlement. « Le premier président, dit L'Estoile, parla longuement, librement et hautement, pour maintenir les vieux capitaines, casser les nouveaux. Plusieurs conseillers appuyèrent. Le cardinal de Bourbon parla contre, mais fort peu. Alors le duc de Guise, avec beaucoup de soumission et de révérence, supplia la cour de donner encore cela au temps *et au public.* » Le public était là en effet, le public des Espagnols, hurlant tout autour et près d'assommer le Parlement. Celui-ci se montra touché d'une prière si respectueuse et si bien appuyée du *peuple*, dont la voix est celle de Dieu.

Le même *peuple*, pour faire marcher droit le Parlement et l'empêcher de broncher, vint en masse le sommer de brûler un protestant depuis longtemps prisonnier; autrement les bons catholiques se chargeaient de le faire eux-mêmes. Tout cela désavoué par la nouvelle administration de Paris. Mais la volonté était claire.

Il fallut faire quelque chose pour complaire à ce bon peuple. On avisa que, d'ancienne date, on avait condamné à Angers un certain Guitel. Il jurait qu'il n'était ni protestant ni chrétien, d'aucun culte. Il n'en fut pas moins à la Grève exécuté comme huguenot.

Donc, tout allait à merveille. La religion était satisfaite, le peuple vainqueur, tous d'accord. Il ne restait qu'à s'embrasser. Le 10 juillet, le roi signa ce qu'il appela son acte d'*Union*

Chose plaisante et qui fit rire : il interdisait la *Ligue*, mais prescrivait l'*Union*.

Il garantissait l'union que ses sujets faisaient entre eux pour se défendre contre lui.

Les ligueurs y renonçaient aux alliances étrangères. Promesse menteuse s'il en fut.

Le roi, de dix manières diverses, promettait la même chose, de poursuivre à mort l'hérésie, d'exclure de sa succession tout prince hérétique.

Un article important était ajouté aux anciens traités.

Nul désormais ne devait obtenir le moindre emploi que sur une attestation de son évêque ou de son curé. Article énorme qui, en réalité, mettait toutes les places aux mains du clergé, et de plus l'autorisait à se constituer partout comme une police, pour connaitre les bons sujets et écarter les suspects.

Dans les articles secrets, il promettait de soumettre le royaume au pape, selon les règlements du concile de Trente, de livrer des places aux ligueurs, non seulement Orléans, Bourges, mais Montreuil, mais le Crotoy, tout près de Boulogne, *mais Boulogne même*, c'est-à-dire les ports de nos côtes que demandait l'Espagne.

Boulogne, que le duc d'Aumale n'avait pas pu arracher au lieutenant de d'Épernon, Boulogne, que le roi avait en vain prié d'Épernon de lui remettre, était livré cette fois, pris d'un trait de plume.

A ces articles terribles ajoutez les dons, non écrits, que l'on extorqua :

Mayenne, frère de Guise, aura l'une des deux armées contre les hérétiques.

Un frère de Guise aura le Lyonnais, — autrement dit donnera la main à la Savoie, et pourra lui ouvrir la France.

Un autre frère, le cardinal de Guise, sera légat d'Avignon; le roi l'obtiendra du pape.

L'intime confident de Guise, Menneville, que plusieurs croyaient la tête même de la Ligue, entrera au conseil du roi avec l'archevêque de Lyon.

Le cardinal de Bourbon est déclaré le plus proche

parent du roi. Exclusion implicite du roi de Navarre.

Guise lui-même aura le commandement général des armées, avec la justice et la police militaires, comme les avait le connétable.

Le roi n'avait plus rien à donner en ce monde. Il ne lui restait guère que son corps et sa personne. On voulait qu'il la livrât, qu'il allât montrer dans Paris sa face souffletée et se prêter aux nasardes. C'est ce que vint lui demander la reine mère le 1er août, en lui présentant le cardinal de Bourbon et le duc de Guise. Le roi les embrassa tendrement en souriant, mais refusa leur requête.

Alors la bonne Catherine se mit à verser des larmes (ce qui lui arrivait souvent, car elle était fort sensible) : « Comment, mon fils! que dira-t-on de moi? et quel compte pensez-vous qu'on en fasse? Serait-il bien possible que vous eussiez changé tout d'un coup votre naturel si enclin à pardonner? »

Mais lui, quand il la vit pleurer, cela le fit rire : « C'est vrai, madame, mais qu'y faire? C'est ce méchant d'Épernon qui m'a tout changé et gâté mon naturel. »

Cette gambade disait assez à la vieille qu'il n'était pas dupe. Il avait eu de fréquentes occasions d'expérimenter combien (même pour lui) elle était fausse, perfide et malfaisante. En 1587, au départ des Allemands, elle avait dit, avec la Ligue, que son fils eût pu les détruire et qu'il ne l'avait pas voulu. Aux Barricades, elle lui avait donné le conseil singulier d'aller trouver les ligueurs, c'est-à-dire de se livrer. Et, ici, soufflée par Guise, elle lui conseillait encore de se jeter dans le guépier.

Il la connaissait dès lors. Il l'eût haïe s'il eût eu la force de haïr personne. Mais il la méprisait à fond, n'ayant vu personne de plus méprisable ni de plus semblable à lui.

CHAPITRE IV

La Ligue aux États de Blois. (Août-décembre 1588.)

L'article où la Ligue renonçait aux alliances étrangères, quoiqu'il ne fût pas sérieux, parut à Philippe II une trahison de Guise, une violation du traité fait avec lui en avril. Le 26 juillet, *ab irato*, il écrivit à Henri III qu'il lui donnerait du secours.

Guise avait voulu s'expliquer, se justifier auprès de l'Aragonais Moreo, l'agent qui avait traité avec lui. Moreo ne voulut pas l'entendre. Alors il écrivit directement à Philippe II (24 juillet) une lettre humble où il lui disait que tout s'était fait pour l'honneur de Dieu. Philippe ne daigna répondre.

C'était le moment critique de l'Armada. L'ambassadeur Mendoza croyait fermement qu'elle avait vaincu; il avait fait imprimer toute la victoire à Paris, était parti pour Chartres en poste, et, avant tout, avait été à la cathédrale remercier la Vierge Marie. De là, en allant à l'évêché, où logeait le roi, il disait aux gentilshommes avec une emphase espagnole : « Victoria ! victoria ! » Il entra ainsi et montra au roi une lettre qui lui arrivait de Dieppe. Mais le roi lui montra une autre lettre qui disait que les Anglais avaient canonné l'Armada, coulé douze vaisseaux et tué cinq mille hommes; qu'il n'y avait plus à songer à débarquer en Angleterre.

Mendoza ayant de la peine à digérer la nouvelle, le roi lui montra en sus deux ou trois cents forçats turcs d'un vaisseau castillan échoué à Calais qu'on venait de lui envoyer. Mendoza veut qu'on les lui livre. Le roi répond doucement qu'il faudra en délibérer. L'Espagnol, fort irrité, va trouver Guise, qui l'appuie. Ces pauvres diables se trouvèrent placés en haie sur les degrés où le roi devait passer pour aller à la messe. Ils se jettent à genoux, et crient tant qu'ils peuvent : « Misericordia ! » Le roi les regarde et passe. Au conseil, on décida que ce n'étaient pas des Espagnols, mais des prisonniers, des esclaves; qu'en France on ne connaît pas d'esclaves, qu'en touchant la France on est libre; donc qu'on les rendrait au sultan, allié du roi, et qu'au départ chacun d'eux recevrait un écu en poche.

Ce conseil fut comme un tournoi préalable avant la bataille, où l'on connut bien les ligueurs. Le duc de Nevers et Biron emportèrent cette décision.

Les effets de la grande déroute furent sensibles à l'instant même. Mendoza revint à Guise, lui promit secours. Guise en remercie Philippe II le 5 septembre, dans une lettre où il épuise toute la langue française pour l'assurer de son dévouement. Philippe, dès le 22 août, probablement du jour même où il apprit le désastre, avait écrit à Mendoza que Guise pouvait se *justifier* de l'Union en rompant avec le roi. Si l'Armada était battue. Farnèse était là tout entier, avec ses trente mille Espagnols, qui pouvait mettre un poids énorme dans les affaires de France.

Le premier service que Guise rendit à Philippe II, ce fut d'attacher à la Ligue un certain Balagny, que la reine mère avait placé à Cambrai pour lui garder cette place, prise autrefois par son fils Alençon. Entre les mains d'un ligueur, Cambrai ne pouvait manquer de revenir bientôt à l'Espagne.

Sur la même frontière du Nord, le roi avait donné au duc de Nevers la Picardie, que réclamait de longue date le duc d'Aumale. M. de Nevers passant par Paris, le prévôt des marchands et les Seize vinrent à son hôtel, et, au nom de la ville, au nom de la Ligue, lui défendirent d'y songer.

Quoiqu'il fût stipulé dans le traité qu'on rendrait la Bastille au roi, on se moqua de cet article. On maintint dans la forteresse l'un des chefs, le fameux procureur et escrimeur Leclerc, le plus violent des Seize.

Ce qui ne fut pas moins sensible au roi et lui démontra son néant, ce fut la défense que la Ligue fit au Parlement de vérifier les lettres royales données au comte de Soissons, fils du prince de Condé, pour le laver d'avoir porté les armes avec les hérétiques. Le *peuple* s'y opposa, disant qu'un tel péché exigeait que le comte allât à Rome. Guise tenait extrêmement à ce qu'il ne fût pas réhabilité et restât incapable de succéder à la couronne, comme *fauteur d'hérésie.*

De plus, Guise aurait voulu que son fils épousât la nièce du pape. Et le roi la demandait pour le comte de Soissons.

Sur toute et chacune chose, Guise se trouvait ainsi en face du roi. Il paraissait déterminé à le pousser à l'extrême. Le mouvement, comprimé, mais très significatif de Paris contre la Ligue, l'obligeait d'achever le roi, dût-il lui-même tomber sous l'influence espagnole. Sans doute aussi il la craignait moins depuis cette grande catastrophe de l'Armada. Philippe restait puissant et redoutable; mais ce n'était plus ce Dieu, ce Jupiter, ou ce Pluton, ce terrible démon du Midi, qui semblait tenir ou fermer à son choix l'outre des tempêtes.

L'élection des États fut travaillée par toute la France avec une furie extraordinaire. Le mot d'ordre était donné. On ne voulut pas de ligueur modéré, mais seulement les emportés, les casse-cous de la faction. Le tiers parti, épouvanté, ne savait que dire. A Chartres même, sous les yeux du roi, un seigneur, l'homme de la Ligue, effrayait les royalistes des plus terribles menaces. L'épée ne tenait à rien; et, derrière l'épée, c'était le bâton de la populace soldée par les prêtres; et, derrière la populace, c'était l'Espagnol, les trente mille hommes de Farnèse, prêts à renouveler en France, dans chaque ville, le sac d'Anvers.

Pas un des élus n'était homme connu, sauf quelques-uns dans la noblesse. C'était généralement la basse bourgeoisie, inepte et envieuse du voisin, laquelle, flattée par les seigneurs, eût fait des crimes pour eux.

Qu'étaient, que voulaient ces États qui venaient, disaient-ils, au secours de la religion catholique? Pouvaient-ils se tromper eux-mêmes? Mais le roi venait justement de leur ôter tout prétexte. Il envoyait deux armées contre l'hérésie, l'une sous le frère même de Guise, l'autre sous le duc de Nevers. Guise et Nevers, c'était également la Saint-Barthélemy.

S'il y avait dans les députés quelques hommes de bonne foi, il faut croire que la passion les rendait à moitié fous. Le programme qu'on leur apporta de la part des Seize ne porte pas le cachet de l'huissier, du procureur, des Leclerc et des Marteau. Il rappelle bien plutôt l'hypocrisie avec laquelle nous avons vu l'Espagne attester à Trente, à Rome et partout, la *liberté* qu'elle écrasait; il rappelle le courage du clergé lorsque, prié d'aider l'État (mai 1561), il refusa héroïquement *au nom de la liberté.*

Ce programme, rédigé certainement par les Jésuites sur la table de Mendoza, propose à la France d'imiter les nobles libertés castillanes, les assemblées des Cortès (blessées à mort par Charles-Quint et poursuivies au moment même par Philippe II en Aragon).

Voyez l'Angleterre, disait-on, voyez la Pologne : les États y gouvernent tout.

Sublimes docteurs du mensonge! Combien leur cachet est reconnaissable! Et qui jamais put espérer d'en approcher dans le faux? Ces libres États, sortis de la nationalité et défense de la patrie, ils les attestaient ici pour espagnoliser la France et pour étrangler la patrie.

Revenons. L'assemblée se caractérisa en nommant président du clergé le cardinal de Guise, un furieux; président du Tiers-état l'un des Seize, La Chapelle-Marteau, l'organisateur du comité de la Ligue, que la révolte avait fait prévôt des marchands. Enfin la noblesse fut présidée par l'homme des Barricades, le jeune Brissac, ennemi personnel d'Henri III.

Avant même d'exister, je veux dire d'être constitué, le Tiers dit toute sa pensée : *supprimer l'impôt*, désarmer le roi.

Tout impôt établi depuis 1576, supprimé. Et cependant la valeur de l'argent ayant infiniment changé, il avait bien fallu que l'impôt montât avec tout le reste.

La seconde pensée des États fut de censurer la *tolérance du roi*. Le jeune Brissac le tint sur la sellette et le chapitra, comme un maître d'école flagelle l'enfant de paroles avant de lui donner le fouet. Plusieurs mots sentaient le sang. « Longue patience méprisée est cause de *rigueur sans pitié*. »

J'ai besoin de rappeler que ces violentes plaintes sur la tolérance du roi s'adressent au pénitent des Jésuites, au confrère des flagellants, à l'homme qui conseilla la Saint-Barthélemy!

Du reste, pourquoi un roi? Il suffit de l'ambassadeur d'Espagne pour gouverner la république française. La situation rappelle et rappellera de plus en plus la misérable Pologne de la fin du siècle dernier, lorsque l'ambassadeur russe, le sauvage Repnin, régnait sur le roi avec un mélange bizarre de violence et de ruse, d'hypocrisie et de fureur.

L'ancienne Rome avait dix tribuns du peuple; la France va en avoir mille, sous le nom de syndics. Des syndics de bailliages à ceux de provinces, et de ceux-ci au syndic général qui suivra le roi et le gardera à vue, tout se tient, tout se lie. La tête du système est le protecteur étranger.

On refusait l'impôt, on exigeait la guerre, on forçait le roi à la commencer en disant cette parole (contre le roi de Navarre) : Jamais roi, *ayant été hérétique*, ne vous gouvernera. »

« Et pourtant, disait Henri III, quand il ne s'agirait que d'une succession de cent écus, encore serait-il juste de s'expliquer avec lui, de savoir ce qu'il pense, s'il ne veut pas se convertir! »

Il faisait venir les députés, s'humiliait, leur parlait *avec respect*, componction : « Je le sais, messieurs, *peccavi*, j'ai offensé Dieu, je m'amenderai, je réduirai ma maison au petit pied. S'il y avait deux chapons, il n'y en aura plus qu'un. Mais comment voulez-vous que je revienne aux tailles de ce temps-là? Comment voulez-vous que je vive? Refuser l'argent, c'est me perdre, vous perdre, et l'État avec nous. »

Les soufflets tombaient comme grêle. L'un disait, comme cette vieille de l'antiquité à Trajan : « Alors, ne soyez donc point roi. » L'autre : « Ses paroles ne sont que vent. » Le roi faisait la sourde oreille.

Il était pris par la famine. Ses gardes n'étaient plus payés. Ses quarante-cinq gentilshommes allaient chercher condition. Cour solitaire, froide cuisine, visages allongés. Dans cette extrémité, il s'adressa à Guise lui-même, le pria de prier pour lui. Guise en effet intercéda, mendia pour le roi. Mais les ligueurs étaient incorruptibles; ils refusaient sèchement. Guise riait. Un autre disait : « La marmite du roi est renversée, messieurs; allons, faites-la donc bouillir. »

Il n'y avait eu rien de pareil depuis Chilpéric. Le négociateur Schomberg, ami de Guise, homme de grande expérience, lui dit qu'il risquait gros de pousser un homme à ce point-là; qu'il n'y a bête si lâche qui, tellement mordue, ne se retourne sur la meute. Guise allait son chemin. Il croyait, tous croyaient que le roi, n'étant plus un homme ni un mâle, pleurerait, projetterait, mais n'aurait jamais la résolution, la pointe, le tranchant. L'ambassadeur de Savoie écrivait : « Le duc sera toujours à temps pour le prévenir. » Le Vénitien Morosini, légat du pape et ami d'Henri III, en écrivait autant à Rome.

Guise tenait le roi de très près, logeant dans le château; et, comme grand maître, il en avait les clefs. Son intériorité intime, les moindres détails de sa vie, toutes les petites misères qu'on cache, Guise les savait heure par heure. Comment? Parce qu'il avait la vieille mère et était étroitement ligué avec elle. Elle était logée sous le roi, à même de se faire tout dire, d'entendre même ses démarches et le bruit de ses pas. Elle lui en voulait beaucoup en ce moment pour la seule chose sage qu'il eût faite en sa vie. Avant l'ouverture des États, il avait renvoyé tout son conseil, tous les hommes de sa mère, spécialement ses deux âmes damnées, le *petit coquin* Villeroy, et le très douteux Cheverny, qui avait une parente mariée chez les Guises. A la place, il fit venir des inconnus, l'avocat Montholon, Ruzé, jadis son homme d'affaires, et un certain Révol, que d'Épernon lui avait désigné comme un homme sûr. Ces braves gens étaient trop subalternes, trop peu fins pour flairer les choses. Dès lors, il était comme seul.

Il arrive aux mourants d'avoir des moments très lucides; il avait compris un peu tard que sa vraie plaie était sa mère, et que c'était d'elle surtout qu'il fallait se cacher. Il s'enfermait pour ouvrir les dépêches. Elle ne savait rien, ne pouvait plus rien dire aux Guises, n'était plus importante. Elle en était malade. D'autant plus entrait-elle dans le complot général pour réprimer la révolte du roi. Elle voulait ressaisir le conseil, y remettre ses hommes, et, par eux, continuer son rôle de négociatrice éternelle et d'entremetteuse.

Pris ainsi de partout, n'ayant plus même son logis, comme un lièvre entre deux sillons, le roi devint très clairvoyant et plein de stratégie. La peur fut pour lui un sixième sens. Il avait l'oreille dressée, était attentif à trois choses :

1° A Rome. Il caressa le vieux Sixte par un grand mariage d'un prince du sang pour sa nièce, et il en tira un bon légat, partial pour lui. C'était le Vénitien

Morosini. Henri III adorait Venise et en était aimé. Un tel légat pouvait le servir fort s'il en venait à tuer Guise.

2° Le plus beau eût été de le faire tuer par les siens. Le roi ne fut pas loin de croire qu'il aurait cette joie. Pour une affaire de femme, Guise et son frère Mayenne tirèrent l'épée; ils étaient sur le terrain quand Mayenne jeta la sienne. Telle était cette race lorraine, que tous étaient envieux de tous. Les frères de Guise et ses cousins le jalousaient à mort, le dénonçaient au roi, ne cessaient de lui dire que Guise lui jouerait un mauvais tour.

3° Le roi n'était pas sûr que le pape le soutiendrait contre Guise et l'Espagne. Aussi, en regardant de ce côté à droite, il regardait à gauche vers le roi de Navarre et l'Angleterre. L'affaire de l'Armada prouvait que l'Angleterre pouvait faire la balance. Quelqu'un venant lui dire qu'un homme du roi de Navarre (c'était Sully) était dans Blois, vite il le fit venir, mais bien secrètement. Il lui dit qu'il ne demandait pas mieux que de donner la main à son maître. Mais comment? Il était captif. Guise vivant, il ne pouvait rien.

Une lueur d'espoir vint. Le duc de Savoie s'était emparé du marquisat de Saluces, du peu que nous avions encore en Italie, et cela par un frère de Guise (frère de mère), devenu général de Savoie.

La France, au bout d'un siècle, enfin chassée de l'Italie! bravée par un si petit prince! Cruelle injure! Pour qu'on la sente mieux, le Savoyard en frappe une médaille, le *centaure* (franco-italien) *qui, du pied, foule la couronne de France.*

Cela fut amèrement senti. Ce singulier pays de France, qui parfois ne sent rien, puis est sensible tout à coup, avait fait peu d'attention à la conduite des ligueurs à Boulogne, à Calais, au Havre, dans le moment si grave du passage de l'Armada. Nos ports ouverts à l'Espagnol, c'était bien autre chose que cette petite et lointaine affaire de Saluces, question surtout de vanité. Celle de la noblesse s'éveilla, s'indigna; elle en voulut à Guise, qu'elle croyait auteur de la chose.

Loin de là, l'affaire de Saluces, brusquée sans son avis, le contrariait réellement. Il n'y trouva remède, sinon de dire que c'était le roi qui avait tout fait, qui conspirait contre lui-même, livrait ses places. Mais lui, Guise, allait les reprendre « aussitôt que l'hérésie serait extirpée en France ». A quoi le Savoyard fit une étrange réponse et qui étonna tout le monde : « Qu'il était prêt de mettre tout dans les mains du frère de M. de Guise. »

Mot terrible qui porta un grand coup à sa popularité et le montra tout Espagnol. Mot précieux pour Henri III. Il crut que son homme était mûr et qu'on pouvait le tuer.

CHAPITRE V

Mort d'Henri de Guise. (Décembre 1588.)

Le 30 novembre, sur les quatre heures du soir, un fait singulier arriva. Les pages et domestiques, bruyants, malfaisants, ferrailleurs, qui attendaient leurs maîtres dans les cours, passaient leur temps à se battre. Mais, ce jour-là, ce fut une bataille en règle; les pages royalistes et les pages guisards se poussèrent l'épée à la main; il y eut des morts et des blessés. Le bruit alla jusqu'à la ville; on y crut que les princes se massacraient et se taillaient en pièces. Le cardinal de Guise, qui logeait en ville, jeta son habit de prêtre et marcha sur le château avec ses bandes. Le duc de Longueville et le maréchal d'Aumont vinrent pour sauver le roi. Les ligueurs des États vinrent aussi, l'épée nue. Au château, il y eut panique. On se battait dans l'antichambre du roi. Il endossa la cuirasse et sortit de son cabinet. Guise ne bougeait pas. Il était chez la reine mère et jasait avec elle, disant toujours froidement :

« Ce n'est rien. » Ses gentilshommes venaient voir s'il donnerait un signe, et se demandaient ce qu'il fallait faire. Ils le trouvaient toujours les yeux baissés et tournés vers le feu. Enfin Crillon s'indigna et, avec les gardes, finit la ridicule affaire. On fit rengainer ces héros, et on mit à l'ordre du jour que ceux qui bougeraient auraient la prison et le fouet.

On avait cru que Guise n'eût pas été fâché si le roi était tué par hasard. Mais savait-il ce qu'il voulait ? Il était très flottant, ennuyé, dégoûté. Au dehors, l'Espagne le ménageait peu, ayant poussé le Savoyard à contre-temps, et l'ayant compromis. Au dedans, la noblesse devenait froide. Paris n'était pas sûr. Les États ne se hâtaient pas de le faire nommer connétable.

Qui était sûr ? Pas même la famille. Son frère Mayenne, qui avait occupé Lyon et voulait le garder, se rapprocha du roi, et reçut amicalement le Corse du roi, Ornano, homme d'exécution, qui conseilla la mort de Guise. La sœur du duc d'Elbeuf, duchesse d'Aumale, alla publiquement le dénoncer au roi. Le maréchal d'Aumont, allié (par mariage) des Guises, était un fervent royaliste. Guise, pour le gagner, lui avait offert la Normandie, qu'avait le duc de Montpensier, espérant les brouiller et les opposer l'un à l'autre. Il voulait lui signer la promesse de son propre sang, dépouilla son bras jusqu'au coude, et tira son poignard pour se saigner. D'Aumont n'en fut pas dupe ; il l'arrêta et dit tout au roi.

Guise commençait ainsi à être connu, et on ne se fiait guère à lui. Il visait toujours à brouiller. Il était non seulement dissimulateur et menteur, mais inventeur aussi et riche en fictions, soutenant un premier mensonge par un autre et ne tarissant plus. Pris sur le fait, il se justifiait aux dépens de ses amis. Cela lui avait ôté beaucoup d'hommes. Les dames, il est vrai, ne l'en aimaient que plus pour ces petites scélératesses ; parmi elles, c'était un proverbe, la *malice de M. de Guise*.

Cette malice avait été parfois quelque peu loin. Sans parler de la petite malice de la Saint-Barthélemy, des affaires de Salcède et autres assassins d'Alençon, d'Orange ou Navarre, il usait largement d'une liberté qu'on avait en ce siècle, de faire tuer en duel ceux qu'on n'assassinait pas. Les duels à mort des premiers mignons ne furent nullement des hasards.

L'homme qu'on voulait tuer en duel à ce moment, et que l'on commençait à picoter, c'était un bien petit favori, le Gascon Longnac, capitaine des quarante-cinq. Déjà un des bâtards des Guises le cherchait et le provoquait, tâchait de le faire dégainer.

Le 18 décembre, toute la cour étant en fête chez la reine-mère pour un mariage, le roi, espérant être moins espionné, fit venir deux personnes qui passaient pour sûres et honnêtes, le maréchal d'Aumont et M. de Rambouillet, homme de robe, qui avait montré de la fermeté à Chartres, et s'était fait élire malgré la Ligue. Il leur dit qu'il ne pouvait plus souffrir les bravades du duc de Guise, et que le duc ou lui mourrait.

L'homme de robe, un peu étonné, dit qu'il fallait lui

faire son procès. Le roi haussa les épaules : « Et où trouverez-vous des témoins, des gardes, des juges ? » Le maréchal dit : « Il faut le tuer. »

Le roi fit entrer Ornano et le frère de Rambouillet, qui furent de l'avis du maréchal.

L'homme le plus brave qu'il eût était Crillon. Il le fit venir. Mais le bon capitaine dit qu'il y avait répugnance, que ce genre de besogne ne convenait pas « à un homme de sa condition », mais qu'il serait charmé de le tuer en duel.

On approchait de la Noël, et chacun était en dévotion. Le 21 décembre, jour de la Saint-Thomas, le duc suivit le roi, pour vêpres, à la chapelle du château, et lut pendant l'office. Le roi, qui l'avait vu, lui dit à la sortie : « Vous avez été bien dévotieux. » Le duc avoua que c'était un pamphlet huguenot, une satire contre le roi, et il voulait l'obliger de la lire.

Il suivit le roi au jardin, et là le mit au pied du mur, lui disant que, puisqu'il n'était pas assez heureux pour avoir ses bonnes grâces, il le priait de recevoir la démission de ses charges et se retirait chez lui ; en d'autres termes, partait pour déchaîner la guerre civile.

Le roi le pria fort d'y penser, et fit bonne mine ; mais, rentrant dans sa chambre, il exhala son désespoir, sa fureur, jeta son petit chapeau. Guise le sut un quart d'heure après, et, le soir, un conseil se tint pour savoir ce qu'on devait faire. Guise leur dit les avis qu'il avait, qu'il était perdu s'il ne se sauvait.

Il y avait là son frère, le bouillant cardinal de Guise,

l'archevêque de Lyon, le vieux président de Neuilly, Marteau, le prévôt des marchands, et la fine pensée de la Ligue, le froid et rusé Menneville.

M. de Lyon, qui allait être cardinal, mais qui eût manqué le chapeau si l'on eût lâché prise, se montra le plus brave. Il dit qu'il fallait passer outre. Qui quitte le jeu perd la partie. Comment revenir jamais à ce point si difficile qu'on avait gagné, d'avoir des États tout ligueurs? Le roi y songera plus d'une fois et sera sage ; il ne voudra pas se perdre en faisant une folle tentative sur M. de Guise.

Le président Neuilly, qui larmoyait toujours, pleura et bavarda pour les deux avis à la fois : « Si vous vous perdez, monsieur, nous sommes perdus... — Oui, je suis bien d'avis de passer outre... Mais surtout prenez garde à vous. » C'était après souper, et le vieillard était plus tendre encore qu'à l'ordinaire.

Marteau dit rudement : « Nous sommes les plus forts, nous ne devons rien craindre. Néanmoins il ne faut pas se fier ; il faut prévenir. » Comment? Il ne le disait pas.

Menneville, impatienté, sortit de son caractère ; il jura, il dit : « M. de Lyon n'y entend rien. Il parle du roi comme d'un sage, d'un prince bien conseillé. Mais c'est un fou... Il n'aura pas de prévoyance et pas d'appréhension. Il exécutera son dessein. Il ne fait pas bon ici, point sûr. Il nous faut nous lever, et *agir avant lui.* »

Guise dit : « Menneville a raison, et plus que tous les autres... Néanmoins, au point où sont les affaires, quand je verrais entrer la mort par la fenêtre, je ne fuirais pas par la porte. »

Il répondait ainsi à ce qu'on ne disait pas. Marteau et Menneville ne proposaient pas de fuir, mais d'*agir*, apparemment de susciter un mouvement dans les États pour s'emparer du roi et le lier décidément.

Guise n'était pas en train d'agir. Il n'avait pas grand espoir. Il était fatigué de lui-même et de son rôle, et fatigué de ses amis.

Il était malin comme un singe, menteur comme un page, mais peu propre à l'hypocrisie. La pesante tartuferie espagnole, la cafarderie monastique, la dévotion de cabaret des bas ligueurs, lui avaient donné la nausée. Il avait eu un grand malheur pour un chef de parti, c'était de voir son parti à plein, au grand jour et sans ombre.

Son élégance princière et son insolence intérieure l'éloignaient des petites gens, et il avait horreur de se remettre à toucher les mains sales. Le célèbre Montaigne, très fin observateur, qui avait fort connu Guise et le roi de Navarre, disait au jeune De Thou que le premier n'était guère catholique, et le second guère protestant. Guise, s'il n'eût été condamné dès l'enfance au rôle de chef des catholiques, aurait incliné plutôt à la religion des reîtres du Rhin, à la confession d'Augsbourg, que son frère et son oncle, le cardinal de Lorraine, avaient un moment paru adopter.

De Thou, dans ses Mémoires, apprend une chose curieuse. Comme il passait à Blois, l'entremetteur Schomberg lui demanda pourquoi, après avoir présenté ses hommages au duc, il s'en allait si vite. Le jeune magistrat répondit avec de grands respects pour la personne de Guise, mais avoua franchement qu'il s'éloignait parce que, autour de lui, il ne voyait presque que des gens ruinés et des coquins. Schomberg le dit à Guise, qui n'y contredit pas. « Que voulez-vous ? dit-il, j'ai toujours perdu mes avances auprès des honnêtes gens. Il me faut des amis, et je prends ce qui vient à moi. »

Cet indigne entourage le condamnait à chaque instant à plaider de mauvaises causes, à appuyer des scélérats. Par exemple, à ce moment même, il soutenait un La Motte-Serrant, horrible brigand de château, qui faisait métier d'enlever et de mettre chez lui dans des basses-fosses tout ce qu'il trouvait de gens aisés ; il les disait protestants et les faisait mourir de faim, les torturait, pour les faire financer. Le grand prévôt du roi, Richelieu, voulait aller lui faire visite et informer. Mais le coquin s'était donné à Guise, et, sans même se présenter, il avait obtenu par lui une évocation qui réservait l'affaire au Conseil même, autrement dit, la mettait à néant.

Avec une telle cour et de tels amis, Guise ne se sentait pas bien et n'était pas son propre ami. Il tâchait d'oublier. Il ne buvait pas ; il cherchait une autre ivresse, qui n'est pas moins funeste. Il prenait par derrière, mais sans trop de mystères, les distractions mondaines, qui ne se présentaient que trop. Les dames, toujours trop tendres pour l'homme du jour, avaient trop de bontés pour lui. A son néant moral s'ajoutaient les fatigues de ses campagnes nocturnes, souvent des défaillances. Comme d'autres beaux de l'époque, il portait sur lui un drageoir pour prendre quelque chose et se raffermir le cœur quand ces faiblesses le prenaient.

Sa grande affaire à ce moment (dont il n'entretenait pas son conseil), c'était madame de Noirmoutiers, nouvelle et charmante aventure, dont il était enveloppé. Cela l'enracinait à Blois et dans ce fatal château. Il voyait fort bien chaque jour qu'il fallait s'en aller, et plus tôt que plus tard. Chaque nuit, il disait : « Pas encore. »

Le médecin du roi, Miron, raconte, après l'avoir ouï d'Henri III peu après l'événement, que le 22 décembre Guise avait pris son parti, et, dans une scène violente, donné une démission définitive, dit qu'il partait le lendemain.

De sorte que ce fut lui qui fixa le roi, flottant encore, et le força d'agir.

La chose n'était pas aisée, parce qu'il ne venait que fort accompagné, et que tout son monde entrait jusqu'à la chambre du roi. Celui-ci était donc obligé de se confier à beaucoup de gens, et aussi de prendre un jour de conseil, parce que, le conseil se tenant dans une grande pièce de passage entre l'escalier et l'antichambre du roi, Guise était obligé, ces jours-là, de laisser son monde au haut de l'escalier, de rester isolé. Si alors le roi l'appelait chez lui, il devait se trouver séparé par deux pièces (celles du conseil et de l'antichambre) de ceux qui l'auraient défendu.

Le roi, comme on a vu, s'était ouvert à Crillon, qui se chargea de garder les dehors et de fermer à temps les portes du château. Il fit venir Larchant, capitaine des gardes, et lui dit de se mettre sur le passage de Guise avec une requête pour le payement des gardes, de manière à l'isoler de sa suite.

Puis il avertit le conseil que, le lendemain, il voulait de bonne heure tenir conseil, expédier les affaires et emmener tout son monde à une petite maison près Notre-Dame-des-Noyers, au bout de la grande allée, où il voulait faire ses dévotions et préparer son Noël. Il ordonna que son carrosse l'attendit le matin à la porte de la galerie des Cerfs. Entre dix et onze heures du soir, il s'enferma dans son cabinet avec M. de Termes, parent du duc d'Épernon. A minuit, il lui dit : « Mon fils, allez-vous coucher, et dites à l'huissier Du Halde qu'il ne manque pas de m'éveiller à quatre heures, et vous-même trouvez-vous ici. » Puis il prit son bougeoir et alla coucher chez la reine.

Pendant ce temps, Guise soupait. En un moment, il lui vint jusqu'à cinq avis. Et il était déjà couché (chez sa maîtresse), qu'il lui en venait encore. « Ce ne serait jamais fini, dit-il, si on voulait faire attention à tout cela. » Il fourra le dernier sous le chevet et renvoya l'avertisseur : « Dormons, et allez vous coucher. » Il faisait ainsi le brave pour rassurer sa dame, ne pas gâter sa nuit d'adieux. Au souper, il avait été (comme parfois on l'est devant les femmes) insolemment audacieux, rejetant sous la table un des billets mystérieux où il avait écrit : « Il n'oserait. » Ce qui n'était pas mépriser seulement le péril, mais le provoquer.

De qui venaient ces billets? On ne le sait. Mais l'homme de la reine mère, Cheverny, retiré chez lui, avait dit à De Thou : « Le roi le tuera. » La reine mère elle-même, qui connaissait très bien son Henri III et le savait frère de Charles IX, elle qui, de son lit, suivait de près les choses par la domesticité et voyait à travers les murs, elle dut apprécier les nuances de chaque jour, les degrés successifs de désespoir et de fureur, deviner le moment où la corde devait casser.

Quatre heures sonnent. Du Halde s'éveille, se lève et heurte à la chambre de la reine. Demoiselle Louise Dubois de Prolant, sa première femme de chambre, vient au bruit, demande ce que c'est. « C'est Du Halde; dites au roi qu'il est quatre heures. — Il dort et la reine aussi. — Éveillez-le, répondit Du Halde; il me l'a commandé, ou je heurterai si fort que je les éveillerai tous deux. » Le roi, qui ne dormait point, ayant passé la nuit en belles inquiétudes, entendant parler demande à la demoiselle ce que c'est. « Sire, dit-elle, c'est M. Du Halde qui dit qu'il est quatre heures. » — « Prolant, dit le roi, mes bottines, ma robe et mon bougeoir. » Il se lève, et, laissant la reine dans une grande perplexité, va en son cabinet, où étaient déjà le sieur de Termes et Du Halde, auquel le roi demande les clefs des petites cellules qu'il avait fait dresser pour des capucins; les ayant, il y monte, le sieur de Termes portant le bougeoir. Le roi en ouvre une et y enferme le sieur Du Halde et successivement les quarante-cinq qui arrivaient; puis les fait descendre en sa chambre.

« Surtout, disait le roi, ne faisons pas de bruit, de peur que ma mère ne s'éveille. »

Il était ému, comme on pense, et fort capable d'émouvoir, pâle et misérable figure qui priait, mendiait. Il leur dit qu'il était perdu si le duc ne périssait; qu'il était arrivé au bout; prisonnier dans sa maison, n'ayant plus rien de sûr, à peine son lit; qu'il avait toujours compté sur leur épée et fait pour eux tout ce qu'il avait pu, mais qu'il ne pouvait plus rien, et qu'ils allaient être cassés... Que cependant il était roi, avait droit de vie et de mort, et leur donnait droit de tuer.

Toutes ces têtes gasconnes prirent feu. Ils ne se plaignirent que d'attendre. Un Périac, frappant de la main contre la poitrine du roi : « Cap de Jou! Sire, je bous le rendrai mort. »

Ils parlaient si haut et si fort, que le roi en eut peur. Il tremblait, disait-il toujours, d'éveiller la reine mère.

« Voyons, dit-il tout bas, voyons d'abord qui a des poignards. » Il s'en trouva huit; celui de Périac était d'Écosse. Le capitaine Longnac prit seulement ceux-là qui étaient au complet, ayant le poignard et l'épée. Il les plaça dans l'antichambre. Et les autres furent mis ailleurs.

Le roi, dans son cabinet même, garda son Corse, et une lame de première force, le Gascon La Bastide, avec le secrétaire Révol, homme d'Épernon. Le parent d'Épernon, le comte de Termes, se tint dans la chambre pour être sûr que le roi ne changerait pas de résolution. Il n'y songeait point. Il était préparé à tout, bien décidé et confessé ; il avait eu l'attention d'avoir son aumônier dans un cabinet pour mettre ordre à sa conscience.

Tout cela ne prit pas beaucoup de temps, de sorte qu'il resta une assez longue attente à ne rien faire. Le roi allait, venait et ne pouvait durer en place. Parfois il entr'ouvrait la porte et passait la tête dans l'antichambre, disant aux huit : « Surtout n'allez pas vous faire blesser ; un homme de cette taille-là peut se défendre... J'en serais bien fâché. »

Le conseil, à cette heure si matinale, ne se forma pas vite. Les royalistes arrivèrent bien, et, avant le jour, les cardinaux de Vendôme et de Gondi, les maréchaux d'Aumont et de Retz, d'O et Rambouillet. Mais les autres, M. de Lyon et le cardinal de Guise, arrivèrent tard. Et l'on ne voyait pas le duc, quoique logé dans le château.

Il faisait un fort vilain jour d'hiver, très bas et très couvert ; il plut du matin jusqu'au soir. Il n'était pas loin de huit heures quand on osa frapper pour éveiller Guise. Les adieux avaient été longs. Il passa à la hâte un galant habit neuf de satin gris, et, le manteau sur le bras, se rendit au conseil. Dans la cour, et sur l'escalier, sur le palier, partout, il rencontra nombre de gardes, dont il s'étonna peu, averti de la veille, par leur capitaine Larchant, que ces pauvres diables viendraient le prier d'appuyer au conseil leur requête pour être payés. Larchant, qui était malade, maigre à faire peur, faisant d'autant mieux son personnage de mendiant, disait d'une voix lamentable : « Monseigneur, ces pauvres soldats vont être obligés, sans cela, de s'en aller, de vendre leurs chevaux ; les voilà perdus, ruinés. » Tous le suivaient, le chapeau à la main.

Il promit poliment, passa. Mais, lui entré et la porte fermée, la scène changea derrière lui. Les gardes nettoyèrent l'escalier des pages et de la valetaille, et s'assurèrent de tout. Crillon ferma le château.

Le secrétaire du duc, Péricard, eut la présence d'esprit de lui envoyer un mouchoir, et dedans un billet avec ce mot : « Sauvez-vous ! ou vous êtes mort ! » Mais rien ne passa, ni mouchoir ni billet.

Guise, entrant et assis, lut du premier coup sur les visages, et se troubla un peu. Il se vit seul, et, soit frayeur, soit épuisement de sa nuit, il ne fut pas loin de se trouver mal : « J'ai froid », dit-il. Son habit de satin expliquait du reste cette parole : « Que l'on fasse du feu. » Et puis : « Le cœur me faut... Monsieur de Morfontaine, pourriez-vous dire au valet de chambre que je voudrais avoir quelques bagatelles des armoires du roi, du raisin de Damas ou de la conserve de rose. » On ne trouva que des prunes de Brignoles, dont il lui fallut se contenter.

Son œil, du côté de sa balafre, pleurait. Sous ce prétexte, il dit au trésorier de l'épargne : « Monsieur Hotman, voudriez-vous voir à la porte de l'escalier s'il n'y a pas là un de mes pages ou quelque autre pour m'apporter un mouchoir. » Hotman sortit, mais il paraît qu'il ne put passer ni rentrer. Un valet de chambre du roi apporta un mouchoir au duc.

Le roi, étant alors bien sûr que son homme était là, dit à Révol : « Allez dire à M. de Guise qu'il vienne parler à moi en mon vieux cabinet. » Révol fut arrêté aux portes par l'huissier dans l'antichambre intermédiaire, et rentra tout tremblant. « Mon Dieu! s'écria le roi, Révol, qu'avez-vous? Que vous êtes pâle! Vous me gâterez tout; frottez vos joues, frottez vos joues, Révol. — Il n'y a point de mal, sire, dit-il; c'est l'huissier qui ne m'a pas voulu ouvrir que Votre Majesté ne le lui commande. » Le roi commanda de lui ouvrir et de le laisser entrer et M. de Guise aussi. Le sieur de Marillac rapportait une affaire de gabelle quand le sieur de Révol entra; il trouva le duc de Guise mangeant des prunes de Brignoles. Et lui ayant dit : « Monsieur, le roi vous demande, il est en son vieux cabinet », il se retire, rentre comme un éclair et va trouver le roi. Le duc de Guise met des prunes dans son drageoir, jette le reste sur le tapis : « Messieurs, dit-il, qui en veut? » Il se lève; il trousse son manteau sous le bras gauche, met ses gants et son drageoir sur la main de même côté, et dit : « Adieu, messieurs. » Il heurte à la porte. L'huissier, lui ayant ouvert, sort, ferme la porte après soi.

Le duc entre dans l'antichambre, salue les huit. Il n'y avait qu'eux, ni pages, ni gentilshommes. Il voit Longnac, assis sur un bahut, qui ne daigne pas se lever. Les autres, qui étaient debout, le suivent comme par respect.

« A deux pas de la porte du cabinet, il prend sa barbe avec la main droite, et tournant le corps et la face à demi, pour regarder ceux qui le suivoient, fut tout soudain saisi au bras par le sieur de Montsériac, qui étoit près de la cheminée, sur l'opinion qu'il eut que le duc vouloit reculer pour se mettre en défense. Et tout d'un temps il est par lui frappé d'un coup de poignard dans le sein gauche, disant : « Ah! traître, tu en mourras. » En même instant le sieur des Affravats se jette à ses jambes et le sieur de Semalens lui porte par derrière un grand coup de poignard près la gorge dans la poitrine, et le sieur de Longnac un coup d'épée dans les reins, le duc criant à tous ses coups : « Eh! mes amis! Eh! mes amis! Eh! mes amis! » Et, lorsqu'il se sentit frappé d'un poignard sur le croupion par le sieur de Périac, il s'écria plus haut : « Miséricorde! » Et, bien qu'il eût son épée engagée dans son manteau et les jambes saisies, il ne laissa pas pourtant de les entraîner d'un bout de la chambre à l'autre, au pied du lit du roi, où il tomba.

« Ces dernières paroles furent entendues par son frère le cardinal, n'y ayant qu'une muraille de cloison entre deux : « Ah! on tue mon frère! » Et, se voulant lever, il est arrêté par M. le maréchal d'Aumont, qui, mettant la main sur son épée : « Ne bougez pas, dit-il, mordieu; monsieur, le roi a affaire de vous. » Alors l'archevêque de Lyon, fort effrayé et joignant les mains : « Nos vies, dit-il, sont entre les mains de Dieu et du roi. »

« Après que le roi eut su que c'en était fait, il va à la porte du cabinet, hausse la portière, et, ayant vu M. de Guise étendu sur la place, rentre et commande au sieur de Beaulieu de visiter ce qu'il avoit sur lui. Il trouve autour du bas une petite clef attachée à un chaînon d'or, et dedans la pochette des chausses il s'y trouva une petite bourse où il y avoit douze écus d'or et un billet de papier où étoit écrit, de la main du duc, ces mots : « Pour entretenir la guerre en « France, il faut sept cent mille livres tous les mois. » Un cœur de diamant fut pris, dit-on, en son doigt par le sieur d'Antraguet.

« Pendant que le sieur de Beaulieu faisoit cette recherche, apercevant encore à ce corps quelque petit mouvement, lui dit : « Monsieur, pendant qu'il vous reste quelque peu de vie, demandez pardon à Dieu et au roi. » Alors, sans pouvoir parler, jetant un grand et profond soupir, comme d'une voix enrouée, il rendit l'âme, fut couvert d'un manteau gris, et au-dessus mis une croix de paille. Il demeura bien deux heures durant en cette façon; puis fut livré entre les mains du sieur de Richelieu, lequel, par le commandement du roi, fit brûler le corps par son exécuteur en cette première salle, qui est en bas à la main droite en entrant dans le château, et, à la fin, jeter les cendres à la rivière. »

D'autres ajoutent que le roi, le voyant couché à terre, se mit à dire : « Ah! qu'il est grand! Encore plus grand mort que vivant! » Prophétie involontaire que la Ligue sut bien relever, ou que peut-être elle inventa.

D'autres prétendent que, dans la furieuse gaieté d'un lâche tout à coup rassuré, le roi ne se contint pas et lui lança un coup de pied au visage. Chose qui n'est pas invraisemblable. Ce personnage original avait tout à la fois du Borgia et du Scapin; avec beaucoup d'esprit, des mouvements très bas, un violent farceur dans un capucin d'Italie.

Sa grande affaire était de s'assurer du pape, de savoir ce qu'en dirait son bon légat, le Vénitien Morosini. Il lui avait envoyé Révol. L'homme de Venise fut un peu étonné; il n'attendait pas tant du roi. Il vint, vers les onze heures, lui faire visite et causa amicalement, voulant seulement profiter de son émotion pour l'assurer au pape, l'empêcher de se rapprocher du roi de Navarre. Ils allèrent ensemble à la messe.

Sur le passage, le roi vit, entre autres gentilshommes, un ami de ce La Motte-Serrant qui trafiquait de chair humaine et que protégeait Guise; il dit à cet ami : « Monsieur, la loi revit, puisque le tyran est mort. Que votre homme s'y conforme et qu'il se présente en justice. »

Puis, voyant l'évêque de Langres, qui, par Guise, avait extorqué un arrêt du conseil contre sa ville : « Monsieur l'évêque, dit-il, vous avez fait condamner ceux de Langres sans qu'on les entendit; vous serez condamné vous-même. »

On avait arrêté plusieurs des principaux ligueurs et les princes de la maison de Guise. Le roi les relâcha fort imprudemment, sur les promesses qu'ils firent de calmer Paris.

Des hommes, comme Brissac, qui lui avaient fait des outrages personnels, n'en furent pas moins lâchés.

Le plus embarrassant était ce terrible cardinal de Guise, le frère du mort, que le roi tenait sur sa tête dans un grand galetas qu'il avait fait partager en cellules pour y loger des capucins. Il jetait feu et flamme, « ne souffloit que la guerre, ne ronfloit que menaces, ne haletoit que sang ». Ce prêtre était un militaire; de temps à autre il jetait la soutane, prenait l'épée; récemment, à la tête d'un parti de cavalerie, il avait surpris Troyes. Avec tout cela, il ne s'en croyait pas moins couvert par la tonsure. Les gens qui entouraient le roi et qui avaient participé à l'acte avaient à attendre du cardinal de grandes vengeances. Ils lui dirent ces menaces, et, cela ne suffisant pas, ils régalèrent le roi des brocards dont il le criblait. Un jour que quelqu'un lui disait : « Vous piquez trop le roi. — Il ne marche qu'autant qu'on le pique. » Et, voyant aux armes du roi les deux couronnes de France et de Pologne : « Le tondeur fera la troisième. » Et il ajoutait en grinçant : « Oui, je tiendrai sa tête entre mes jambes, pour lui faire, avec un poignard, sa couronne de capucin. »

L'hésitation du roi dura tout le 23 et toute la nuit. Le 24 était la veille de Noël; s'il eût passé ce jour, la fête l'eût sauvé. Mais, le matin du 24, on dit au roi qu'il continuait à se démener dans son grenier, à jurer, menacer. Le roi réfléchit qu'après tout il avait le légat pour lui, qui avait fort bien pris la mort de Guise; que, quant à la tonsure et à la pourpre, on excuserait tout sur l'urgence et le danger; que le mariage avec la nièce du pape laverait tout; qu'enfin les temps étaient changés et qu'on n'en ferait pas tant de bruit que de saint Thomas de Cantorbéry. Donc : « Expédions-le, dit-il, qu'on ne m'en parle plus. »

Le capitaine Du Gast, qui n'avait pas été de l'autre affaire, se chargea de celle-ci, qui était plus dure, peu de gens voulant tuer un cardinal. Quatre cents écus en firent l'affaire; on eut quatre soldats. Le haut prélat s'y attendait si peu que, quand il les vit venir, il dit à M. de Lyon, enfermé avec lui : « Monsieur, ceci vous regarde; pensez à Dieu. — Non, monseigneur, c'est de vous qu'il s'agit. » Le cardinal se confessa, suivit les hommes, et, dans le couloir, fut tué.

Le roi n'avait pas eu la patience d'attendre tout cela pour aller voir la figure de sa mère. Dès le 23, sur l'acte même et Guise étant tout chaud, il s'était donné ce bonheur. Par son escalier dérobé qui conduisait chez elle, il descend; il la trouve au lit, qui était malade : « Madame, comment vous portez-vous? — Oh! mon fils, doucement. — Moi, très bien, je suis roi de France, j'ai tué le roi de Paris. »

Elle fit une terrible grimace. Mais, se contenant : « Je prie Dieu que bien en advienne!... Mais donnez-moi un don. — C'est selon, madame... — Donnez-moi son fils et M. de Nemours. — Leurs corps ? Oui, mais je garde leurs têtes. » Du reste, il ne voulait que la mortifier par le refus ; il ne les fit pas tuer.

Elle avait espéré que, Guise ayant l'avantage, mais un avantage incomplet, elle replacerait dans le conseil son Villeroy et son Cheverny, les deux béquilles par qui, tant bien que mal, boitant de ci, de là, elle continuerait de marcher. Mais, voyant Guise mort, elle se retourne vite : « Mon fils, dit-elle, il faut vous saisir d'Orléans. » Quelques-uns même assurent qu'elle lui conseillait d'appeler le roi de Navarre.

Cela n'empêcha pas qu'elle ne se levât et ne se fît porter chez le cardinal de Bourbon pour se laver les mains de ce qui s'était fait et lui protester de ses sentiments invariables. Le vieil homme la reçut avec des pleurs, avec des cris, une fureur épouvantable, de ces colères apoplectiques comme en ont les vieillards ou les petits enfants : « Madame ! madame ! voilà encore un de vos tours... Vous nous faites tous mourir ! » Il lui parla comme si elle avait tout arrangé et conseillé, mis doucement le cerf au filet, lâché la meute. Il la maudit, appela sur elle toutes les foudres. Et, ce qu'elle craignait plus, il lui fit voir que, cette fois, des deux côtés, elle était prise et trop connue, qu'elle n'avait plus rien à faire en ce monde, qu'elle pouvait fermer boutique, s'en aller intriguer là-bas.

Elle eut beau protester, jurer : il n'en tint compte, n'entendit rien. Elle vit que c'était fini et qu'on ne la croirait plus. Toutes ses paroles lui rentrèrent, lui restèrent à la gorge, l'étouffèrent. Elle s'en alla ; et, comme elle avait déjà une petite fièvre, la pauvre femme n'en releva pas. Brantôme, son admirateur, dit crûment « qu'elle creva de dépit ».

Son fils, pendant les quelques jours qu'elle vécut (jusqu'au 5 janvier), ne quitta guère son chevet, soit par un reste d'attachement et d'habitude, soit par curiosité de voir si, en mourant, elle n'intriguerait pas encore et ne ferait pas quelque coup fourré. Il la pleura d'un œil, et pas longtemps ; il avait bien d'autres affaires.

Ses domestiques aussi pleuraient, la voyant criblée de dettes, et pensant que la succession ne payerait pas leurs legs, quoiqu'on vendît ses riches meubles et ses grands domaines à l'encan.

Elle n'avait jamais cru qu'à l'astrologie, et toujours ses astrologues lui avaient dit de se défier de Saint-Germain. Voilà pourquoi elle n'aimait guère à habiter Saint-Germain-en-Laye, ni même le Louvre sur la paroisse Saint-Germain-l'Auxerrois. Aussi elle bâtit, tout près, l'hôtel de Soissons (Halle-au-Blé), dont on voit encore la tourelle. Mais voici que ce Saint-Germain, qui devait l'enterrer, n'était pas un lieu, mais un homme. Quand elle fut très bas, tout le monde la laissa là, et il n'y eut qu'un bon gentilhomme, Julien de Saint-Germain, homme doux et honnête, pourvu d'une abbaye, qui s'inquiéta de la vieille âme et l'assista de ses prières jusqu'à ce que cette âme s'envolât on ne sait trop où.

Il n'y avait pas à songer à la transporter à Paris, où

on l'eût jetée à la voirie comme ayant fait tuer Guise. On la mit provisoirement à Saint-Sauveur de Blois. Et ce provisoire dura très longtemps. Son fils n'eut guère le temps d'y songer, Henri IV encore moins.

Le plus désagréable, dit Pasquier, fut que, comme à Blois on n'avait pas ce qu'il fallait pour bien embaumer, ce corps sentit bientôt si mauvais dans l'église, qu'il fallut l'enlever de nuit; on le mit en terre avec les premiers venus, et, par précaution, dans un endroit dont personne ne se doutait.

Ce ne fut que vingt et un ans après que ses os furent apportés à Saint-Denis dans le splendide tombeau d'Henri II, qui est, à lui seul, une sorte de chapelle, et où elle s'était fait sculpter classiquement, c'est-à-dire toute nue.

Le cœur, s'il y en avait, ou si on put le retrouver, fut mis aux Célestins dans cette urne dorée qu'on voit maintenant au Louvre, soutenue par trois gentilles et moelleuses figures de Germain Pilon, qui certainement sont des portraits. Ces belles sont là chargées de figurer les trois vertus théologales, qui furent, comme on sait, dans le cœur de Catherine, la Foi, l'Espérance et la Charité.

Si l'inscription ne le disait, on verrait plutôt dans la ronde gracieuse qu'elles font en se donnant la main la danse des saisons et des heures, le chœur insouciant qu'elles mènent en se moquant de nous.

CHAPITRE VI

Le terrorisme de la Ligue. (1589.)

Peu avant l'événement, le jeune De Thou (l'historien), retournant de Blois à Paris et prenant congé du roi, l'attendit au passage dans un couloir obscur, où le roi l'arrêta longtemps. Longtemps il lui tint la main, comme ayant beaucoup à lui dire, et finalement ne lui dit rien. Si grandes étaient son irrésolution et les perplexités de son esprit.

Mais, après l'événement, sa route était toute tracée, directe, s'il avait su la voir. Ayant tué le cardinal, il avait réellement rompu avec Rome, avec les fervents catholiques. Il devait appeler Épernon, en tirer les deux mille arquebusiers qu'il eut trop tard. Il eût imposé aux États, enfoncé dans les esprits la terreur de la mort des Guises. En un mois, il aurait eu le secours du roi de Navarre, sa vaillante cavalerie. Avec cela, il fondait sur Paris, nullement approvisionné; en huit jours, il était au Louvre, et proclamait à main armée son édit de 1577, l'édit de tolérance et de pacification. Eût-il réussi? Je ne sais. Mais il n'aurait pas tombé sans honneur.

Qui l'empêchait d'agir? Qui le liait? Sa conscience. Elle lui rendait intolérable la vue des huguenots, lui faisait croire qu'il n'y avait pas de réconciliation possible avec eux, lui rappelait qu'il était, qu'il serait éternellement l'homme de la Saint-Barthélemy.

Une autre chose aussi très sérieuse le paralysait. Appeler à soi le roi de Navarre, c'était appeler contre soi le roi d'Espagne. Le premier si faible! le second si grand!

Si la puissance de l'Espagne avait eu comme une éclipse par le revers de l'Armada, la redoutable armée espagnole du prince de Parme, le génie invincible du grand Italien étaient la terreur de l'Europe. Toutes les combinaisons de la politique du temps étaient modifiées d'avance, en résumé, annulées par ce mot final qui détruisait tout : « Et quand nous aurions réussi, rien ne serait fait encore; car alors viendrait l'Espagnol. »

On a ridiculement exagéré la puissance de la Ligue. Elle se développa partout, parce que, dans l'universelle faiblesse, elle ne trouvait pas d'obstacle. Mais elle-même se jugeait très faible. Et, dès le premier moment, elle ne crut pas pouvoir durer sans l'assistance de l'Espagne. Les factions diverses de la Ligue étaient d'accord là-dessus. Mayenne, dès le mois de janvier, demande une armée espagnole. Les Seize, ennemis de Mayenne, n'obéissent qu'à l'Espagnol. Le fils de Guise, qui vient plus tard, n'a d'espoir de réussir que par un mariage espagnol. Philippe II est obligé de venir sans cesse à l'aide de ce grand parti, qu'on dit si populaire, qu'on dit tout le peuple même; sans cesse, il faut qu'on intervienne, et non seulement au Nord, par les grandes expéditions du prince de Parme, mais partout, et en Bretagne, et en Languedoc, et à Paris, par la constante présence de ses armées, sans lesquelles la Ligue tombait cent fois par terre.

Je m'ennuie de me répéter, mais je le dois, puisque je trouve le public imbu d'idées fausses.

Qui ne sentira la faiblesse intrinsèque de la Ligue, cette grande machine de Marly à cent grosses roues sans action, obligée de prier toujours qu'on lui donne un tour de main? qui sera tenté de comparer ce mouvement forcé, pulmonique, poussif, qui ne peut faire un pas sans le bras de l'Espagnol, avec le vrai mouvement national, si robuste, de 93, qui d'un bras rembarra l'Europe, de l'autre étouffa la Vendée?

Revenons à Henri III. Le pauvre homme avait entièrement manqué son coup, perdu ses peines. Les États furent irrités et ne furent point effrayés. Ils lui refusèrent toutes ses demandes. Même le procès des Guises, qu'il faisait, lui fut impossible. Il tenait leur confident, l'archevêque de Lyon, l'homme qui savait le mieux les manipulations secrètes de leur double corruption, l'argent qu'ils recevaient d'Espagne et le trafic de conscience auquel servait cet argent. Cet archevêque, Espinac, qui couchait avec sa sœur, n'en était pas moins terrible pour les mœurs du roi ; il avait écrit sur lui et sur Épernon, en langage de Sodome, le *Gaveston*, livre effroyable, qui appelait sur Henri III l'obscène punition d'Édouard empalé par sa bonne femme. L'auteur d'un tel livre, que le roi tenait, avait bien quelque chose à craindre. Mais il voyait le roi dans les mains du légat. Le drôle se rassura, se rengorgea, ne daigna répondre en justice et pas même comme témoin.

Le roi était au plus bas, malade des hémorroïdes, pleurant ; tout le monde riait, personne n'en tenait compte. Ses gens le quittaient un à un. Retz (Gondi) ne fut pas le dernier ; ce célèbre conseiller de la Saint-Barthélemy, qui avait aidé à arrêter le cardinal de Guise, était inquiet de son audace. Il alla se cacher à Lucques, laissant son maître devenir ce qu'il pourrait.

Donc, il était là, dans son lit, à peu près seul, devenu, de roi de France, « roi de Blois et de Beaugency ».

Entendant dire qu'il y avait à Blois un petit mercier de Paris qui allait y retourner, il le fait venir, le matin, près de son lit et il lui montre la reine : « Mon ami, ce que tu vois, dis-le à tes Parisiens. Puisque je couche avec la reine, il faut bien que je sois le roi. »

La reine même, il ne l'avait pas. Elle était de cœur avec ses parents, et, sous main, écrivait aux Guises.

Il n'y avait pas eu encore de créature plus dénuée que ce pauvre hémorroïdeux, depuis le bonhomme Job.

Les Parisiens en faisaient si peu de cas que, quand ils apprirent la mort de Guise, le 24 (veille de Noël), ils ne voulurent jamais le croire capable d'un tel coup. Mais, le 25, la nouvelle étant confirmée, il y eut un prodigieux mouvement. Et celui-ci naturel. On courut à l'hôtel de Guise, où la duchesse était enceinte. Pour donner l'impression de vengeance et de cruauté, rien n'est meilleur que d'entamer les choses par l'attendrissement; un peuple attendri est terrible; les larmes sont près du sang. On avait la grande machine dramatique, la duchesse même, que ce bon duc de Guise avait confiée à sa chère ville de Paris, voulant que le petit naquît Parisien. Tout se précipite là; il faut que la dame se montre; en deuil, éplorée, très enceinte et à son huitième mois, elle apparaît à la foule, se traînant à peine, défaillante. Mais elle est soutenue sur le cœur de tous; tout le monde crie, tout le monde pleure; on bénit, on salue ce ventre qui contient sans doute un sauveur (c'était le jour de Noël), on l'adopte; point de marraine que la ville de Paris. Tous en revinrent les yeux rouges, exaspérés contre Henri III; pas un, dans ce premier accès de pitié furieuse, qui ne lui eût donné de son couteau dans le cœur.

Le mouvement était lancé; pour chef, il suffisait d'un homme quelconque. La duchesse de Montpensier, qui était malade, au lit, fit venir les Seize dans sa chambre à coucher et leur dit que le seul prince à Paris, son cousin le duc d'Aumale, qui était un imbécile, faisait son Noël aux Chartreux, qu'il fallait aller le prendre. Il n'en faut pas plus pour drapeau.

Les choses allèrent droit et roide. Le 29, le Gascon Guincestre, qui s'était emparé d'une cure en chassant le curé, traita de même le roi ; il le destitua par un calembour. Il dit qu'il avait trouvé le mystère d'*Henri de Valois*, que ce nom, par son anagramme, donnait le *Vilain Hérode*, qu'on ne pouvait plus obéir à un Hérode empoisonneur et assassin. Cela à Saint-Barthélemy, paroisse du Parlement, devant le Palais de Justice. La foule, en sortant, se mit en devoir d'arracher du portail les armes de France et de Pologne, de les briser et de marcher dessus.

Opération qu'on répéta bientôt dans toutes les églises ; spécialement à Saint-Paul, où la foule s'amusa à casser le nez, la tête, à Caylus, Maugiron et Saint-Mégrin, que le roi avait fait représenter en marbre sur leurs tombeaux.

Le 7 janvier, la Sorbonne consultée déclara le peuple délié du serment de fidélité, le roi ayant violé la foi, violé la Sainte-Union, violé la « naturelle liberté des trois ordres du royaume ».

Le Parlement continuait de rendre justice au nom du roi. Le 16 janvier, l'ex-procureur Leclerc, qui se faisait appeler M. de Bussy, entre au Parlement avec une vingtaine de coquins et le pistolet à la main. Il donne ses ordres aux magistrats, qu'il eût à peine, naguère, osé saluer, et leur intime de le suivre. Il fait l'appel, mais ceux mêmes qui n'étaient pas sur la liste veulent suivre les victimes désignées et tous s'en vont à la Bastille.

A la Grève, et sur la route, il y avait des charbonniers, porteurs d'eau et portefaix, qui auraient assez aimé à les assommer, pensant que, la Justice tuée, on pourrait se donner fête du pillage, s'amuser. Mais les Seize voulaient un pillage méthodique, un rançonnement régulier. Il leur fallait un parlement. Le président Brisson, le plus savant homme de France, était aussi le plus timide ; on l'empoigna, on le mit sur les fleurs de lis ; on le fit jurer, agir, parler comme on voulut. Brisson prit toutefois une précaution. Il avait peur de la Ligue, mais il avait peur du roi ; à tout hasard, il crut être habile en faisant en cachette une protestation où il assurait qu'il était là par peur, qu'il avait voulu se sauver, n'avait pu. Ce fut cette pièce prudente qui bientôt le perdit.

Ce ne fut qu'un mois après que le duc de Mayenne vint enfin prendre à Paris la direction du mouvement (15 février). C'était un gros homme, assez lent, qui avait beaucoup de mérite, moins faux que son frère Henri, et sans comparaison le meilleur des Guises ; on ne lui reprochait qu'un assassinat. Le fils du chancelier Birague lui ayant demandé sa fille et avoué qu'il en avait une promesse de mariage, le prince lorrain, indigné, dégagea sa fille en le poignardant. C'est cet homme si orgueilleux qui va se trouver le chef des va-nu-pieds de Paris.

Il y venait à regret, se sentant infiniment peu propre à ce rôle. Mais sa furieuse sœur, la duchesse de Montpensier, était sortie de son lit pour l'aller chercher en Bourgogne et pour l'amener. Elle voulait qu'il s'avançât hardiment, reprit le rôle de son aîné et se fît roi. Chose extravagante. Le long travail du parti clérical pour faire un héros, un dieu, de Henri de Guise, avait eu justement pour effet de mettre son cadet dans l'ombre, et d'établir dans les esprits une solide opinion de sa médiocrité. Les talents réels de Mayenne ne pouvaient le tirer de là. Il eût eu peu de gens pour lui, et il aurait eu contre lui certainement le roi d'Espagne, secrète pierre d'achoppement de tous les prétendants.

Mayenne, qui venait organiser un gouvernement, en trouva un, celui des Seize et de la ville. C'est des Seize qu'il reçut la liste toute préparée du *Conseil général de l'Union* que Paris créait pour la France. Il y eut trois évêques, six curés de Paris, sept gentilshommes, vingt-deux bourgeois, Mayenne président, Sénault secrétaire (un des Seize), en tout quarante membres. Le secrétaire à lui seul pesait autant que le conseil. Mayenne obtint bien d'ajouter quinze hommes de robe (Jeannin, Ormesson, Villeroy, etc.), pour guider l'inexpérience de ces quarante rois. Mais le secrétaire Sénault n'écrivait que ce qu'il voulait. Des autres, presque toujours, il faisait des rois fainéants, les arrêtant à chaque instant par un petit mot : « Doucement, messieurs, je proteste au nom de quarante mille hommes. »

De sorte que le vainqueur, le *Conseil général*, était presque aussi dépendant que le vaincu, le Parlement.

Pour consoler un peu le *Conseil* de sa nullité, on le payait grassement. Chacun des quarante membres avait cent écus par mois, forte somme qui ferait bien deux mille quatre cents francs aujourd'hui.

Le *Conseil* avait commencé par diminuer d'un quart les tailles pour toute la France. Mais cela n'eut pas grand effet; le roi avait fait déjà la diminution. Et personne d'ailleurs ne payait; du moins, nulle taxe générale. Chaque ville avait assez à faire de suffire aux *razzias* locales que faisaient les gouverneurs de province, ou les commandants de place, ou les chefs de faction, toute autorité, tout le monde, pour tous les besoins ou prétextes de la guerre civile.

Mais ce qui rendit le *Conseil de l'Union* bien autrement populaire, ce qui le fit adorer à Paris, ce fut l'*autorisation donnée aux locataires de ne plus payer le loyer*. Il y eut réduction expresse d'un tiers. Mais on ne paya plus rien.

Le peuple était misérable, tout commerce ayant cessé; les pauvres vivaient de hasard, d'aumônes plus ou moins forcées, de soupe ecclésiastique. Mais cette grande délivrance de n'avoir plus de loyer, de ne plus chercher sou à sou, de ne plus calculer le terme, d'avoir perdu le souci et la notion du temps, cela seul faisait de la misère un paradis relatif.

Le clergé, quoique forcé de donner beaucoup, trouvait aussi une grande douceur financière à la guerre civile. Elle le dispensait de la charge qui, depuis près de trente ans, le faisait gémir, celle de payer les rentes de l'Hôtel-de-Ville. Cette charge, c'était la blessure profonde, la navrante plaie qui, jour et nuit, perçait le cœur de cet infortuné clergé, pour la guérison de laquelle il avait en vain appelé tous les médecins, et Guise, et l'Espagne, et le ciel!

De sorte qu'une intime union se trouva formée entre ces deux classes qui l'une et l'autre se donnèrent dispense de payer : *le clergé dispensa le peuple de payer impôts et loyers; le peuple dispensa le clergé de payer la rente publique.*

Donc, l'État ne reçut plus rien. Donc, la masse des propriétaires et rentiers ne reçut plus rien.

Ces propriétaires et rentiers étaient eux-mêmes un grand peuple. Les uns vivaient des loyers d'une unique petite maison. Les autres avaient petite part à la rente de l'Hôtel-de-Ville. Ces rentiers de cent francs, ou moins, étaient de maigres boutiquiers, de pauvres personnes ruinées, des veuves, etc. On a vu en 1579, la singulière émeute qui faillit avoir lieu quand le clergé essaya de se dispenser de payer la rente.

Il échoua en 1579, réussit en 1589. Il vint à bout d'étouffer le mécontentement des petits rentiers, des petits propriétaires, de ce qu'on pourrait appeler les meurt-de-faim de la bourgeoisie.

Le clergé, le grand et gros propriétaire du royaume, dut cette victoire définitive à son alliance d'une part avec les mendiants robustes, de l'autre avec les gagne-deniers d'Auvergne, Limousin, etc., charbonniers et porteurs d'eau, population campagnarde au milieu de Paris, braves gens, honnêtes, crédules, sujets à suivre l'impulsion d'un *bon* patron qui les occupe et leur fait gagner leur vie. Ils comprennent peu, ne parlent guère, entendent mal la langue française. Mais ils s'attachent aux personnes, et ne sont que trop dévoués; ils ont bon cœur, et leurs *pratiques* peuvent les faire aller loin; ils ne joueraient pas du couteau, à moins d'avoir un peu bu, mais bien aisément du bâton.

La bourgeoisie, qui avait pris parti contre les protestants, comme contre des gens de trouble, qui leur avait reproché surtout de faire enchérir les vivres, qui même, on l'a vu, en 1568, les voyant à Saint-Denis, s'était battue et fait battre, qui enfin avait eu une part à la Saint-Barthélemy, — la voilà, cette bourgeoisie catholique, qui voit tomber d'aplomb sur elle le Terrorisme de la Ligue. Seule, elle payera désormais et ne sera plus payée. Maisons, rentes, rien ne rapporte; encore moins les biens de campagne, à chaque instant ravagés.

Ce Terrorisme ressemblait-il à celui de 93? Oui, par les instincts niveleurs qui sont éternels. En 1589, aussi bien qu'en 93, les pauvres voyaient volontiers les dames en robes de toile aller porter à manger à leurs époux en prison et raccommoder leurs culottes (L'Estoile).

Mais le point essentiel qui faisait l'originalité du Terrorisme de la Ligue, c'est qu'il entrait dans un détail, une intériorité domestique où celui de 93 ne put arriver jamais. Ce dernier agissait du dehors, non du dedans. Il n'avait pas l'instrument admirable de la grande police ecclésiastique; n'ayant pas la confession, il n'allait pas au fond même, il ne siégait pas en tiers entre le mari et la femme, ne savait pas ce qu'on mangeait, ce qu'on disait sur l'oreiller; il ne voyait pas à travers les murs, au foyer, au pot, au lit. Le curé et le commissaire, le pasteur et le mouchard, unis en la même personne, pinçant au confessionnal, par les rapports de servantes, ceux que, comme prédicateur, il terrifiait du haut de la chaire, c'est un bien autre idéal que celui des Jacobins.

Une famille faillit périr parce qu'une servante rapporta que, le jour du Mardi-Gras, sa maîtresse avait ri. Les femmes se pressaient aux églises, ayant peur que leur absence ne fût dénoncée. Mais, quand elles étaient là, elles avaient encore plus peur que le maître du troupeau qui les regardait tremblantes du haut de la chaire, qui les recensait une à une, ne leur appliquât quelque mot. Nommées, elles étaient perdues. Et même, vaguement désignées, elles craignaient à la sortie les outrages manuels de la bande des coquins à travers de laquelle il fallait passer, et qui menaçaient toujours leurs personnes ou leurs maisons.

Comment s'étonner si la Ligue devint populaire, avec ces moyens énergiques? Comment demander pourquoi on ne voit plus qu'entre les nobles des ennemis de la Ligue? La raison en est bien simple. Parce qu'il fallait, pour cela, non seulement porter l'épée, pouvoir se défendre, mais encore pouvoir s'isoler, avoir un trou à soi pour se retirer; tout au moins avoir un cheval, comme la noblesse affamée qui suivait le roi de Navarre. Quant aux misérables habitants des villes, dans les tenailles atroces d'une police si serrée, à quoi comparerai-je leur sort ? Les cachots et les basses-fosses sont plus libres, parce qu'au moins le prisonnier y est seul. Le grand cachot de Paris, le grand cachot de Toulouse, ces villes devenues prisons, multipliaient la terreur dans une proportion horrible par quelques cent mille témoins, s'espionnant les uns les autres, par la profondeur d'une inquisition mutuelle, domestique, intime, jusqu'à s'accuser soi-même et se dénoncer à force de peur.

Ce terrorisme clérical différait encore en ceci du terrorisme jacobin de 93, que, le clergé divisé en corps divers et divers ordres, tous jaloux les uns des autres, on ne contentait ceux-ci qu'en mécontentant ceux-là. A Auxerre, vivait retiré un homme de lettres illustre, ancien aumônier de Charles IX, Amyot, l'excellent traducteur de Plutarque. Ce bon homme était resté naturellement attaché au roi, son bienfaiteur. Mais, dans sa peur de la Ligue, il avait imaginé d'appeler les Jésuites, pour le protéger, et de leur faire un collège. D'autant plus furieux contre lui furent les Franciscains de la ville. Ces moines mendiants, en rapport avec les flotteurs de bois, les vignerons, les tonneliers, etc., leur firent croire, quand Amyot revint des États de Blois, qu'il avait conseillé au roi de faire assassiner les Guises. Amyot, tremblant, signa l'Union. Cela ne servit à rien. Le prieur des Franciscains l'avait pris pour texte ; chaque soir, dans ses sermons, il donnait la chasse à l'évêque, le condamnait, l'exécutait. Un moine, sur la grande place, s'avisa aussi de prêcher le peuple, une hallebarde à la main en place du crucifix. Amyot, ayant un jour hasardé de mettre le pied hors de l'Évêché, tout le monde lui courut sus, à coups de fusil. En vain le pauvre vieillard obtint une absolution de la plus haute autorité, du légat. Il ne trouva de repos que dans la mort.

Une des scènes les plus odieuses en ce genre fut la mort de Duranti, premier président à Toulouse. C'était un fervent catholique, qui avait fait venir les Jésuites et les Capucins, avait logé ceux-ci chez lui, avait institué des confréries de pénitents à l'instar d'Avignon. Il était mortel ennemi des protestants. Il avait écrit un livre des cérémonies catholiques, à l'exemple de Durandi, l'auteur du *De divinis officiis*, des temps albigeois. Ce livre fut imprimé à Rome aux dépens de Sixte-Quint.

Eh bien, ce parfait catholique n'en fut pas moins tué par la Ligue.

L'évêque de Comminges, échappé de Blois à la mort de Guise, se mit à la tête du peuple pour la déchéance du roi. Duranti y résista. Le peuple fit des barricades. Il fut pris et enfermé par l'évêque aux Dominicains. Sa femme s'enferma avec lui. On dit au peuple que Duranti, tout prisonnier qu'il était, trahissait et livrait la ville. Le 10 février, à quatre heures de nuit, on voulut forcer le couvent ; on brisa, on brûla les portes. Le magistrat, intrépide, embrassa sa femme évanouie, et alla aux massacreurs. Il demanda ce qu'ils voulaient et de quoi on l'accusait. Pas un mot. Mais une balle lui perça le cœur. On le traîna à la place, on l'accrocha au pilori, où pendait un Henri III. Alors, ne sachant plus que faire, ils se divertirent tout le jour à lui arracher la barbe.

Nous avons déjà vu (dès 1528) ce que les grandes processions, violentes et tumultuaires, ajoutent aux effets de terreur. Ce sont des revues où l'on va en masse, où chacun a peur de manquer, où l'on passe sous l'œil perspicace des tyrans du jour, notant un à un leurs moutons, tenant compte des maigres et des gras, ajournant l'un, désignant l'autre.

Grand amusement aussi pour le peuple de voir la dévotion improvisée des mondains et leur sainteté subite.

A Paris, la fin du carême augmenta la fermentation. Une série de processions s'ouvrit qui ne finit plus, à grand bruit, à cri et à cor. On commença innocemment, comme on fait, par les enfants, fils et filles, allant deux à deux, avec des chandelles, chantant des hymnes et litanies, que leur arrangeaient les curés. On continua par le Parlement qu'on traîna et par les moines qui le traînaient à la queue. Puis vinrent les processions de paroisses par tous les paroissiens de tout âge, sexe et qualité ; plusieurs, pour se faire bien noter, avaient l'air d'aller en chemise. Mais cela manquait d'entrain, et aurait bientôt langui. On voulut réchauffer la chose par une haute mise en scène. Un curé s'avisa de dire que, dans ces processions sur le dur pavé de Paris, rien n'était plus méritoire, rien de plus agréable à Dieu que les petits pieds délicats des femmes qui en souffraient davantage. Sur-le-champ, des filles dévotes se dévouèrent, et, pour souffrir, parurent nues sous un simple linge qui ne s'appliquait que trop bien. Ces Madeleines, criardes et malpropres, firent rire plus qu'elles n'édifièrent. Alors la duchesse de Montpensier, la Judith du parti, se décida sans hésiter. Elle mit bas les robes et les jupes, passa le drap de pénitence, ne l'ayant pas même au sein, mais une simple dentelle. On s'étouffa pour la voir. Pressée, foulée, l'héroïne ne se déconcerta pas. Elle avait lancé la mode.

Dames et demoiselles y passèrent. Les seigneurs, aussi fort dévots à ces sortes de processions, lançaient par des sarbacanes des dragées aux belles qu'ils reconnaissaient à travers ce léger costume.

Beaucoup y venaient malgré elles, mais c'était l'épreuve du jour et la pierre de touche de dévotion. De pauvres femmes ou filles de prisonniers se soumettaient, craignant de marquer par l'absence; honteuses, elles suivaient les hardies, les yeux baissés, s'enveloppant, ce qui les montrait davantage.

Cela prit mauvaise tournure. On en vit les inconvénients. Les garçons voulaient s'y mêler et y allaient pêle-mêle. Les processions étant très longues, elles finissaient très tard; si bien qu'à la porte Montmartre, dit L'Estoile, une jeune bonnetière en fut bien malade au bout de neuf mois; on en accusa le curé qui avait dit : « Les petits pieds douillets sont agréables à Dieu. »

Sans doute pour remonter les choses et rajuster l'innocence compromise des processions, on imagina (peut-être fut-ce une idée de la violente duchesse, qui logeait au Pré-aux-Clercs, et sans doute, de si près, remuait l'Université), on imagina un matin de faire tomber de la montagne l'avalanche, la procession d'un millier de petits écoliers en soutane, de dix à douze ans. Ils tenaient au poing des cierges, passaient rapides et violents avec d'aigres chants de *Dies iræ;* aux haltes ils soufflaient leurs cierges (sauf à les rallumer plus loin), les éteignaient furieusement, mettaient le pied sur la mèche, tout comme ils auraient éteint, foulé, soufflé *le Valois*.

CHAPITRE VII

Henri III et le roi de Navarre assiègent Paris. — Mort d'Henri III. (1589.)

Dans toutes nos collections de mémoires, vous chercherez inutilement les meilleurs, ceux d'Agrippa d'Aubigné, œuvre capitale de la langue, âcre et brûlant jet de flamme qui jaillit d'un cœur ému, mais si loyal et si sincère ! Vous y chercherez en vain ceux de Du Plessis-Mornay, sa vie laborieuse, héroïque et sainte, écrite par une sainte aussi, la pieuse dame de Mornay, écrite en présence de Dieu et pour un enfant, déposition naïve, mais de celles qui emportent la conviction et qui trancheraient tout en justice.

En revanche, vous trouverez tout au long les menteries des secrétaires de Sully, qui lui attribuent tout ce qui se fit, quand à peine il existait. Vous y trouverez la suspecte *Chronologie novenaire* du pédant Palma Cayet, ex-précepteur d'Henri IV, écrite sous lui et pour lui, quand la religion du succès l'avait canonisé vivant et déjà érigé en légende. Vous y verrez ce Dieu enfant qui fait la leçon à Coligny et qui plus tard éclipse en guerre le génie du prince de Parme.

Ah! pauvre France oublieuse! combien peu as-tu soigné, conservé ta tradition! Combien négligente, insoucieuse de ton trésor national! J'entends par ce mot ce qui fut toi-même, ta haute vie, aux grandes heures : *les martyrs et les vrais héros !* Tout cela dans la poussière et jeté au vent... En récompense, les Péréfixe d'Henri IV et les Pellisson de Louis XIV, les dentelles et les perruques de la grande galerie de Versailles, ont rempli toute cette histoire. Plus tard, d'autres hochets sanglants.

Ces réflexions nous viennent à l'avènement d'Henri IV. Car nous le datons ici, et du vivant d'Henri III. Nous le datons du moment où la France, qui n'en pouvait plus, se tourna vers le Béarnais, où la grande masse nationale, stupéfiée, hébétée par les prêtres et l'Espagnol, se mit à leur tourner le dos et commença à regarder du côté du joyeux Gascon.

Nous trouvons fort dur le mot de Napoléon, qui l'appelle sèchement : « Mon brave *capitaine de cavalerie.* » Nous trouvons sévère aussi le mot du prince de Parme : « Je croyais que c'était un roi, mais ce n'est qu'*un carabin.* » Nous dirions maintenant un hussard, bon pour le coup de pistolet.

Ces grands tacticiens italiens ne tiennent pas compte d'une chose : En France, tout est par l'étincelle. Personne ne l'eut plus qu'Henri IV. Un meilleur eût moins réussi. Sa brillante vivacité, qui entraînait tout, le fit fort comme chef de parti, avant de le faire général. Il ne sut pas trop mener les armées, mais il les créait, de son charme, de sa gaieté, de son regard.

Voilà ce que nous devions à la justice. Elle n'est pas facile à trouver dans la limite précise, pour un homme qui a eu la fortune singulière de succéder à une époque de violentes guerres civiles, et qui a été adoré, non seulement pour ses qualités réelles, mais comme restaurateur de l'ordre et de la paix intérieure. Tout lui fut attribué. Chaque ruine que la société releva, il la releva; il fit tout et créa tout, la France rien. Telle est la justice légendaire et l'idolâtrie stérile qui attribue tout au miracle, à la chance, au hasard des Dieux.

Ce bien-aimé de la fortune, qui lui dut surtout d'être d'abord si rudement éprouvé, eut aussi ce bonheur insigne de naître, j'ose dire, en pleine flamme, au petit brasier héroïque du protestantisme, serré, refoulé, plus ardent. Du moins ce parti offrait alors une élite sublime. Si la vertu fut ici-bas, sans doute c'est au cœur de Mornay.

La devise de ces gens-là était la simple et grande parole du prince d'Orange au jour de son adversité : « Quand nous nous verrions non seulement délaissés de tout le monde, mais tout le monde contre nous, nous ne laisserions pas pour cela (jusqu'au dernier) de nous défendre, *vu l'équité et justice* du fait que nous maintenons. »

Cependant de quel instrument ces grands cœurs

se servaient-ils ? De celui que Coligny fut obligé d'adopter lorsque le parti faiblit, lorsqu'une armée de gentilshommes voulait un prince pour chef. Il trouva à La Rochelle ce petit prince de montagne, Gascon qui ne doutait de rien. Le sérieux et profond regard de Coligny s'y trompa peu ; il paraît avoir compris tout ce qu'on avait à craindre du douteux enfant. Il lui refusa de combattre à Montcontour et le fit tenir à distance. Pourquoi ? Si l'on eût vaincu avec le petit Béarnais, l'armée des martyrs fût devenue une armée de courtisans ; le parti aurait perdu tout son nerf moral. Si l'on était vaincu sans lui, il restait comme ressource. Cela arriva et le jeune Henri dit qu'il eût gagné la bataille, si on l'avait laissé faire.

Coligny le tint avec lui, lui apprit la patience ; la vertu ? Non. La créature était d'étrange race, très ferme comme militaire ; pour tout le reste, fluide, aussi changeante que l'eau. « L'eau menteuse », a dit Shakespeare.

Tâchons de saisir ce protée.

Il était petit-neveu du plus grand hâbleur de France et de Navarre, *du gros garçon qui gâta tout..* Je veux dire de François Ier.

Il était petit-fils de la charmante Marguerite de Navarre, si flottante dans son mysticisme, qui ne sut jamais si elle était protestante ou catholique.

Son grand-père, Henri d'Albret, qui, sans doute, lisait le *Gargantua* (paru en 1534), répéta exactement à sa naissance (1553) le récit rabelaisien. Il lui donna du vin à boire et du vin de Jurançon. Pour plaire au grand-père, sa mère Jeanne, en sa douleur, avait chanté un petit chant béarnais à la Vierge de Jurançon.

Et son précepteur assure qu'à la seule odeur du piot, le digne fils de Rabelais se mit à branler la tête. Son grand-père, ravi, lui dit : « Tu seras un vrai Béarnais. »

Il fit effectivement ce qu'il fallait pour le rendre tel. Il défendit qu'on le fît écrire. C'est pour cela qu'il est devenu un si charmant écrivain. Ses billets sont des diamants.

Il n'en eut pas moins une éducation assez forte. Il apprit tout verbalement, le latin par l'usage seul, comme une langue maternelle. Ainsi fut élevé *par l'usage*, par l'effet de l'entourage, de l'air ambiant, cet autre fils de la nature, le grand paresseux Montaigne. Nulle peine, nulle obligation, fort peu d'idée de devoir.

Son devoir essentiel était de courir les champs, de se battre avec les enfants, d'aller tête nue, pieds nus. Éducation assez ordinaire chez les princes des Pyrénées ; on se souvient de Gaston de Foix, le marcheur terrible, qui força ses chevaliers à se faire tous *va-nu-pieds* à l'assaut de Brescia.

Quand le roi de Navarre, dit d'Aubigné, avait lassé hommes et chevaux, mis tout le monde sur les dents, alors *il forçait une danse*. Et lui seul, alors, dansait.

Le mouvement, c'était tout l'homme, et de maîtresse en maîtresse et de combat en combat. On lui attribue follement de longues pièces, ouvrages laborieux, éloquents, de Forget ou de Mornay. Il n'avait pas la patience ni l'haleine ; il n'écrivait que quelques lignes (hors de rares occasions) : un ordre à quelque capitaine, un rendez-vous, un mot d'amour.

Résumons :

Premièrement, c'était un mâle, et, disons mieux, un satyre, comme l'accuse son profil.

Deuxièmement, un Français, fort analogue à son grand-oncle ; un François Ier, mais plus familier, jasant volontiers avec toute sorte de gens.

Troisièmement, c'était un Gascon, avec la pointe et la saillie que cette race ajoute au Français. Il avait extrêmement le goût du terroir, et dégasconna lentement. Ce qu'il en garda le mieux, ce fut la plaisanterie, la sobriété et la ladrerie, trouvant mille pointes amusantes qui dispensaient de payer.

On dit qu'enfant il avait eu huit nourrices et bu huit laits différents. Ce fut l'image de sa vie, mêlée de tant d'influences.

Coligny et Catherine de Médicis furent deux de ses nourrices. Malheureusement il profita bien peu du premier, infiniment de la seconde.

Il n'en prit pas la froide cruauté, mais l'indifférence à tout.

Ce qui trompait le plus en lui, c'était sa sensibilité, très réelle et point jouée, facile, toute de nature. Il avait des yeux très vifs, mais bons, à chaque instant moites ; une singulière facilité de larmes. Il pleurait d'amour, pleurait d'amitié, pleurait de pitié, et n'en était pas plus sûr.

N'importe! Il y avait en lui un charme de bonté extérieure qui le faisait aimer beaucoup. Son précepteur en rapporte une anecdote admirable (peut-être un conte d'Henri IV), mais si bien contée, que je ne puis pas m'empêcher de la reproduire.

Charles IX, près de sa fin, restant longtemps sans sonner mot, dit en se tournant comme s'il se fût réveillé : « Appelez mon frère. » La reine mère envoie chercher le duc d'Alençon. Le roi, le voyant, se retourne, dit encore : « Qu'on cherche mon frère. — Mais le voici. — Non, madame, je veux le roi de Navarre; c'est celui-là qui est mon frère. » Elle l'envoie chercher, mais dit qu'on le fasse passer sous les voûtes où étaient les arquebusiers. Celui qui le conduisait lui dit qu'il n'avait nulle chose à craindre. Et cependant il avait bien envie de retourner. Par un degré dérobé, il entre dans la chambre du roi, qui lui tend les bras. Le roi de Navarre, ému, pleurant, soupirant, tombe au pied du lit. Le roi l'embrasse étroitement : « Mon frère, vous perdez un bon ami; si j'avais cru ce qu'on disait, vous ne seriez plus en vie, mais je vous ai toujours aimé. Ne vous fiez pas à... — Monsieur, dit alors la reine mère, ne dites pas cela. — Madame, je le dis, c'est la vérité... Croyez-moi, mon frère, aimez-moi; je me fie en vous seul de ma femme et de ma fille. Priez Dieu pour moi... Adieu! »

Les mourants voient très clair. Effectivement Charles IX avait vu qu'entre tous ceux qu'il avait autour de lui, celui-ci, seul, était homme.

Revenons. Et voyons-le à ce moment décisif de sa vie, le lendemain de la mort des Guises.

Il en parla sensément, sans vouloir qu'on se réjouît, disant seulement : « J'avais prévu, dès le commencement, que MM. de Guise n'étaient pas capables de remuer telle entreprise, ni d'en venir à la fin sans le péril de leur vie. »

Un mois après, il fait venir Mornay, le mène seul à sa galerie et lui dit que, de toutes parts, on l'appelle, on lui fait des propositions; les bourgois, même catholiques, voulaient lui ouvrir leurs villes.

« On veut me livrer Brouage. Et d'autres me proposent Saintes. Qu'est-ce que vous me conseillez?

— Sire, dit Mornay, ce sont là de belles choses. Mais elles vous prendront deux mois. Et cependant se perd la France!... Pensons donc à la sauver. Si j'étais à votre place, je marcherais droit à la Loire avec tout ce que j'aurais de forces. On vous a parlé de Saumur. Si cette chance vous favorise, vous avez le passage du fleuve; sinon, vous aurez les villes jusque-là. Le roi, pris entre deux armées, et ne pouvant résister, s'accordera avec celui qu'il a le moins offensé, c'est vous. »

Le roi fut charmé du conseil, mais il en sentait si peu la portée, qu'il se laissa persuader, au lieu de traiter avec le roi de France, de traiter avec un lieutenant du capitaine de Saumur, qui parlait de vendre la place.

Idée, à vrai dire, pitoyable dans l'héritier de la couronne, qui devait trouver son compte à se rapprocher du roi. Mais Mornay l'en fit rougir et écrivit (le 4 mars), en son nom, un manifeste éloquent et pathétique, un manifeste de paix. Il y rappelle sans orgueil que dix armées en quatre ans ont été levées pour l'exterminer et qu'elles se sont dissipées, sans rien faire que ruiner le royaume. Il y parle avec une modération magnanime du sort des Guises, avec une douleur sentie des maux universels, plus douloureusement encore de la nécessité qu'il a d'avoir toujours les armes à la main. Il demande la paix, mais solide, avec le respect de l'honneur, de la conscience.

Le roi fut d'autant plus touché que le roi de Navarre était le plus fort ; qu'à Loudun, à Thouars, à Châtellerault, les catholiques l'appelaient, lui ouvraient les portes. Un frère de Mornay vint d'abord de la part d'Henri III, puis madame Diane, sa sœur naturelle. Le roi de Navarre marchait toujours, il était à trois lieues de Tours, où était le roi. Celui-ci hésitait encore, craignant surtout le légat, qui négociait pour lui avec la Ligue. Mais cette négociation n'arrêtait guère les ligueurs, qui se mettaient en devoir d'avancer et de le prendre. La peur, qui est, dit l'Écriture, le commencement de la sagesse, le fit sage enfin ; décidément il appela le roi de Navarre.

L'entrevue, non pas des rois, mais des deux armées, des deux Frances, eut lieu sur les bords d'un ruisseau, à trois lieues de Tours. Les uns et les autres, huguenots, catholiques, réconciliés sans traités, sans savoir la pensée des rois, se rapprochèrent, débridèrent leurs chevaux et les firent boire au même courant. Ces nouveaux amis étaient ceux qui, depuis vingt ans, se faisaient si âpre guerre, qui avaient tant souffert les uns par les autres. Leurs familles exterminées, leurs maisons ruinées, leurs personnes usées, vieillies, les plaies du corps, les plaies du cœur, tout disparut en ce moment. La Saint-Barthélemy elle-même pâlit dans les souvenirs. Qui s'en serait souvenu en voyant le colonel général de l'infanterie du roi de Navarre, M. de Châtillon, fils de l'amiral, le plus ferme dans la guerre et le plus ardent pour la paix? Noble et vénérable jeune homme qui, dans ce moment solennel, influa plus qu'aucun autre, commanda, par son exemple, l'oubli magnanime, immolant ce grand héritage de deuil dont son cœur avait vécu, donnant son père à la Patrie!

Il était le fils de cette femme admirable (la première de Coligny), qui, d'un mot, le précipita à prendre la défense de ses frères égorgés, à supprimer les délais : « Ne mets pas sur ta tête les morts de trois semaines » (1562).

Je ne passerai pas ce moment sans dire un mot de cette famille tragique. La seconde femme de Coligny, martyre dans un cachot de Nice, y resta trente ans prisonnière, immuable dans sa foi. Les quatre neveux de l'amiral, fils de Dandelot, périrent dans une même année, de blessures et de misère (1586), et furent enterrés ensemble à Taillebourg. Le fils, enfin, de Coligny, Châtillon, dont nous parlons, déjà vieux soldat, meurt à trente-quatre ans (1591). Il laisse un enfant qui, lui-même, avant vingt ans, sera tué sous le drapeau tricolore de la république de Hollande.

Revenons. Il fut convenu (3 avril) qu'on donnerait aux huguenots pour sûreté et pour passage la ville de Saumur. Mais, quand le roi voulut la donner, il ne l'avait pas. Le capitaine de la place en voulait de l'argent, qu'aucun des deux rois n'avait. Des deux côtés, ce furent les officiers huguenots et catholiques qui se cotisèrent pour acheter Saumur. On y mit l'homme qui donnait même confiance aux deux partis, l'irréprochable Mornay.

Cette union inattendue donnait au parti royaliste une force redoutable. Les ligueurs, qui semblaient maîtres de la meilleure partie du royaume, n'en sentaient pas moins leur infériorité. Ils imploraient à grands cris le secours de l'Espagnol. Mayenne, n'ayant pas réponse à sa lettre du 28 janvier, écrit de nouveau à Philippe, le 22 mars. Il lui dit, pour le piquer, qu'Élisabeth va secourir le roi de Navarre. Mais Philippe ne bouge pas. Le 12 avril, il écrit à Mendoza qu'il suffit d'animer les catholiques, « avec toute finesse, toute dissimulation ». Ce qui le rendait si lent, c'était la sage opposition du prince de Parme qui, déjà embarrassé à défendre les Pays-Bas contre la Hollande, craignait extrêmement d'être engagé par son maître dans la grande affaire de France.

Une chose met dans tout son jour la faiblesse des ligueurs, c'est qu'en Normandie leur homme, le comte de Brissac, hors d'état de résister, imagina d'appeler à son aide les *Gaultiers*. On nommait ainsi les bandes de paysans qui s'étaient armés, non pas pour la Ligue, mais contre les soldats pillards de tous les partis. Le secours de ces pauvres diables fut inutile à Brissac ; il les jeta en avant, ne les soutint pas ; ils furent massacrés.

Le 30 avril, un mois après le traité signé, Henri III flottait encore, entouré des pestes de cour, de Villeroy, d'O, d'Entragues, qui avaient peur et horreur de la réconciliation de la France. Au contraire, Aumont, Crillon, le suppliaient de voir le roi de Navarre. Pendant ce débat pour et contre, il arrive et le voici.

Si nous en croyons De Thou, la chose avait été surtout préparée par Châtillon, par celui à qui la réconciliation dut coûter le plus. Je le crois. Sur les beaux portraits gravés que j'ai sous les yeux, sa figure mélancolique dit assez ce grand sacrifice.

Le roi de Navarre aussi fut admirable comme fermeté courageuse et vive décision d'esprit. Les conseils de femmelettes et de courtisans, les avis de ceux qui voulaient qu'il amenât toute une armée, il les rembarra loin de lui par quelques mots de bon sens. Il se recommanda à Dieu, et, sans hésiter, s'engagea avec sa noblesse sur cette pointe étroite et dangereuse que fait le confluent de la Loire et du Cher, près du Plessis-lès-Tours. Il était fort désigné. Seul, il avait un panache blanc ; seul, un petit manteau rouge qui ne couvrait pas trop bien son pourpoint usé par la cuirasse et ses chausses de couleur feuille morte. Petit, ferme sur ses reins, la barbe mêlée, avant l'âge, de quelques poils gris, la figure très énergique, d'un profil arqué fortement, où la pointe du nez tendait à rejoindre un menton pointu, c'était l'originale figure du parfait soldat gascon.

Henri III venait d'entendre vêpres aux Minimes du Plessis et se promenait dans le parc, quand on l'avertit. Une grande foule des campagnes se précipitait, et les arbres mêmes étaient chargés d'hommes. Pendant quelques moments, les rois se virent sans pouvoir s'approcher, se saluant, se tendant les bras. Enfin ils se rejoignirent, et le roi de Navarre se jeta à genoux avec un mot pathétique et flatteur : « Je puis mourir, j'ai vu mon roi. » Tous s'embrassèrent pêle-mêle, huguenots et catholiques, sans distinction de parti, d'armée et de religion. Il n'y avait plus que des Français.

Le lendemain matin, le roi de Navarre alla voir le roi de France avant son lever, tout seul, n'étant suivi que d'un page.

Le bienfait de cette alliance fut senti bientôt. Le roi de Navarre, qui n'obtenait rien que par sa présence, était allé un moment vers le Poitou pour faire avancer les siens. Épernon était à Blois, Montpensier ailleurs. Henri III avait peu de monde à Tours. Mayenne fut averti par un président qui était avec le roi, mais homme de la maison de Guise, ancien chancelier de Marie Stuart.

Une belle nuit, voilà Mayenne qui, avec sa cavalerie et tout ce qu'il a de plus leste, fait d'une traite onze lieues. Le matin il apparaît à Saint-Symphorien, le faubourg de Tours au nord de la Loire, qui tient à la ville par le pont. Le roi, justement, y avait été conduit par les traîtres pour voir les travaux de défense. Un meunier le reconnaît à son habit violet, lui dit : « Sire, où allez-vous? Voilà les ligueurs ! »

L'attaque commence; il était dix heures du matin. Les ligueurs ont un grand avantage. Crillon entreprend de les déloger, n'y parvient pas, est blessé, rentre presque seul, ferme de ses mains les portes. Cependant le roi de Navarre, qui n'était pas encore loin, est averti. Il envoie quinze cents arquebusiers, qui, le soir, sous Châtillon, arrivent dans Tours. Ces nouveaux venus, sans se reposer, vont fondre sur les ligueurs. « Braves huguenots, disaient ceux-ci, ce n'est pas à vous que nous en voulons, c'est au roi qui vous a trahis, qui vous trahira encore. » Nulle réponse qu'à coups de fusil.

Le roi voulut sortir de Tours; il alla se montrer au feu dans son habit violet. Mais il n'osait y envoyer tout ce qu'il avait de forces, pensant que Mayenne avait beaucoup d'amis dans la ville. On ne reprit pas le faubourg. Les huguenots, ayant perdu un tiers de leurs hommes, repassèrent le pont sous le feu des ligueurs, mais lentement, à petits pas. Crillon, qui s'y connaissait, se déclara depuis ce jour « passionné pour les huguenots ».

D'eux-mêmes les ligueurs s'en allèrent, laissant au faubourg une trace terrible de leur passage. Cette nuit, le duc d'Aumale et autres chefs avaient couché dans l'église, et l'avaient salie d'une scène infâme et épouvantable.

Repoussée à Tours, la Ligue le fut plus rudement

encore à Senlis, qu'elle assiégeait. Deux chefs, Aumale et Menneville, étaient allés fortifier l'armée assiégeante. Ils amenaient avec eux, avec force cavalerie, des canons et douze cents bourgeois parisiens. L'aventurier Balagny, qui s'était fait prince de Cambrai, leur avait amené encore, en pillant tout le pays, quelques milliers d'hommes. Mais le duc de Longueville, La Noue, et nombre de seigneurs, furieux du pillage de leurs vassaux, tombent sur cette grosse armée, la mettent en pleine déroute : Menneville tué, Aumale éperdu qui se cache à Saint-Denis; Balagny court jusqu'à Paris. Le ridicule fut immense, la perte aussi. Paris en pleura tout haut, rit tout bas; il en fut fait des chansons, une pleine de verve : « Il n'est que de bien courir... »

En récompense de sa fuite, on fit Balagny gouverneur de Paris. C'était confier la ville à l'Espagne. Il était parfait Espagnol.

Le roi cependant avait réuni ses forces, et arrivait devant Paris. Le très habile Sancy, envoyé par lui sans argent aux Suisses, leur avait persuadé de lever des troupes contre la Savoie, puis leur avait fait sentir que, si le roi était vainqueur, il les garantirait mieux de leur ennemi le Savoyard qu'ils ne le faisaient eux-mêmes. Il amena cette grosse armée, quinze mille Suisses, au roi, qui déjà, par Épernon, Montpensier et le roi de Navarre, avait presque trente mille Français. Et le plus beau, dans cette armée, n'était pas le nombre, c'était l'union. Il semblait que toutes les vieilles haines eussent cessé par enchantement.

Mayenne, au contraire, fondait, se perdait, venait à rien. Il appelait les Espagnols, les Allemands, les Lorrains, et rien n'arrivait. Il n'avait plus que huit mille hommes; puis cinq mille, dit-on, et de ces cinq mille beaucoup commençaient à regarder par quelle porte ils sortiraient.

Les ligueurs avaient tout à craindre. Henri III sur son chemin s'était montré impitoyable pour les villes qui résistaient. On dit que, du haut de Saint-Cloud, regardant Paris de travers, il avait dit : « Cette ville est grosse, beaucoup trop grosse; il faut lui tirer du sang. »

Cependant une grande partie de Paris, la majeure peut-être, était fort contraire à la Ligue. On commençait à parler très librement dans les rues.

Il y avait nombre d'hommes marqués par les Barricades, par l'attaque projetée du Louvre, par tout ce qui se fit depuis, qui se sentaient bien mal à l'aise. Les moines même, avec leur tonsure, n'étaient pas trop rassurés; beaucoup portaient le mousquet. Le sort du cardinal de Guise les faisait fort réfléchir sur l'inefficacité du privilège de clergie.

Dans le Paris du Midi, celui des couvents et des séminaires, on disait tout haut qu'il fallait un miracle, un grand coup de Dieu. Plusieurs moines prêchaient le miracle, entre autres le Petit-Feuillant, qui, peu après, envoya un assassin au roi de Navarre. Trois jeunes gens, dit-on, juraient qu'ils imiteraient Judith, et que le nouvel Holopherne ne périrait que de leur main.

Si l'on en croit la duchesse de Montpensier, sœur des Guises, ce fut elle qui détermina la chose et la fit passer des paroles à l'acte. Cette dame était logée rue de Tournon, au Pré-aux-Clercs, au passage des descentes tumultuaires que les écoles et séminaires faisaient souvent de la montagne (voir septembre 1561). De là, elle était à même, sans sortir, et de son balcon, de passer les grandes revues. Et sans doute ces fanatiques, qui, après tout, étaient jeunes et hommes, s'enivraient du regard d'une grande princesse, sœur des héros et des martyrs. Elle avait déjà trente-sept ans, mais la passion la relevait; elle ne pouvait manquer d'être puissante par la colère, le désir et la peur, belle de la beauté des furies.

Il y avait parmi les trois un jeune imbécile dont tout le monde riait. « Je l'ai vu, dit Davila ; ses confrères, les Jacobins, s'en faisaient un jeu. Ils l'appelaient, par ironie, le capitaine Clément. » C'était un moine bourguignon fort charnel, qui, en province, avait eu le malheur de faire un gros péché de couvent ; et c'est pour cela sans doute qu'on avait trouvé bon de le perdre à Paris, où tout se perd. Le prieur d'ici lui dit que, pour un si grand péché, il fallait faire un grand acte. On assure qu'ils exaltèrent son faible cerveau par une nourriture spéciale, comme on avait fait jadis pour préparer Balthasar Gérard, l'assassin du prince d'Orange.

Clément était un paysan. On ne craignait pas d'employer avec lui les moyens les plus grossiers. On lui donna des recettes pour être invisible. Et, pour en prouver l'efficacité, ses confrères restaient devant lui et le heurtaient au passage, affectant de ne le point voir.

On le fit passer aussi par une épreuve très forte pour une tête chancelante. C'était de le faire jeûner et de le tenir longtemps dans ce qu'ils appelaient la *chambre de méditation*, toute pleine de diables et de flammes. On le prit tout à la fois par l'enfer, par le paradis; je veux dire par la princesse, qui, dit-on, voulut le voir, et lui parla un langage à mettre hors de lui un homme jeune, charnel, un peu fou. Elle lui dit que sa fortune était faite, qu'on le ferait prisonnier sans doute, mais qu'on n'oserait pas le tuer, parce que, le jour même, on s'assurerait de cent têtes de modérés qui répondraient pour la sienne; alors qu'il faudrait bien le rendre, qu'il aurait tout ce qu'il voudrait, le chapeau de cardinal. Et ce n'était pas le meilleur.

Une princesse ne ment jamais. Il avala tout cela. Il acheta un beau couteau neuf, à manche noir. Il se procura deux lettres de royalistes pour lui servir de passeport. Le soir du 31 juillet, il s'achemina vers Saint-Cloud.

Arrêté, puis introduit, on lui dit qu'il était tard. Le procureur du roi, La Guesle, le garda. Il soupa bien, dormit mieux, et, le lendemain mardi 1er août, à huit heures, La Guesle le conduisit au roi.

« Il étoit environ huit heures du matin, dit L'Estoile, quand le roi fut averti qu'un moine de Paris vouloit lui parler; il étoit sur sa chaise percée, ayant une robe de chambre sur ses épaules, lorsqu'il entendit que ses gardes faisoient difficulté de le laisser entrer, il se courrouça et dit qu'on le fît entrer et que, si on le rebutoit, on diroit qu'il chassoit les moines et ne les vouloit voir. Incontinent le Jacobin entra, ayant un couteau tout nu dans sa manche; et, ayant fait une profonde révérence au roi, qui venoit de se lever et n'avoit encore ses chausses attachées, lui présenta des lettres de la part du comte de Brienne, et lui dit qu'outre le contenu des lettres il étoit chargé de dire en secret à Sa Majesté quelque chose d'importance. Lors le roi commanda à ceux qui étoient près de lui de se retirer, et commença à lire la lettre que le moine lui avoit apportée, pour l'entendre après en secret. Lequel moine, voyant le roi attentif à lire, tira de sa manche son couteau et lui en donna droit dans le petit ventre, au-dessous du nombril, si avant, qu'il laissa le couteau dans le trou; lequel le roi ayant retiré à grande force, en donna un coup de la pointe sur le sourcil gauche du moine, et s'écria : « Ha! le méchant moine, il m'a tué! »

Le moine avait tourné le dos et regardait la muraille. Le procureur général (fort étrange magistrat), portant l'épée comme chargé de la justice du camp, lui passa cette épée au travers du corps, et d'un même coup tua le procès, qui eût compromis les moines et sans doute de grands personnages.

Le roi de Navarre, averti, vint, et trouva le blessé en situation assez bonne, qui avait écrit pour rassurer la reine. Il retourna à son camp. Mais pendant la nuit la réalité se fit jour. Les médecins dirent qu'il avait peu d'heures à vivre. Il se confessa, fit entrer toute la noblesse, et les exhorta à se soumettre au roi de Navarre, qui ne tarderait pas à se convertir. Il expira (le 2 août 1589). Dernier des Valois, il laissait le trône aux Bourbons.

CHAPITRE VIII

Henri IV. — Arques et Ivry. (1589-1590.)

Quand le nouveau roi de France entra, les yeux pleins de larmes, dans la chambre mortuaire, « au lieu des : *Vive le roi!* et des acclamations ordinaires, il trouva là le corps mort, deux Minimes aux pieds, avec des cierges, faisant leur liturgie, d'Entragues tenant le menton. Mais tout le reste, parmi les hurlements, enfonçant leurs chapeaux ou les jetant par terre, fermant le poing, complotant, se touchant la main, faisant des vœux et promesses, desquelles on oyait pour conclusion : « Plutôt mourir de mille morts! »

Il n'y eut jamais un pareil avènement.

Le même jour, pour comble de mauvais augure, pendant que le mort était encore là, un combat eut lieu entre un huguenot, un vaillant homme de guerre, et un très adroit ligueur. Celui-ci avait dit : « Je lui mettrai la lance dans la visière. » Il le fit comme il le disait. L'autre tomba roide mort.

Pendant l'agonie du roi, les grands seigneurs catholiques n'avaient pas perdu le temps à pleurer. Ils s'étaient tous arrêtés à ne pas reconnaître le roi de Navarre.

Pourquoi? Outre sa naissance, il avait pour lui la désignation, l'adoption d'Henri III, ses dernières paroles. S'il n'était pas catholique, il s'était mis entièrement dans la main des catholiques. On ne voyait qu'eux autour de lui, si bien que beaucoup de huguenots l'avaient abandonné. De longue date, à mesure qu'il avançait au Nord, la noblesse protestante du Midi le délaissait. Dès 1587, à Coutras, il avait déjà fort peu de Gascons; sa force était dans les noblesses de Poitou et de Saintonge. Enfin, ayant passé la Loire, ses Poitevins furent recrutés par des Bourguignons, des Bretons, par quelques Picards, Champenois, Normands, hommes isolés dans ces provinces redevenues catholiques.

Nul prétexte à la défection. Ces catholiques trahissaient gratuitement celui qui n'avait rien fait que de les préférer aux siens et de les aider admirablement par de vaillants coups de main, par exemple, celui qui sauva le roi à Tours.

Pour couvrir leur ingratitude, ils avaient besoin de jouer les fervents catholiques. Voilà pourquoi, devant le mort, ils donnaient cette comédie.

Creusons la situation, et disons-la comme elle est, comme elle va se révéler bientôt, quand ces gens se vendront au roi. La France, en ce moment, morcelée en provinces que les gouverneurs s'étaient impudemment appropriées, la France était réellement dans la main de douze coquins.

Ces rois n'avaient garde d'accepter un roi.

Ils avaient horreur d'un roi pauvre. Le Béarnais, pauvre comme Job, n'eût pas pu porter le deuil d'Henri III si Henri lui-même n'eût été en deuil. Dans son pourpoint violet, il se fit tailler le sien, le rogna, étant plus petit. Sur les épaules du nouveau roi, chacun reconnut l'habit de l'ancien.

Il ne payait pas de mine. On voyait pourtant fort bien que c'était un capitaine, un ferme soldat. Ils auraient bien mieux aimé un énervé comme Henri III. Ils faisaient semblant de le mépriser, en réalité le craignaient.

La dispersion, la guerre civile, leur étaient bonnes pour que chacun d'eux s'affermît *dans sa maison*. Ils appelaient déjà ainsi leurs gouvernements, leurs grandes villes capitales de province, un Lyon, un Rouen, un Toulouse.

Finalement, ils calculaient les chances de la Ligue. Si faible, en ce moment, dans son armée de Paris, elle n'en tenait pas moins une infinité de villes. L'argent espagnol arrivait déjà. Philippe II, lent, patient, mais fixe comme le destin, faisait alors en Allemagne des levées d'hommes pour Mayenne; et, si ces Allemands ne suffisaient pas, l'invincible armée espagnole du prince de Parme apparaissait dans le lointain comme une réserve de la Ligue.

A cela ajoutez l'épée suspendue de la Savoie, ajoutez l'argent du pape et des princes italiens que l'Espagnol saurait bien obliger de financer. Élisabeth, au contraire, se faisait prier pour aider très peu, très mal, la république de Hollande.

Toutes les chances étaient pour la Ligue, et pas une pour le Béarnais.

Ils résolurent bravement de prendre leur roi à la gorge, de le sommer de se faire catholique sur l'heure, sans répit, sans instruction qui couvrît la chose, qui rendît la conversion décente. S'il refusait, ils se tenaient déliés et le quittaient.

Quoiqu'il y eût parmi eux de fort grands seigneurs, même un prince, celui qui porta la parole pour cette sommation effrontée fut un certain d'O, mignon de Henri III, insecte de garde-robe, qui avait grossi, engraissé, on n'ose dire comment. Son cynisme audacieux et sa langue de fille publique avaient continué sa faveur. Il avait brillé au conseil comme un gaillard qui avait toujours au sac des expédients et des ressources, des moyens nouveaux de tondre le peuple jusqu'au sang, qui inventait de l'argent pour lui, même un peu pour le roi. Aussi, par un tact propre à ce sage gouvernement, d'O, comme archi-voleur, fut fait ministre des finances. Ce fut cet homme de bien, ce saint homme, qui déclara que sa conscience, la conscience de tous ceux qui étaient là, ne leur permettait pas d'obéir à un roi hérétique.

Le roi pâlit, et ne fit pas, à coup sûr, le discours hautain, hardi, que lui prête d'Aubigné.

Il vit toute leur perfidie, et que la lâcheté qu'on lui imposait ne servait de rien. S'il l'eût faite, ils l'auraient quitté tout de même, converti, mais déshonoré. Il dit qu'il lui fallait du temps, qu'il ne demandait qu'à se faire instruire, que, dans six mois, il assemblerait un concile à cet effet et réunirait les États généraux.

Mais, avant même qu'il fît cette réponse politique, plusieurs, indignés de la bassesse des autres et de leur hypocrisie, se rallièrent d'autant plus à celui qu'on abandonnait. Givry embrassa son genou avec cette vive parole : « Sire, vous êtes le roi des braves, et ne serez abandonné que des poltrons. »

Cela ne les arrêta guère. Le majestueux d'Épernon partit le premier pour son royaume d'Angoumois et de Provence, prétextant une querelle avec Biron, disant qu'un homme comme lui ne pouvait faire, sous un tel roi, des campagnes de brigand.

On l'imita. En cinq jours l'armée avait fondu de moitié, et elle fondait toujours. Le roi s'éloigna de Paris, n'ayant que quinze cents cavaliers, six mille fantassins. Il s'achemina vers Rouen, où on lui donnait quelque espoir. Il avait pu, en partant, voir les feux de joie de la Ligue, entendre la terrible explosion, l'immense clameur que souleva la mort de Henri III. Rien ne put tromper davantage sur le sentiment du peuple. Cependant l'exagération même des ligueurs, l'apothéose bizarre et grotesque qu'ils firent de Jacques Clément, étaient propres à faire douter s'ils étaient aussi fanatiques qu'ils le paraissaient ou qu'ils le croyaient eux-mêmes. Qu'auraient dit de vrais croyants, des chrétiens du douzième siècle, s'ils eussent entendu les ligueurs dire que ce coup de couteau était le plus grand coup de Dieu après l'Incarnation de Notre-Seigneur, ou bien encore mettre sur l'autel une trinité nouvelle, les deux Guises assassinés et le moine bourguignon?

Madame de Montpensier, en recevant la nouvelle, sauta au cou du messager : « Ah! mon ami, est-ce bien sûr? Dieu! que vous me faites aise!... Et pourtant je regrette bien qu'il n'ait pas su que c'était moi qui le faisais mourir. » Elle monta en carrosse, alla chercher sa mère à l'hôtel de Guise en criant par les portières : « Bonnes nouvelles! le tyran est mort! » Elle tira parti de sa mère d'une manière bien étonnante, la menant aux Cordeliers, où la vieille dame monta à l'autel, et, des degrés, prêcha le peuple à grands cris et sans pudeur. On fit venir de Bourgogne la mère de Clément; elle logea chez madame de Montpensier, fut bénie, caressée, comblée, adorée; on lui chanta des hymnes, les cierges allumés, comme on eût fait à la Vierge Marie. On célébra « le ventre qui l'avait porté, le sein qui l'avait allaité », etc., etc.

La véhémente duchesse voulait que son frère se fît roi. Chose impossible. Les troupes de Philippe II entraient dans Paris, à savoir, quatre mille Allemands, six mille Suisses. Mendoza, avec cette force, ne l'eût pas souffert, ni peut-être les ligueurs; ils étaient divisés, jaloux.

Mayenne prit un moyen d'attendre : ce fut de faire roi un vieillard, le cardinal de Bourbon.

La première chose pour lui était de mériter la

royauté, au lieu de la prendre ; et, pour cela, il fallait jeter Henri IV à la mer. Il y était acculé, au plus bas. Et jamais, en réalité, son courage ne parut plus haut.

Regardons-le dans ce moment. La légende ici n'est rien que l'histoire, et la fiction n'eût pu ajouter à la vérité.

On lui donnait le sot conseil de s'en aller en Gascogne, ou bien de solliciter un partage de la royauté avec le vieux cardinal, ou encore de se réfugier en Allemagne, d'attendre les événements.

Il attendit, mais à Arques, l'épée à la main, et sans s'étonner de la grande meute que la Ligue lançait après lui, il justifia la devise qu'il prit enfant : « Vaincre ou mourir. »

Il semblait qu'il n'eût plus en France que les quelques toises du camp retranché qu'il se fit près de Dieppe, sous le château d'Arques. Roi sans terre, il n'avait plus qu'une armée, plutôt une bande.

L'inaction du tiers parti, partout muselé, tremblant, l'extrême éloignement des provinces protestantes, le réduisaient à cette extrémité. Si pourtant on eût écarté cette terreur par laquelle la Ligue l'isolait, une grande partie de la France, et déjà la majorité, se serait ralliée à lui.

C'est ce qui fait ici la beauté, le sublime de la situation. Il n'avait rien, il avait tout. Dans sa faiblesse et son petit nombre, il avait, en réalité, la base immense d'un peuple, dont, seul, il défendait le droit.

La Ligue, dans sa fausse grandeur et dans sa force insolente, achetée par l'assassinat, elle n'arrivait à lui, pourtant, qu'avec le secours étranger. Ces drapeaux qui flottaient au vent, c'étaient ceux du roi d'Espagne. Auxiliaires ? non, mais déjà les drapeaux de la conquête. Lorsque le légat du pape tâta les chances de Mayenne pour la royauté, Philippe II, très franchement, *dit qu'il réclamait la France comme l'héritage de l'infante*, fille d'une fille de Henri II, qu'il la croyait reine de droit et *reine propriétaire*.

De sorte qu'en combattant ces idiots de ligueurs et ce gros Mayenne, Henri IV les défendait eux-mêmes avec toute la France, les préservait de l'étranger et les sauvait malgré eux.

Cependant le secours anglais ne venait pas. Le roi appelait à lui un détachement de la Champagne qui ne venait pas non plus. Il avait sept mille hommes en tout, et il allait avoir sur les bras trente mille hommes. Tout le monde le croyait perdu. On était sûr à Paris qu'il serait ramené par Mayenne pieds et poings liés, si bien qu'on louait des fenêtres dans la rue Saint-Antoine pour voir passer le Béarnais. Mais Mendoza assurait qu'on ne le verrait pas passer. Pourquoi ? Parce qu'il était tué. Et il l'écrivit à Rome.

Voilà une situation terrible. Il devait être fort ému ? Point du tout. Aux portes de Dieppe, où le maire voulait lui faire un discours, il dit avec sa gaieté ordinaire : « Mes amis, point de cérémonies ; je ne demande que vos cœurs, bon pain, bon vin et bon visage d'hôtes. »

Et il écrit à sa maîtresse, Corisande : « Mon cœur,

c'est merveille de quoi je vis, au travail que j'ai... Je me porte bien ; mes affaires vont bien... Je les attends, et, Dieu aidant, ils s'en trouveront mauvais marchands. Je vous baise un million de fois. De la tranchée d'Arques. »

Le vieux maréchal de Biron, homme de grande expérience, qui dirigeait tout, était sûr de la résistance par le seul choix de ce camp. Il ne voulut pas que le roi s'enfermât dans une place, encore moins dans une mauvaise petite place comme Dieppe. Il choisit cet emplacement, couvert à droite par le canon d'Arques, à gauche et derrière par une petite rivière marécageuse, devant par un bois épais et difficile à passer ; le bois passé, on rencontrait une tranchée que fit Biron, en laissant seulement ouverture pour lancer de front cinquante chevaux.

Il y avait encore l'avantage d'isoler dans ce désert une armée douteuse dont un tiers était catholique, un tiers suisse, un tiers huguenot. Des catholiques comme ce d'O, dont j'ai parlé tout à l'heure, eussent pu tramer dans la ville, comploter, peut-être organiser quelque trahison. Notez qu'ils quittaient à peine les catholiques de Mayenne, et qu'à la première rencontre des compliments s'échangèrent entre gens des deux partis.

Les Suisses très probablement n'étaient pas payés. Le roi était si pauvre que le plus souvent sa table manquait ; il s'invitait ici et là chez ses officiers mieux pourvus.

La grosse armée de Mayenne était fort chargée de

princes, qui tous avaient des bagages. Il y avait Aumale et Nemours, il y avait le fils du duc de Lorraine, et ce prince de Cambrai, ce gouverneur de Paris. Des troupes de toute nation : outre les Allemands et Suisses payés par Philippe II, la cavalerie des Pays-Bas et des régiments wallons. La grande affaire qui épuisait l'attention de Mayenne était de nourrir cette armée mangeuse, exigeante. Il lui fallut prendre une à une les petites places de la Seine pour assurer derrière lui ses convois de vivres, ce qui donna à Biron plus de temps qu'il ne voulait pour se fortifier.

Mayenne arrive au faubourg de Dieppe, et le trouve peu attaquable. Il se tourne vers le camp, veut passer la petite rivière ; il y rencontre le roi, qui l'arrête à coups de canon. Enfin, le 21 septembre, par un grand brouillard, il tente le passage du bois. De vives charges de cavalerie se font par l'étroite trouée. Cependant les lansquenets de Mayenne avaient traversé le bois, touchaient le fossé ; là, se voyant tout à coup à trois pas des arquebuses, ils se déclarèrent royalistes ; si bien qu'on les aida pour leur faire passer le fossé. Biron, le roi, tour à tour, vinrent, et leur touchèrent la main. Il y eut cependant un moment où la cavalerie de Mayenne pénétra jusque dans le camp. Ces lansquenets, trop habiles politiques, se refirent ligueurs à cette vue, tournèrent contre les royalistes. Il y eut un grand désordre. Biron fut jeté à bas de cheval. Un de ces perfides Allemands présenta l'épieu à la poitrine du roi en lui disant de se rendre. Telle était sa force d'âme et sa douceur naturelle, même dans cette extrême crise, que, sa cavalerie survenant pour sabrer le drôle, il dit : « Laissez cet homme-là. »

Le roi, jusque-là, n'avait pas fait usage des huguenots; il les tenait en réserve. Il dit au pasteur Damours : « Monsieur, entonnez le psaume ! »

Ce chant des victoires protestantes, qui, dans ce temps, sauva Genève de l'assaut du Savoyard, qui, plus tard, fit les camisards si fermes contre les dragons, ce chant que nos régiments ont si glorieusement chanté, et en Hollande, et en Irlande, où fut encore une fois tranchée la question du monde, commence par ces paroles :

> Que Dieu se montre seulement
> Et l'on verra en un moment
> Abandonner la place.
> Le camp des ennemis épars,
> Épouvanté de toutes parts,
> Fuira devant ta face.
> On verra tout ce camp s'enfuir,
> Comme l'on voit s'évanouir
> Une épaisse fumée ;
> Comme la cire fond au feu,
> Ainsi des méchants devant Dieu
> La force est consumée.
>
> (*Psaume* LXVIII.)

Le fils de Coligny, Châtillon, avec cinq cents vieux arquebusiers huguenots, prit de côté les ligueurs ; les lansquenets furent écrasés, et la cavalerie refoulée. Le brouillard, à ce moment, se leva. Le château d'Arques, qui, jusque-là, n'osait tirer, commença à parler d'en haut; quelques volées de boulets saluèrent l'armée de la Ligue; le soleil avait reparu et la fortune de la France.

Au moment où Mayenne se décourageait et se retirait, se couvrant d'un régiment suisse et d'une forte cavalerie, Biron s'avisa de lui mettre au dos quelques pièces de canon qui le suivirent de très près, et mordirent dans ce carré un cruel morceau, quatre cents hommes, des meilleurs.

Mayenne alors en vint à Dieppe. Mais on n'avait plus peur de lui. Sa prudence, ses haltes fréquentes, si contraires au génie français, faisaient l'amusement d'Henri IV. Il se jeta dans la place, et il y parut à la vigueur des coups. Biron, tout vieux qu'il était, sort avec des cavaliers. Mayenne croit pouvoir le couper; mais la cavalerie s'ouvre : deux coulevrines attelées paraissent et tirent à bout portant. Un corsaire normand (Brisa) avait imaginé la chose : c'était déjà l'artillerie légère du grand Frédéric.

Mayenne était si malade de sa déconvenue, qu'il n'osa pas se montrer à Paris. Il s'en alla à Amiens, se rapprocher de ses maîtres les Espagnols, et recevoir un secours que lui envoyait le prince de Parme. Son armée lui échappait, s'en allait à la débandade. Après ce secours, il se trouva plus faible qu'auparavant.

Le roi n'était pas bien fort. De grandes jalousies divisaient sa petite armée. Les catholiques, plus nombreux, y opprimaient les huguenots. Leur haine paraît dans leurs écrits. Le bâtard de Charles IX (Angoulême), qui a laissé un récit de la bataille, supprime la part des huguenots, bien attestée cependant par le catholique De Thou aussi bien que par d'Aubigné. A Dieppe, où ils essayèrent d'avoir un prêche, les catholiques d'O, Montpensier, ameutèrent contre eux les Suisses, vinrent troubler les huguenots ; plusieurs furent battus et blessés. Le roi, les larmes aux yeux, les emmena avec lui, et ils allèrent chanter leurs psaumes en plein champ.

Ce fut pour lui un grand secours moral, contre les siens même, de recevoir d'Élisabeth quatre mille protestants anglais, écossais. Les catholiques se moquèrent du costume des montagnards d'Écosse. Mais la majorité dès lors n'en était pas moins changée, et les protestants plus nombreux. Henri saisit l'occasion, alla dîner sur la flotte, fut salué du canon de tous les vaisseaux. A chaque toast, l'artillerie tira. Cette bruyante et éloquente reconnaissance d'Henri IV dut avertir les malveillants. Ils sentirent que le Béarnais, avec son pourpoint percé, n'en avait pas moins de fortes racines, que l'Angleterre, l'Allemagne, la Hollande, allaient regarder vers lui.

En réalité, il n'y eut pas de cœur, même chez les nations catholiques, que la petite affaire d'Arques n'intéressât vivement. Telle est la générosité instinctive de l'homme, sa partialité pour le faible héroïque contre le fort. Cela produisit un coup de théâtre bien inattendu. Un allié se déclara pour ce général de bandits (comme l'appelait d'Épernon), un allié catholique, un allié italien, de cette tremblante Italie. Et quel ? Le sénat de Venise.

Dans quelle mer de réflexions, dans quel nouveau monde d'idées cela dut jeter l'Europe!

Quoi! cette sage compagnie, ce gouvernement si parfaitement informé et tellement circonspect, ce gouvernement de vieillards, qui a tant à ménager la caducité de Venise, il a risqué ce pas hardi! Le roi d'Espagne est donc bien bas! Ceci donnait la mesure de sa chute depuis l'Armada.

Venise, du jour où elle eut l'imprudence de donner à Philippe la gloire de son règne, la victoire de Lépante, restait triste. Combien plus, lorsque ce roi, ne gardant pas même avec elle les égards qu'on doit aux faibles pour leur laisser croire qu'ils sont forts, saisit et mit dans l'Armada douze vaisseaux vénitiens qui partagèrent le désastre!

D'autant plus ardents furent les vœux de Venise contre la Ligue et l'Espagne, ardents pour les deux rois unis, Henri III et Henri IV. A l'assassinat de Henri III par un Jacobin, la fureur fut telle à Venise que le soir de jeunes nobles, rencontrant un Jacobin, le jetèrent dans les canaux. Le sénat, à qui on se plaignit, dit que les religieux ne devaient pas sortir le soir.

Le roi d'Espagne, qui, depuis sept ans, ne daignait pas avoir un ambassadeur à Venise, en envoie un qui, de plus, amène avec lui un légat. Le sénat ne veut rien entendre. Il dit qu'il n'a à consulter que la succession naturelle, qu'il reconnaîtra Henri IV.

Des transports éclatent. On cherche un portrait de ce nouveau roi. Un brocanteur prétend l'avoir; il offre je ne sais quelle toile demi-effacée ; on la lave, et c'est Henri IV. Mais chacun veut avoir le sien. On copie, on peint, on barbouille. Les Henri IV sont partout. L'ambassadeur d'Espagne ne sait où se mettre pour les éviter. On expose ce nouveau saint sur les portes de Saint-Marc.

La France fut fort surprise de voir un ambassadeur de Venise qui la traversa lentement. Sa venue fut une ère nouvelle. Ce beau salut de l'Italie mettait bien haut Henri IV. Si faible encore, il n'en était moins désigné le protecteur de la liberté en Europe contre Philippe II, protecteur des catholiques aussi bien que des protestants. Venise proclamait son grand rôle, son droit et sa raison d'être, la certitude infaillible et la fatalité de sa victoire.

Mayenne avait promis de l'amener à Paris. Mais il y vient de lui-même. Dès octobre, gaiement il arrive, vient faire sa cour à cette ville ; il en est, dit-il, amoureux. Il donne une aubade à sa dame. L'ingrate résiste ; n'importe. Il ne se décourage pas ; c'est le *non* des belles auquel on ne doit jamais s'arrêter.

D'abord, par une vive attaque, il emporte les faubourgs du sud. Bourgeois, moines armés, se culbutent, s'étouffent à la porte de Nesle, où ils ne peuvent rentrer. La Noue, à cheval, se lance dans la Seine et va pénétrer dans Paris ; son bras gauche qu'il n'avait plus, assez mal suppléé par un bras de fer, ne soutient pas bien la bride au cheval ; il manque de se noyer.

Cependant le fils de Coligny est maître du faubourg

Saint-Germain, l'ancien faubourg protestant. Les psaumes furent de nouveau chantés au Pré-aux-Clercs, comme aux premiers jours de la lutte, en 1557, il y avait plus de trente années.

Le roi n'emmena son armée que quand elle se fut refaite, enrichie du pillage des faubourgs, entièrement et proprement déménagés et nettoyés. Il alla de là recevoir à Tours l'ambassadeur de Venise. Le grand-duc de Toscane, celui de Mantoue, les Suisses, le favorisaient déjà plus ou moins ouvertement. Le premier s'adressait sous main à De Thou, notre envoyé, pour marier en France sa nièce, Marie de Médicis.

Mais les succès d'Henri IV semblaient devoir être arrêtés. Le prince de Parme, forcé par son maître d'être généreux, avait donné à Mayenne six mille mousquetaires, la fleur de l'armée des Pays-Bas, et douze cents lances wallonnes sous le fils du comte d'Egmont. Il reçut encore une petite armée de Lorraine. En tout, il eut vingt-cinq mille hommes. Le roi n'avait guère que le tiers. Poussé par Mayenne à l'Ouest, il ne voulut pas, cette fois, reculer jusqu'en Normandie. Il fit ferme au couchant de l'Eure, à Ivry, et attendit. Là, point de retranchements, comme à Arques, et devant soi une armée d'Espagne. Cela était fort sérieux. De très loin, des huguenots vinrent à la bataille, Mornay entre autres, qui, après, dit au roi : « Vous avez fait, sire, la plus brave folie qui se fit jamais. Vous avez joué le royaume sur un coup de dé. »

Une singularité de cette mémorable bataille, c'est

que l'infanterie française y reparaît fort nombreuse. Mais la cavalerie fit tout.

Il était dix heures du matin (13 mars 1590). Il faisait froid et mauvais. Mayenne avait eu la pluie toute la nuit. Le roi, au contraire, avait attendu, dormi, soupé dans les villages voisins.

Henri IV était (comme toujours en de tels moments) d'une gaieté merveilleuse, qui répondait de la journée. Il avait mis sur son casque un énorme panache blanc et un autre gigantesque à la tête de son cheval. Il dit : « Si les étendards vous manquent, ralliez-vous à ce panache. Vous le trouverez toujours au chemin de la victoire. »

Cette gasconnade, un peu forte, aurait été ridicule, s'il n'avait su que les Suisses de Mayenne disaient, n'étant pas payés, qu'ils ne donneraient pas un coup.

En tête de l'armée espagnole, un moine, avec une grande croix, faisant force signes, ayant promis qu'à cette vue les ennemis se rendraient, l'artillerie le fit détaler. Celle du roi eut un effet terrible. Et, au contraire, celle de Mayenne porta peu sur les royalistes, dont le terrain était plus bas.

D'Egmont alla tête baissée, renversa tout, vint aux canons, et, par bravade, faisant tourner son cheval, donna contre eux de la croupe. Cependant la cavalerie du roi, Biron, Aumont et Givry, tombèrent sur celle d'Egmont et la détruisirent. Les reîtres ne furent guère plus heureux. Après leur charge, ils revenaient se replacer dans les rangs de Mayenne. Mais ces rangs étaient serrés. Ils y jetèrent le désordre. Le roi le vit, et, à ce moment, fondit, enfonça Mayenne et le balaya. Restaient les Suisses, qui n'avaient rien fait et qui se rendirent.

Les reîtres, seuls, furent massacrés, en souvenir de leur trahison à Arques. Le roi criait : « Sauvez les Français et main basse sur l'étranger ! »

CHAPITRE IX

Siège de Paris. (1590-1592.)

La mort du roi de la Ligue, du vieux cardinal de Bourbon (9 mai 1590), éclairait la situation autant que la victoire d'Ivry. La Ligue se révéla comme un parti à deux têtes, mais dont l'une, celle des Guises, allait maigrissant. La tête espagnole, au contraire, grossit, grandit, devint la seule. Le clergé, abandonnant son roman toujours avorté d'un capitaine de l'Église, se rallia franchement, nettement à l'Espagne, inscrivit sur son drapeau, comme son but et sa devise, *la royauté de l'étranger.*

L'Espagnol remplit tout en France. L'ambassadeur ordinaire Mendoza et son second, Ybarra ; l'ambassadeur extraordinaire, le duc de Feria, voilà les rois de Paris. Nous allons les voir y frapper monnaie, gouverner et nourrir le peuple ; les *chaudrons des Espagnols* et les sous jetés du balcon, ce sont les moyens éloquents qui convertiront la foule à la royauté de l'Inquisition.

Le légat Cajetano, envoyé par Sixte-Quint, qui le croit très modéré, devient violent à Paris, pur instrument des Espagnols.

La mort du roi de la Ligue fut sue d'abord des personnes qu'elle intéressait le plus. La mère et la sœur de Mayenne vinrent, palpitantes, l'apprendre à l'ambassadeur Mendoza, qui leur dit froidement « qu'il fallait attendre les ordres du roi d'Espagne ». Alors, ces pauvres princesses coururent au légat, qui dit « qu'on ne pouvait rien faire sans les ordres du roi d'Espagne ».

Philippe II dut se féliciter d'avoir si mal payé ses Suisses. Il avait été battu à Ivry, mais sur le dos de Mayenne. Le Béarnais lui avait rendu le service signalé d'humilier et de ravaler le chef de la maison de Guise.

De toutes parts, la France ligueuse, dans le cours de cette année, se précipita vers l'Espagne. Et d'elle-même, l'Espagne entrait de tous les côtés.

Le père Matthieu, un Jésuite, était venu assurer les Seize de sa haute protection.

Le frère Basile, capucin, avait obtenu des troupes espagnoles pour le Languedoc.

Le duc de Mercœur, qui eût été le chef des Guises (à ne consulter que l'aînesse), n'agissait pas avec eux. Seul, retranché dans sa Bretagne, il ne s'adressait qu'à Philippe II, et il en reçut un très beau secours de deux ou trois mille Espagnols.

La Gascogne le sollicitait pour en obtenir aussi, et disait que, sans cela, « les loups affamés auroient bientôt dévoré les pauvres brebis catholiques ».

Le parlement d'Aix appela en Provence le duc de Savoie, gendre de Philippe II, et ce prince, gracieusement, se rendit à la requête avec une armée mêlée d'Espagnols et de Savoyards. Aix le reçut, mais non Marseille, qui, sous ses consuls, s'en tint à être Espagnole de cœur.

Admirable unanimité. La France veut être Espapagnole, c'est-à-dire ne plus être France.

Les Guises, seuls, en tout cela, ne parlaient pas nettement. Ils auraient voulu de l'argent espagnol plutôt que des hommes. Le duc de Nemours, au nom de la Bourgogne et de Lyon, sollicitait seulement une légère solde pour ses troupes, « une petite somme de deniers ».

Plus tard, Mayenne sollicite de quoi payer une armée *française*.

On n'attrapait pas ainsi Philippe II.

Il y avait des gens plus francs qu'il écoutait plus volontiers. Par exemple, un Bois-Dauphin, qui se disait gouverneur de l'Anjou et du Maine, parla intelligiblement. Dans sa petite pétition pour avoir deux mille Espagnols, il dit nettement au roi d'Espagne : « Les provinces et gouverneurs reconnaissent aujourd'hui *qu'il n'y a de roi en France que Votre Majesté.* »

Tout à l'heure, au nom de Paris, les Seize en diront autant.

Dès le mois de mars, les ambassadeurs d'Espagne avaient fait crier dans Paris une lettre de leur maître où il ordonnait à l'archevêque de Tolède de dresser un état des bénéfices du royaume pour aviser à soulager les pauvres catholiques de France.

Belle, mais bien lointaine espérance. Cet enragé Béarnais s'acheminait vers Paris. Déjà il avait pris Mantes. On en répandait mille contes. Le lendemain de sa bataille, il était si peu fatigué qu'il avait tout le jour joué à la paume. On l'appelait en Gascogne (du nom de l'un de ses moulins) *meunier du moulin de Barbaste*. A Mantes, ce roi meunier fit fête aux boulangers de la ville, qui lui gagnèrent son argent à la paume et lui refusèrent revanche. Toute la nuit il fit faire du pain et le vendit à moitié prix. Les boulangers éperdus vinrent lui offrir sa revanche.

C'était justement par le pain qu'il voulait prendre Paris. Il faisait la guerre aux moulins, aux greniers, aux petites places d'en haut et d'en bas qui nourrissent la grosse ville. Ce terrible Gargantua, diminué et délaissé d'un grand nombre de ses habitants, avait cependant encore deux cent vingt mille bouches, et, quoique le roi y vînt assez lentement, on y amassa peu de vivres.

La ville, en récompense, était bien pourvue de prédicateurs, riche en sermons. Aux Rose, aux Boucher, étaient venus s'adjoindre les Italiens du légat, qu'on admirait sans les comprendre, le grave Bellarmino, le pathétique et amusant Panigarola qui, avec le Petit-Feuillant, partageait l'enthousiasme des

dames. On assure qu'au début d'un sermon il s'écria :
« C'est pour vous, belle, que je meurs... » Et comme
toutes se regardaient, il ajouta avec componction :
« dit Jésus-Christ à son Église ».

Le 8 mai, le roi commença à tirer contre Paris.
Le 14, dans ses murs, commencèrent les processions
de l'armée sainte, où les moines, fièrement troussés,
le capuchon renversé pour mettre le casque, plusieurs
affublés de cuirasse, soufflant sous leurs armes,
menèrent la milice bourgeoise. Quelques-uns, non
sans tremblement, se hasardèrent à charger et tirer
leurs arquebuses pour saluer le légat, ce qui fit un
grand malheur; ils tuèrent son aumônier.

Mais, outre ces belles troupes, les ducs de Nemours
et d'Aumale, qui commandaient la défense, avaient
dix-sept cents Allemands, huit cents fantassins français, cinq ou six cents cavaliers ; de plus, un grand
nombre d'hommes de la milice bourgeoise qui avaient
tout à craindre, si le roi entrait, étant connus et
désignés aux vengeances des huguenots ou des royalistes. Henri IV, si clément pour lui-même, livra
toujours à la justice ceux qui avaient comploté contre
Henri III. Le prieur de Jacques Clément, qui, disait-
on, l'avait endoctriné au meurtre, fut jugé, sur la
requête de la reine veuve, et, par sentence du parlement de Tours, tiré à quatre chevaux.

Les Crucé, les Bussy-Leclerc, qui, en 87, voulaient
enlever le roi, et qui, aux barricades de 88, voulaient
le forcer dans le Louvre, auraient fort bien pu aussi
être mis en jugement. Et même les vieux massa-

creurs de 1572 étaient-ils sûrs d'être oubliés ? Ceux qui emportèrent les faubourgs après la bataille d'Arques, huguenots pour la plupart, avaient pour cri de combat : « Saint-Barthélemy ! Saint-Barthélemy ! » Neuf cents bourgeois avaient péri dans cette si courte attaque. Et les faubourgs avaient été si exactement démeublés, déménagés, dépouillés de tout objet petit ou grand, que les royalistes même n'eussent pas voulu voir entrer le roi à ce prix.

Du reste, ce n'était pas avec une si petite armée (douze mille hommes et trois mille chevaux) qu'Henri pouvait prendre cette énorme ville. La mouche, pour rappeler le vieux mot déjà cité, n'avale pas un éléphant.

Mais l'éléphant souffrit beaucoup. En un mois, il eut tout mangé. Il fallut commencer des visites domiciliaires. On fouilla les riches greniers des couvents, malgré l'étrange et plaisante prétention des Jésuites, qui voulaient fermer leurs portes. On dit, au contraire, qu'on ferait sur les religieux ce qu'on fait en mer dans un vaisseau affamé, où l'on mange les plus gras.

On en vint au son d'avoine. On en vint aux chiens, aux chats. L'ambassade d'Espagne frappa des liards, qu'on jetait par les fenêtres. Mais on ne mange pas du cuivre. Alors, aux portes de l'hôtel, on fit la cuisine en plein vent. Des marmites gigantesques témoignaient de la charité des Espagnols. Ils soulageaient par aumône ceux qu'ils faisaient mourir de faim.

Le roi serra de plus près. Il prit les faubourgs, les fortifia. Le peuple, qui allait chercher de l'herbe, fut clos comme dans un tombeau. L'Estoile assure qu'on alla jusqu'à faire du pain de la poussière d'os qu'on prenait aux cimetières, qu'un soldat mangea un enfant, qu'une dame dont le fils était mort, le sala, avec sa servante, et qu'elles vécurent quelques temps de cette nourriture.

Nul doute qu'en cette extrémité la ville ne se fût rendue, si elle n'eût été comprimée par une effroyable terreur. Une grande foule s'était portée au parlement pour crier : Du pain! Plusieurs croyaient en profiter pour faire sauter le gouverneur, délivrer la ville. Brisson en savait quelque chose. Il n'y eut pas d'entente, et tout échoua. Plusieurs furent saisis, pendus. Les moines et les massacreurs eussent égorgé le Parlement ; mais Nemours sentit qu'un tel coup ferait Paris tout Espagnol et mettrait à rien les Guises.

Cependant, des tours, des murs, on voyait flotter la moisson. Les pauvres gens risquaient leur vie pour aller couper des épis. On les battait, on les blessait, sans pouvoir les décourager. Henri IV, ici, fut très beau. Il déclara qu'il prendrait ou ne prendrait pas Paris, mais qu'il laisserait aller tous ceux qui voudraient sortir.

Des foules en profitèrent, trois mille hommes en une fois. Puis d'autres, tant qu'ils voulurent, des gens aisés aussi bien que le peuple. Des femmes grosses s'en allèrent sans difficulté. Le roi même fit aux princesses la galanterie de laisser entrer des vivres pour elles.

On prétend que ce bon prince, qui ne perdait jamais son temps, se désennuyait à faire l'amour à l'abbesse de Montmartre. Puis il transporta ses quartiers à l'abbaye, ou, comme on disait alors, à *la religion* de Longchamps, autre monastère de filles. Biron disait : « Qui peut encore reprocher à Sa Majesté de ne pas changer de *religion ?* »

Cependant le prince de Parme, qui ne s'amusait jamais, avait, à la longue, terminé ses préparatifs ; à l'instante prière de Mayenne et sur l'ordre de son maître, il venait secourir Paris. Malmené par les Hollandais, qui lui avaient pris Bréda, il venait malgré lui en France, n'ayant nulle bonne opinion de cette affaire gigantesque où le chimérique solitaire de l'Escurial le jetait imprudemment. Il avait osé lui écrire : « Vous lâchez la proie pour l'ombre. »

Il fallut bien que le Béarnais laissât son siège et ses abbesses. Longtemps on lui avait fait croire, pour l'amuser et le flatter, que le prince de Parme ne viendrait pas, qu'il enverrait seulement quelque secours. Mais il était venu, il était à Meaux. Et le roi en doutait encore ! (De Thou).

Ce redoutable capitaine avait fait sa marche en vingt jours, traversé le nord de la France dans un ordre admirable. Les soldats espagnols, si indisciplinés sous le duc d'Albe, marchaient en toute modestie sous ce grave Italien. C'était une singularité de son génie d'avoir dompté les bêtes féroces ; ils en avaient peur et respect comme d'un esprit de l'autre monde. Ces Espagnols, si difficiles, à vrai dire, étaient peu nombreux; l'Espagnol d'Espagne était presque un mythe; ce qu'on appelait ainsi, c'étaient des Comtois, des Wallons, surtout des Italiens. Cette diversité de nations, loin de gêner Farnèse, le servait fort; elle les tenait tous en grande humilité sous cet homme ferme, froid, au besoin cruel. En le voyant si valétudinaire, porté dans une chaise, exécuter pourtant cette triste expédition de France qu'il avait franchement blâmée, toutes ces nations victimes apprenaient la résignation, et, devant ce malade, personne n'eût osé murmurer.

Il suivait strictement l'ancienne discipline romaine, exigeant chaque soir du soldat le travail d'un camp retranché. Au bout de chaque marche, avant tout, on fermait le camp d'une enceinte de chariots, et, si l'on restait, de fossés.

L'armée était une citadelle mouvante. Le général, qui ne dormait jamais, passait la nuit à tout régler pour le lendemain, à recevoir les rapports, les espions. Sans bouger de sa chaise, il savait à toute heure ce qui se passait chez l'ennemi, et chez lui sous chaque tente.

Il était envoyé pour deux choses, une de guerre, une de politique et de révolution : 1° sauver Paris, détruire la renommée militaire du Béarnais; 2° éclipser, énerver Mayenne, subordonner les Guises, mettre l'Espagnol à Paris.

Henri IV brûlait de combattre. Son armée n'était

pas à lui, comme celle de l'autre ; elle était quasi volontaire, elle s'était formée pour cette belle affaire de Paris ; elle pouvait s'ennuyer, se disperser (ce qui arriva). Il envoya un trompette à Mayenne et à Farnèse retranchés près de Chelles, leur fit dire de sortir de leur tanière de renard, de venir lui parler en plein champ. A quoi l'Italien répondit froidement qu'il n'était pas venu de si loin pour prendre conseil de son ennemi. Peu après cependant il dit qu'il donnait la bataille, se mit en marche sans dire son secret à personne. Et pendant que l'armée royale ne voyait que son avant-garde, pendant que Mayenne bravement menait celle-ci au combat, le centre avait tourné, devenant lui-même avant-garde et tombant sur Lagny, grande position pour la guerre et pour l'arrivage des vivres. Lagny fut emporté sous les yeux d'Henri même, Paris ravitaillé, l'armée découragée, et elle se fondit en partie.

Le duc de Parme n'avait rien fait s'il n'assurait aux Parisiens Charenton et Corbeil. Mais Corbeil l'arrêta longtemps. Cela lui fit du tort. Paris, quelque reconnaissant qu'il fût, trouvait fort dur que ses amis ruinassent les campagnes que l'ennemi, le Béarnais tant maudit, avait épargnées. Corbeil fut pris et mis à sac. Farnèse le livra aux soldats. Il tenait fort l'armée ; mais il connaissait cette bête sauvage et ce qu'elle attendait ; il la lâchait parfois, lui passait par moments ces horribles gaietés du crime.

Des dames de Paris, qui y étaient réfugiées, en revinrent plus mortes que vives. La pauvre femme de

L'Estoile, qui venait d'y accoucher, ne put encore être rendue à son mari qu'en payant aux soldats une rançon de cinq cents écus.

L'enthousiasme des Parisiens fut fort calmé pour leurs amis d'Espagne. Toute leur peur était qu'ils ne restassent. Ils prièrent Mayenne de raser les châteaux trop près de Paris. Quand le prince de Parme voulut laisser garnison dans Corbeil, on résista, on lui montra les dents.

Donc, on se quitta sans regret. Les ligueurs, qui avaient cru voir entrer un fleuve d'or et les trésors des Indes avec l'armée d'Espagne, restaient à sec et furieux. Mayenne, qui avait vu de près son odieux auxiliaire, qui sentait bien qu'on n'avait aucune prise sur cet homme de marbre, et qui lui en voulait de l'avoir fait ridicule à Lagny, fut obligé pourtant, dans sa grande faiblesse, d'en accepter trois régiments.

Le prince de Parme s'en alla, suivi de près et harcelé des cavaliers du Béarnais. Il n'était pas à vingt-cinq lieues, que celui-ci emporta Lagny et Corbeil. Et Paris n'était guère plus délivré qu'auparavant.

CHAPITRE X

Avortement des Seize et de l'Espagne. — Siège de Rouen.
(1591-1592.)

« Le 20 décembre 1590, mourut à Paris, en sa maison, maître Ambroise Paré, chirurgien du roi, âgé de quatre-vingt-cinq ans, qui, nonobstant les temps, parloit librement pour le peuple. Huit jours avant la levée du siège, M. de Lyon, passant au pont Saint-Michel, étoit assiégé de gens qui lui crioient : « Du pain ! ou la mort ! » Maître Ambroise lui dit tout haut : « Monseigneur, ce pauvre peuple vous demande miséricorde... Pour Dieu! monsieur, faites-la-lui, si vous voulez que Dieu vous la fasse. Songez à votre dignité ; ces cris vous sont autant d'ajournements de Dieu. Procurez-nous la paix..... Le pauvre monde n'en peut plus. »

« En ce même an, mourut aux cachots de la Bastille maître Bernard Palissy, prisonnier pour la religion, âgé de quatre-vingts ans. Il mourut de misère et mauvais traitements... Ce bonhomme en mourant me laissa une pierre qu'il appeloit sa pierre philosophale, qu'il assuroit être une tête de mort que la longueur du temps avoit changée en pierre. Elle est en mon cabinet, et je l'aime et la garde en mémoire de ce bon vieillard que j'ai soulagé en sa nécessité, non comme j'eusse bien voulu, mais comme j'ai pu... Sa tante, qui m'apporta la pierre, y étant retournée le lendemain voir comme il se portoit, trouva qu'il étoit mort. Bussy-Leclerc lui dit que, si elle le vouloit voir, elle le trouveroit avec ses chiens sur le rempart où il l'avoit fait traîner comme un chien qu'il étoit. »

Près de cet intrépide Ambroise Paré, près du saint, du simple, du grand Palissy, couchons dans le tombeau deux hommes héroïques :

L'un, l'irréprochable, le bon et brave La Noue, *bras de fer*, qui, cinquante ans durant, avait combattu pour le droit et la religion, tant souffert ! Toujours gai !... Et récemment encore il avait prédit toute la campagne du prince de Parme. Mais on se moqua du bonhomme.

L'autre, c'est le fils de l'Amiral, assassiné comme son père, non par l'épée, mais par la bassesse, la désolation du temps.

Nous l'avons vu admirable soldat et Français magnanime, oublieux de sa grande injure. Il suivait à la fois deux pensées de son père, la guerre sainte et la mer, les colonies de l'Amérique où la guerre devait s'épancher. Il s'était fait mathématicien, machiniste, constructeur de navires, ingénieur militaire, et c'est lui qui prit Chartres encore. Mais plusieurs chagrins le rongeaient. Son fils enfant fut tué en servant la Hollande. Sa maison de Châtillon fut prise et pillée. Enfin, au siège de Paris, son jeune frère, nommé Dandelot, fut prisonnier, et tellement caressé par les Guises, qu'il en oublia son nom et son sang, se donna aux tueurs de son père.

Le pauvre Châtillon, assommé de ce coup, avait encore un grand malheur et le plus grand sans doute, le changement d'Henri IV. Il semble que sa fureur de femmes ait redoublé depuis Ivry, l'ait mis au-dessous de lui-même, tué en ce qu'il eut de meilleur. Il souffrait près de lui un voleur connu, d'O, l'âme la plus pourrie de la France. D'O lui fit rappeler l'ombre de Catherine de Médicis, son blême chancelier Cheverny.

Peu après la prise de Chartres, on vint dire au roi que Châtillon était mort. Les larmes lui vinrent : « Et comment ? — D'une fièvre, Sire. — Qui la lui a donnée ? — Vous, Sire. La dernière fois, vous ne voulûtes lui donner aucun ordre... — Hélas ! je l'aimais tant ! Il aurait dû me faire parler... »

Mais déjà il avait besoin d'autres serviteurs, de brocanteurs et de marchands pour le grand marchandage et l'achat du royaume.

L'opération était facilitée par l'outrecuidance espagnole, qui voulait faire sauter Mayenne et le rejetait vers Henri IV.

Philippe II, de si loin, voyait très mal. Ses ambassadeurs, qui vivaient ici en plein volcan, dans la fumée, n'y voyaient guère non plus. Les Seize, les moines et les curés criaient si fort que Mendoza fut trompé et trompa son maître.

On profita d'abord d'une surprise que le Béarnais avait essayée par de faux fariniers qu'il présenta aux portes, pour dire que Paris serait pris, comme l'avait été Corbeil, si l'on ne se hâtait d'y mettre garnison espagnole.

Cette garnison entrée, le duc de Feria dit que le *Conseil d'union* gênait la liberté, qu'il fallait se fier au peuple. Mais ce peuple, qu'allait-il faire ?

Philippe II avait envoyé un Jésuite, le père Matthieu, le *courrier de la Ligue*, toujours courant, ne débottant jamais. Il arriva au moment où le fils du duc de Guise, échappé de captivité, donnait un espoir nouveau à la Ligue. Les Seize imaginèrent de marier Guise avec l'infante. Ils écrivirent (16 septembre) dans ce sens à Philippe II : « Les vœux des catholiques sont de vous voir, Sire, tenir cette couronne de France. Ou bien que Votre Majesté établisse quelqu'un de sa postérité, *et se choisisse un gendre.* »

Pour faire ce projet, il fallait avant tout terroriser les Français obstinés qui repoussaient le mariage d'Espagne. Toute l'année on prêcha le massacre.

Il y eut là une éloquence nouvelle et inconnue, éloquence canine (plutôt qu'humaine), hydrophobique. Quand prêchait le curé Boucher, plusieurs regardaient vers la porte, craignant qu'il ne finît par sauter de sa chaire, pour prendre un *politique* et le manger à belles dents.

En conscience, on a fait beaucoup d'honneur à une

telle littérature de l'étudier si finement. La science moderne, que rien ne rebute dans ses curiosités, a analysé, disséqué les cancres les plus horribles, les plus hideux insectes. Je le conçois. Mais, dans ces monstres, rien de comparable aux monstruosités, aux baroques et cruelles fureurs des bouffons sacrés de la Ligue.

Le 2 novembre, dans une première réunion, le curé de Saint-Jacques dit : « Messieurs, assez connivé... Il faut jouer des couteaux. » On élut un conseil secret de dix hommes qui décrétèrent, exécutèrent. Ils commencèrent par la vente des biens des suspects. Ils épurèrent le conseil de la ville, frappèrent le Parlement.

Le prétexte fut l'absolution d'un suspect. Le même curé de Saint-Jacques s'écrie encore pour la seconde fois : « Assez connivé, messieurs ! il faut jouer des cordes ! »

Dans ce conseil des Dix, si choisi et si pur, plusieurs hésitaient cependant. Bussy-Leclerc alla à la Sorbonne, posa le cas, abstrait, et sans nommer; il obtint une approbation. Il la montra avec un papier blanc, qu'il fit signer aux Dix, puis, dans ce blanc, écrivit la mort du président Brisson. Ce fut le curé de Saint-Côme qui porta le papier à l'Espagnol Ligoreto et au Napolitain Monti, et joignit l'approbation de ces capitaines à celle de la Sorbonne.

Brisson ne donnait nul prétexte, sauf quelques paroles légères. On choisit pour l'exécution certain Cromé qui avait contre lui une vieille *vendetta* de famille; Brisson, jadis, avait plaidé contre son père, qui était un voleur. Cet homme vint lui dire qu'on l'attendait à l'Hôtel-de Ville, lui et deux conseillers. Arrivé au Petit-Châtelet, on les y poussa, et à l'instant on les pend tous trois à une poutre de la prison.

C'était entre six et sept heures, le 15 novembre, et il ne faisait pas encore clair. Cromé, la lanterne à la main, conduisit les trois corps à la Grève et les mit à la potence.

Bussy-Leclerc y était, et, quand le jour vint, quand il y eut foule, il commença à crier que ces traîtres voulaient livrer Paris, qu'ils avaient force complices, qu'avant le soir on pouvait être quitte de tous les méchants. Les hommes de Bussy, distribués aux coins de la place, ajoutaient que c'étaient des riches, que leurs hôtels, pleins de biens, appartenaient de droit au peuple.

Mais le peuple ne bougea pas. La place resta morne. Les bras tombaient en voyant le savant et débonnaire magistrat, « l'un des joyaux de la France, » celui qui le premier lui fit un code, pendu en chemise au gibet.

Un des Seize, le tailleur La Rue, en fut saisi d'horreur, se déclara contre les Seize, et dit qu'il leur couperait la gorge.

A défaut d'un grand massacre populaire, le premier soin des meneurs fut d'organiser un conseil de guerre où siégeaient les colonels espagnols et une chambre ardente pour connaître des conspirateurs. Mais cela avorta aussi. Les curés essayèrent en vain d'obtenir l'aveu de la mère des Guises. Elle était trop épouvantée. Loin d'approuver, elle appela son fils, pria Mayenne de venir et de la délivrer.

Il était fort embarrassé, ayant le roi en tête. Mais ses plus grands ennemis étaient les Seize, qui offraient le trône à l'Espagne. Il prit deux mille hommes, accourut, endura aux portes la harangue des Seize, au souper but d'un vin que l'un deux lui avait donné. Le 29, le 30, ils étaient tellement rassurés que l'un d'eux dit chez lui et assez haut : « Nous l'avons fait, nous saurons le défaire. »

Le duc avait en face cette grosse garnison espagnole. Et Bussy tenait la Bastille. Mais ses officiers le poussèrent. Le 1er décembre, il prit les canons de l'Arsenal, menaça la Bastille, que Bussy lui rendit.

Cependant les Seize, alarmés, invoquent les Espagnols, qui ne font pas un mouvement. Cette immobilité encourage Mayenne, qui, le 3, saisit cinq des Seize et les fait étrangler. Cromé se cache parmi les Espagnols.

Ceux-ci avaient manqué Paris. Jamais ils ne s'en relevèrent. Mayenne, qui venait réellement d'y tuer leur parti, les appelait pourtant. Il ne pouvait, sans le prince de Parme, sauver Rouen des mains du roi. Situation bizarre, il négociait avec le roi et le prince de Parme, promettait à l'un et à l'autre. Le prince, peu confiant, ne vint le secourir qu'en se faisant payer d'avance. Il exigea, pour arrhes, que Mayenne lui livrât La Fère. Le roi alla reconnaître l'ennemi à Aumale, le 4 et le 5 février. Il approcha très près et vit avec étonnement l'imposante armée espagnole, l'ordre savant qui y régnait. En tête, dans un petit chariot, le prince de Parme, goutteux, les pieds dans les pantoufles, allait, venait et réglait tout. Ce spectacle l'absorba, l'amusa, si bien qu'il ne s'aperçut pas que la cavalerie légère l'enveloppait. On avait reconnu le panache blanc. Sans le dévouement des siens, plusieurs fois il eût été pris. Il fut blessé légèrement, perdit beaucoup de monde.

L'inquiétude des ligueurs, de Mayenne et de Villars, qui commandait dans Rouen, c'était que les Espagnols ne sauvassent cette ville, pour la garder. Villars voulut les prévenir. Par une furieuse sortie, il tua des milliers d'assiégeants. Le prince de Parme, si prudent, voulait avancer, profiter. Mayenne l'en détourna. Il l'occupa à assiéger une petite place de la Somme. Enfin, il le décida à se placer à Caudebec, assurant que le roi, le voyant là, n'oserait continuer le siège. Ce qui arriva.

Mais ce qui arriva aussi, c'est que le roi, se rapprochant, se trouva tenir et Parme et Mayenne prisonniers dans la presqu'île de Caux, entre lui, la Seine et la mer.

Parme fut blessé au bras; Mayenne était malade. Les vivres ne venaient plus. Henri IV se croyait vainqueur; il avait une flotte hollandaise qui était dans la Seine et qui, au premier signe, pouvait le seconder. Le prince de Parme tenta une chose désespérée. Il fit venir de Rouen force bateaux couverts de planches. La Seine, large comme une mer à cet endroit, fut cependant pontée, traversée en une nuit.

Les royalistes, en s'éveillant, virent l'ennemi de l'autre côté (20-21 mai 1591).

Farnèse suivit la rive gauche, très vite, trop vite pour sa réputation. Chose inouïe pour une armée, il fit quarante lieues en trois jours. Paris lui préparait une réception. Mais déjà il était entré sans bruit dans la ville. Il dîna avec le jeune Guise et les princesses. Fort silencieux, il ne dit guère qu'un mot : « Voilà ce peuple calmé. Le reste ne tient à rien. Tout est fini. Dans un moment, vous n'avez plus besoin de nous. »

Il partit et mourut bientôt. L'Espagne n'avait guère réussi, lui vivant. Que fut-ce donc après sa mort? A Paris, elle avait reçu de la faible main de Mayenne un coup terrible qui montrait qu'elle n'avait nulle racine populaire. Le capitan espagnol, naguère si imposant, n'était plus que ridicule.

La conversion du roi était-elle aussi nécessaire qu'on l'a dit généralement? J'en doute. Mais beaucoup de gens y avaient intérêt et y travaillaient surtout par un prêtre spirituel, Du Perron, qui, sur la gloire de cette royale conversion, avait hypothéqué l'espoir d'un chapeau de cardinal.

C'était un chœur universel autour de lui, que jamais il ne serait roi s'il ne se faisait catholique. Son fou, Chicot, le lui disait : « Allons, mon ami, va à Rome, baise le pape, prends un clystère d'eau bénite qui te lave de tes péchés. Le métier de roi est bon; on peut y gagner sa vie... Je sais bien que, pour être roi, tu donnerais de bon cœur les huguenots et les papistes aux protonotaires du Diable. Vous autres rois, votre ciel, c'est la royauté. Pour l'honneur divin, autre affaire; vous dites : Dieu est homme d'âge; il saura bien y pourvoir. »

Si intrépide en paroles, Chicot l'était en action. C'était un riche Gascon, très brave et qui aimait fort à suivre son maître à la guerre. Il lui arriva une fois une aventure amusante; il prit de sa main un prince, un des Guises! Mais vous croyez que Chicot va en tirer une rançon? Point du tout. Il dit au roi : « Mon ami, je te le donne. » Le prisonnier fut si furieux, que du pommeau de son épée, frappé à la tempe, il assassina le fou.

Hélas! il ne restait plus près du roi que Chicot de sage.

CHAPITRE XI

Montaigne. — *La Ménippée*. — L'Abjuration. (1592-1593.)

Le *catholicon* d'Espagne, ou la drogue catholique, cette recette admirable pour faire que le blanc soit noir, le grand charlatan espagnol, le petit charlatan lorrain sur son vieux tréteau, toutes ces farces de la Ménippée sont elles-mêmes moins comiques que la réalité du temps. Ce temps défie toute satire; nulle comédie ne peut espérer d'être aussi ridicule que lui.

Le *catholicon* parut avant le siège de Rouen. A cette fiction dans le genre de Lucien ou de Rabelais, l'histoire, à l'instant, répondit par une réalité bouffonne, celle des États de la Ligue, si grotesques que les satiriques n'eurent plus à imaginer; ils écrivirent ce qu'ils voyaient et se firent historiens.

Les auteurs de la Ménippée, Rapin, Gillot, Passerat, derrière leur masque comique, semblent cacher quelque chose. S'ils dénigrent la drogue du *catholicon*, c'est visiblement pour vendre leur drogue, qu'ils veulent y substituer. Riraient-ils de si bon cœur, s'ils ne croyaient avoir en poche le remède à tous les maux? Quel? la royauté nouvelle.

Plus vrais encore, historiques sont les *Essais* de Montaigne. Ils disent le découragement, l'ennui, le dégoût qui remplit les âmes : « *Plus de rien. Assez de tout.* »

Ce livre, si froid, avait eu un succès inattendu. Il paraît en 1580, naissance de la Ligue. Au milieu de tant de malheurs réels, de tant de fausses fureurs, il se réimprime, il grossit, augmente à vue d'œil en 1582, en 1587, et il est double de grosseur en 1588. Il semble qu'il revienne toujours comme une risée discrète des vaines exagérations, des mensonges frénétiques, de la grotesque éloquence, une satire implicite du prodigieux *rictus* des aboyeurs catholiques et de l'emphase ridicule du protestant Du Bartas.

Qui parle? C'est un malade, qui, dit-il, en 1572, l'année de la Saint-Barthélemy, s'est renfermé dans sa maison, et, en attendant la mort qui ne peut lui tarder guère, s'amuse à se tâter le pouls, à se regarder rêver. Il a connu l'amitié; il a eu, comme les autres, son élan de noble jeunesse. Tout cela fini, effacé. Aujourd'hui, il ne veut rien. « Mais, alors, pourquoi publies-tu?—Pour mes amis, pour ma famille », dit-il. On ne le croit guère en le voyant retoucher sans cesse d'une plume si laborieusement coquette. Même au début, ce philosophe, désintéressé du succès, prend pourtant la précaution de publier l'œuvre confidentielle sous deux formats à la fois, le petit format pour

Bordeaux, et un in-folio de luxe pour la cour et pour Paris.

« La vanité de la science », c'était déjà un vieux titre, usé par ce siècle savant. Mais personne n'y avait mis cette perfection d'indifférence. Le vieux Jules-César Scaliger, le César et l'Alexandre des érudits de l'époque, mourant, fut frappé de ce coup, et nota ce phénomène d'un si *hardi ignorant*. L'homme qui lui succédait, dans cette dynastie des pédants, comme le haut régent de l'Europe, le grand érudit Juste-Lipse, flottant de Leyde à Louvain, du protestantisme au catholicisme, proclama ce grand ignorant *bien au-dessus des sept sages*.

Ce n'est pas tout. Des âmes honnêtes et enthousiastes, une mademoiselle de Gournay, jeune et pure, comme la lumière, haute de cœur et magnanime, encore qu'un peu ridicule, se jettent aux pieds de Montaigne. Avec sa mère, elle traverse toute la France et tous les dangers de la guerre civile pour aller voir son oracle, et elle ne reviendra pas sans avoir tiré du maître le nom de *sa fille adoptive*.

Nul éloge ne le met plus haut. En réalité, une part immense de vérité était dans ce livre, première description exacte, minutieuse, de l'intérieur de l'homme. Ce que Vésale avait fait pour l'homme physique, Montagne le fait pour le moral, s'attachant, il est vrai, assez tristement à beaucoup de parties basses et de dégoûtants viscères. N'importe, là, il est très vrai. *Il pose l'individu* en ce qu'il a de plus individuel. Tout à l'heure, sur cette base, les rénovateurs du monde commenceront, bâtiront l'homme collectif.

Les grands et généreux esprits, l'élite rare qui l'adopta (comme mademoiselle de Gournay) semblent pressentir que son doute n'est que le doute provisoire qui rendra la science possible. La foule ne le prit pas ainsi. Et moi, historien de la foule, je ne dois noter ici que ce qu'elle y vit. Qu'y lut-elle? Ce qui répondait le mieux aux plus bas instincts :

1° *Les lois de la conscience, que nous disons de nature, naissent de la coutume.* Rien de fixe et nulle loi morale.

2° *Aussi, si j'avais à revivre, je vivrais comme j'ai vécu.* Inutile de s'améliorer, c'est l'esprit de tout le livre.

3° *Je hais toute nouvelleté.* Ou il faut se soumettre entièrement à notre police ecclésiastique, ou tout à fait s'en dispenser; *ce n'est pas à nous à établir ce que nous lui devons d'obéissance*, etc.

Les *Essais* furent avidement, âprement saisis par les catholiques. Mademoiselle de Gournay établit qu'ils n'ont été sérieusement attaqués que des huguenots.

Montaigne semble, en effet, faire aux premiers la part très belle. Ses démonstrations (sophistiques) pour montrer l'impuissance de la raison, les contradictions irrémédiables de l'homme, etc., etc., semblent le renvoyer humble et désarmé à l'autorité. Voilà pourquoi, plus tard, Pascal, tout en détestant Montaigne, le saisit comme un noyé saisit une planche pourrie; mais la planche manque, elle tourne, et Pascal n'a saisi rien; le scepticisme livre l'homme, mais le livre anéanti; Pascal peut serrer tant qu'il veut, il serre le vent et le vide.

Pour ma part, ma profonde admiration littéraire pour cet écrivain exquis ne m'empêchera pas de dire que j'y trouve à chaque instant certain goût nauséabond, comme d'une chambre de malade, où l'air peu renouvelé s'empreint des tristes parfums de la pharmacie. Tout cela est *naturel*, sans doute; ce malade est l'*homme de la nature*, oui, mais dans ses infirmités. Quand je me trouve enfermé dans cette *librairie* calfeutrée, l'air me manque. Hélas! où est mon ami, où est le bon Pantagruel, le géant qui m'avait fait respirer d'un si grand souffle? Où est le rieur sublime qui, dans les sermons de Panurge, m'associa à la libre circulation de la nature? J'appellerais volontiers le frère Jean des Entommeures pour secouer ce gentilhomme du poing de Gargantua.

Ce livre fut l'évangile de l'indifférence et du doute. Les délicats, les dégoûtés, les fatigués (et tous l'étaient), s'en tinrent à ce mot de Pétrone, traduit, commenté par Montaigne : *Totus mundus exercet histrionem*, le monde joue la comédie, le monde est un histrion. « La plupart de nos vacations sont farcesques », etc.

De ces illustres farceurs qui remplissent la scène du monde, le meilleur, parce qu'il est de beaucoup le plus sérieux, c'est sans contredit l'Espagnol. Par un grand coup de théâtre, Philippe II, perdant son masque, joue le rôle d'un Cassandre atroce dans sa rivalité galante avec Antonio Pérez. Malice étrange de la fortune! tout cela éclate quand l'âge ajoute au ridicule, quand le malheur est venu, quand l'impuissance est constatée. Cette déroute de réputation, naufrage moral plus profond que celui de l'Armada, lui arrive au moment même où il veut se faire roi de France.

Il n'est guère moins curieux de voir le grand acteur gascon, notre Henri IV, dans son jeu pour amuser jusqu'au bout les protestants qu'il va quitter. Il occupe le bon Mornay d'un colloque des deux églises. Mornay enferme à Saumur, avec force livres, une élite de douze ministres, des plus forts de France, pour préparer ce duel, et la victoire infaillible de la vérité.

Mayenne, de son côté, travaillait consciencieusement à duper l'Espagne, le roi, surtout sa propre famille.

Au roi d'Espagne, il s'offrait pourvu qu'il lui payât une armée *française*, qui, finalement, eût servi à mettre l'Espagnol à la porte.

Au roi de France, il s'offrait pourvu que le roi lui donnât, avec six cent mille écus, la Bourgogne et le Lyonnais à titre héréditaire, et à sa maison la Champagne, la Bretagne, la Picardie; ajoutez le Languedoc pour un de ses alliés. Il ne voulait le faire roi qu'en lui gardant le royaume.

Troisièmement, pour son rival, pour le jeune duc de Guise, il avait un si grand zèle qu'il ne lui suffisait pas qu'il épousât l'infante et fût mari de la reine; il exigeait *qu'il fût roi*. Moyen ingénieux de compliquer les affaires, de ralentir et d'entraver.

Philippe II fit marcher les choses. Il exigea les États généraux, et s'y coula tout d'abord. Les États servirent à mettre dans un beau jour l'impossibilité de l'Espagnol.

Voici ses instructions secrètes aux ambassadeurs : « Vous soutiendrez d'abord l'élection de l'infante; 2° la mienne; 3° un archiduc (*jusqu'ici rien pour la France, nul ménagement de la nation*); 4° le duc de Guise; 5° le cardinal de Lorraine. »

Nous avons la note exacte de ce que ce roi, dans son extrême pénurie, donna d'argent aux États : onze mille écus au clergé, huit mille au Tiers, quatre ou cinq mille à la noblesse; donc, vingt-quatre mille en tout. Ce n'était pas trop pour avoir la France.

L'aide en hommes fut très peu de chose. Mayenne en fut indigné, et dit qu'un pareil secours ne faisait qu'aggraver les maux.

Sauf quelques âmes dévotes et quelques prêcheurs furieux qui restèrent aux Espagnols, le désert se fit autour d'eux. En vain le curé Boucher, fermant par un calembour la révolution commencée par un calembour, en lance un très bon : « Seigneur, débourbonnez-nous, *Eripe me de luto.* »

Quand les ambassadeurs d'Espagne lurent fièrement à l'assemblée les propositions de leur maître, l'*infante et un archiduc*, et rappelèrent les services qu'avait rendus le roi d'Espagne, un fou répondit à merveille. C'était le bonhomme Rose, des plus extravagants ligueurs. Il se fâcha jusqu'au rouge : « Dans ces services, dit-il, il n'a rien fait qu'il ne dût faire. Et il aurait dû faire mieux encore pour la religion. Il en sera récompensé, comme il faut, en paradis. Mais, quant à la terre, les lois fondamentales de France énervent sa proposition; ce royaume n'admet pas de filles, encore moins un Espagnol. »

Les ambassadeurs, confondus, se rabattirent les jours suivants sur le mariage du jeune Guise, qui épouserait l'infante. Trop tard. L'affaire était manquée. Philippe II eut beau promettre deux cent mille écus à donner *après*. Cela ne toucha personne. Cette riche et splendide fiction ne trouva que des incrédules. On le voyait à la veille d'une seconde banqueroute.

Il n'y avait si petit prince qui ne concourût avec lui. Son gendre le duc de Savoie, le fils du duc de Lorraine, le duc de Nemours, se mettaient aussi sur les rangs. On ne voyait que rois futurs trotter autour des États dans la crotte de Paris.

Le vrai roi, en attendant, tenait Paris assez serré. Maître des petites places voisines, il eût pu à volonté empêcher les arrivages. Paris mangeait par sa permission. La culture de la banlieue se faisait par sa bonne grâce. Situation misérable dont Paris voulait sortir. Les savetiers, les crocheteurs commencent à crier : « La paix ! » La milice se déclare. Elle ose provoquer les Seize. Passant devant la fenêtre du fameux greffier de la Ligue, Sénault, qu'on voyait écrire, ils lui crièrent : « Écris-nous tous ! nous sommes tous *politiques !*

Ce mouvement inattendu, l'abandon où Philippe II

semblait laisser ses Espagnols, l'affaiblissement de Mayenne, menacé des fanatiques, tout cela un matin ou l'autre aurait mis le roi dans Paris. Quiconque connaît la France et ses rapides entraînements sait que, dans ces moments, l'avalanche se précipite ; tout obstacle disparaît, tout ménagement ; nul soin de ménager les nuances, d'adoucir la transition.

Avec cette vive explosion, cet accès de royalisme, si le roi eût pu quelque peu attendre, je crois qu'on l'eût pris tel quel, huguenot ou Turc, n'importe.

Je sais bien que les protestants, comme Sully, lui disaient qu'il aurait de la peine à se dispenser de se faire catholique.

Mais je vois aussi que des catholiques, très avisés, très informés, comme l'ambassadeur de Savoie, pensaient qu'il ne se convertirait pas. Cet envoyé écrivait à la cour : « Pour l'intérêt, le Béarnais ne changera pas de religion. » (Archives diplomatiques de Turin).

Montaigne, le vrai génie du temps, avait dit une chose très juste : « Les Guises ne sont guère catholiques, et le roi n'est guère protestant. »

Qu'étaient-ils en réalité ? Si vous voulez le savoir, demandez à ce dieu du siècle qui le dominait déjà avant son âge tragique, et qui le domine après. Demandez à la divinité que poursuit Pantagruel pour savoir l'énigme du monde. Adressez-vous à la femme. Interrogez dame Vénus.

Le gros Mayenne, plus volage qu'on ne l'aurait attendu de son ventre de Falstaff et de son esprit sérieux, avait eu les tristes hasards, les royales aventures dont mourut François Ier.

Le Béarnais, maigre, leste et de meilleure chance, n'en avait pas moins l'étoffe d'un amant ridicule. On l'avait vu à Coutras quitter l'armée au moment critique où il eût pu rejoindre les auxiliaires allemands, pour mettre ses drapeaux aux pieds de Corisande d'Andouin. Mais il ne fut tout à fait fou que quand il connut Gabrielle. Vrai roman, où les difficultés apparentes ménagèrent, augmentèrent l'amour, de manière à fixer dix ans le plus mobile des hommes, et faire du plus spirituel des rois un bourgeois, un père crédule, assoti de ses enfants.

Le délicieux portrait (qu'on doit regarder d'abord à Sainte-Geneviève) nous donne Gabrielle très jeune, aussi fine qu'elle deviendra grasse et massive plus tard (dessins Foulon). Elle est étonnamment blanche et délicate, imperceptiblement rosée. L'œil a une indécision, une *vaghezza*, qui dut ravir, et qui pourtant ne rassure pas. Objet très poétique sans doute, elle n'en annonce pas moins un moral assez prosaïque; cette belle personne est certainement médiocre, judicieuse dans un cercle étroit, assez capable de calcul. Elle ne sera pas trop maladroite à mener sa barque. Chose singulière, dit d'Aubigné, elle se fit très peu d'ennemis. Je le crois, mais elle en fit de nombreux à Henri IV. Elle le matérialisa, l'abaissa, l'appesantit.

« Voulez-vous voir ma maîtresse ? » dit au roi l'imprudent Bellegarde, qui se croyait sûr de la belle, qui se voyait jeune, beau, le roi déjà grisonnant. On arrive, à travers les bois, au château de Cœuvres. Voilà le roi pris, le voilà fou ; il ne veut plus que Bellegarde y songe. Il brûle de revenir. Entre deux corps ennemis, déguisé en paysan, un sac de paille sur la tête, il traverse quatre lieues de forêts. Elle, voyant ce petit homme, ce paysan à barbe grise, dont le nez joignait le menton : « Vous êtes si laid, dit-elle, qu'on ne peut vous regarder. »

Ce dédain attise le feu. Et le père l'attise encore en ne souffrant pas les visites du roi. Notre homme, éperdu, imagine, pour l'ôter à ce père terrible, de la marier à un autre. On chercha un sot patient, mais un sot qui fût très laid ; ce fut M. de Liancourt. Gabrielle en fut aux pleurs et aux cris. Le roi lui jura qu'au jour de la noce il arriverait, emmènerait le mari, et qu'elle n'en aurait que la peur. Mais ses affaires le retinrent.

Cela divertit la cour. L'abbé Du Perron en fit une jolie pièce, et plus jolie que décente :

A qui me donnez-vous, vous à qui je me donne ?
Seul aimant de mon cœur, où me rejetez-vous ? etc.

Stances galantes qui coururent fort, firent honneur à Du Perron, et préparèrent sa fortune. Il devint la grande cheville ouvrière de l'abjuration qui devait lui valoir le cardinalat.

Cependant madame de Liancourt perdit patience. Elle signifia bientôt qu'elle suivrait le roi à la guerre. Le mari fut consigné chez lui, et madame Gabrielle parut courageusement, dans la triomphante fleur d'une beauté épanouie, au siège de Chartres (février 1591). Elle était chaperonnée par sa tante de Sourdis, qui la stylait à son métier. Sans égard à Châtillon, qui, comme on a dit, avait pris la ville, le roi en donna le gouvernement à M. de Sourdis, et Châtillon, éloigné, désespérant de l'avenir, rejoignit son père Coligny dans un monde meilleur.

On croyait que le roi, assez léger jusque-là, se lasserait de Gabrielle. Point du tout. La jalousie maintint, aiguillonna l'amour. Elle gagna beaucoup de terrain. Elle était haute et difficile. Le roi avait toujours à faire pour l'apaiser. Il la craignait. C'est par là qu'on peut expliquer un fait qui ne cadre pas avec sa bonté ordinaire. Il avait eu à La Rochelle la fille d'un honorable magistrat protestant; un enfant naquit, mais mourut. La pauvre Esther (c'était le nom de la huguenote), qui n'avait pu se marier, et, de plus, ruinée par la guerre, vint suppliante à Saint-Denis, ne demandant que du pain. Henri IV ne lui en donna pas. Il eût été grondé, maltraité, mis peut-être pour huit jours à la porte de sa maîtresse. Esther, de douleur, de misère, mourut bientôt à Saint-Denis.

La grande affaire de l'époque désormais, c'est Gabrielle. Laquelle des deux Églises, protestante ou catholique, prononcera le divorce du roi, le délivrera de sa première femme? C'est la suprême question.

Gabrielle avait cru d'abord que les huguenots, ennemis de Marguerite de Valois, pourraient l'aider mieux. Elle en mit dans sa maison, disant « n'avoir confiance que dans ceux de ses domestiques qui étaient de la religion ». Les ministres, peu habiles dans les choses de ce monde, prirent justement ce moment pour éclater contre Gabrielle. Le samedi 1er mai 1592, ils déclarèrent que, les débordements du peuple *et de ceux qui lui commandaient*, ne faisant que continuer et se renforcer chaque jour, ils ne pourraient donner la sainte Cène, mais attendraient qu'on s'amendât et qu'on apaisât le courroux de Dieu.

De l'autre côté, quelle différence ! Tout était doux et facile, tout était chemin de velours. L'amour de madame de Liancourt et du mari de Marguerite était un péché sans doute. Mais la miséricorde de Jésus était infinie, tout pouvait s'arranger sans peine, et le péché transformé devenir un doux sacrement.

Quelques ministres, effrayés de l'ébranlement du roi, inclinaient vers la douceur. Mais il y avait parmi eux de vieilles têtes indomptables. Par exemple, ce Damours qui avait fait la prière sous le feu d'Arques et d'Ivry, fut aussi hardi en chaire qu'il l'avait été en bataille. Il dit, le roi étant présent, que, s'il abandonnait la foi, Dieu aussi l'abandonnerait, et qu'il avait à attendre un juste jugement. D'O et le cardinal de Bourbon demandèrent que ce prédicant fût mis en justice. « Et que voulez-vous ? dit Henri, il m'a dit mes vérités. »

Cependant ceux des royalistes qui poussaient la conversion avaient obtenu de faire à Suresnes des conférences avec la Ligue. Champ très dangereux d'intrigues. Là se produisait une chose perfide que le légat favorisait : c'était de subir un Bourbon, puisqu'il le fallait, mais de prendre, au lieu d'Henri IV, le jeune cardinal de Bourbon. Celui-ci, on en était sûr, n'était pas huguenot ; il était athée. Les d'O et autres royalistes firent peur au roi de cette idée, lui firent croire qu'elle ralliait beaucoup de gens.

Peu après le roi, dans une conversation de trois heures avec Mornay, lui assura que c'était à cette crainte qu'il avait cédé. « Je me suis trouvé, disait-il, sur les bords d'un précipice ; le complot des miens me poussait, et les miens réformés ne m'appuyaient pas. Je n'ai pas trouvé d'autre échappatoire. »

« Peut-être aussi, ajoutait-il, entre les deux religions le différend n'est si grand que par l'animosité de ceux qui les prêchent. Un jour, par mon autorité, j'essayerai de tout arranger. » (*Vie de Mornay*, 261.)

Avant la conversion, il disait aux réformés : « S'il faut que je me perde pour vous, au moins vous ferai-je ce bien de ne souffrir aucune instruction. » Il eût voulu tout prendre en bloc. Mais ce n'était pas le compte des convertisseurs. L'archevêque de Bourges, Du Perron, etc., auraient perdu leur triomphe. Ils le retinrent fort longtemps. Cela ne se passa pas sans impatience de la part d'un homme si vif. A l'article des prières des morts : « Parlons, dit-il, d'autre chose ; je n'ai pas envie de mourir... Pour le purgatoire, j'y croirai, parce que l'Église y croit, et que je suis fils de l'Église, et aussi pour vous faire plaisir ; car c'est le meilleur de vos revenus. »

Malgré ces légèretés, on fut ravi de voir avec quelle componction il avait reçu le sacrement de pénitence, entendu la messe.

Il prêta sans sourciller le serment d'exterminer les hérétiques (25 juillet 1593).

On sait sa lettre à Gabrielle : « *Je vais faire le saut périlleux...* Je vous envoie soixante cavaliers pour vous ramener », etc. Cette lettre courut dans Paris, et chacun en fut charmé. Un catholique pourtant, un magistrat royaliste, dit à un intime : « Hélas ! il est perdu maintenant ; il est tuable ; il ne l'était pas. »

Gabrielle revint le lendemain, revit Henri IV et Bellegarde. Elle devint grosse un mois après d'un enfant qui, légalement, devait être un Liancourt. Mais Gabrielle exigea que le roi l'avouât, le fît prince, duc de Vendôme ; de quoi rirent la ville et la cour, et Bellegarde autant que personne.

CHAPITRE XII

L'entrée à Paris. (Mars 1594.)

« Non, Sire, vous n'effacerez pas aisément de votre mémoire ceux qu'une même religion, mêmes périls, mêmes délivrances, tant de services fidèles, ont gravés dans votre cœur par l'acier et le diamant. Le souvenir de ces choses vous suit et vous accompagne. Il interrompt vos affaires, vos plaisirs, votre sommeil, pour vous représenter vous-même à vous-même, non pas l'homme que vous êtes, mais l'homme que vous étiez quand, poursuivi à outrance des plus grands princes de l'Europe, vous alliez conduisant au port le petit vaisseau...

« Nos ennemis veulent faire de votre autorité l'instrument de notre ruine. Plût au ciel que ce fût là tout! Mais ils veulent en nous blesser Dieu... Resterons-nous les bras croisés?... Non, Sire, nous leur ferons pratiquer la loi commune. S'ils bannissent Dieu de vos villes, nous bannirons leurs idoles de celles où nous sommes en force. S'ils se vantent d'avoir votre corps, nous nous vanterons de votre esprit. Qu'ils n'espèrent plus de patience. Si vous ne les retenez, si vous n'en faites justice, nous aurons recours à Dieu, qui se chargera de la faire. »

Telle était la plainte navrante, mais hardie, des réformés. Leurs craintes étaient-elles absurdes? Point du tout. Sully avoue qu'au premier mot de l'Espagne, la proposition dérisoire *d'épouser l'infante*, le roi y donna tellement qu'il voulut voir le messager. C'était un certain Ordono, tellement suspect que, quand le fourbe Mendoza le fit présenter au roi, on n'osa pas le laisser approcher sans lui tenir les deux mains. Tant le roi avait à se fier au futur beau-père !

L'Angleterre, la Hollande, l'Allemagne, nos réformés, conclurent de son empressement qu'il se précipitait sans réserve dans le parti catholique. On dit et on répéta qu'il allait acheter la paix et l'absolution papale par le sang de ses amis.

De longue date, on savait que cet homme de tant d'esprit, sensible, toujours la larme à l'œil, était le plus oublieux, le plus léger, le plus ingrat.

« En me retirant, dit d'Aubigné, je voulus passer par Agen pour voir une dame qui m'avait servi de mère dans mes malheurs. J'y trouvai un grand épagneul qui couchait sur les pieds du roi, souvent dans son lit. Cette pauvre bête, abandonnée, et qui mourait de faim, m'ayant reconnu, me fit cent caresses. J'en fus si touché que je le mis en pension chez une femme de la ville, gravant ces vers sur son collier :

« Serviteurs qui jetez vos dédaigneuses vues
« Sur ce chien délaissé, mort de faim par les rues,
« Attendez ce loyer de la fidélité. »

Revenons. Le désappointement fut cruel, non seulement pour la France protestante, pour le protestantisme, alors victorieux dans l'Europe, mais peut-être plus encore pour nombre de catholiques qui n'avaient d'indépendance possible que par celle de la France. La jeune noblesse de Venise, alors dominante, qui l'avait puissamment aidé en le saluant roi au moment d'Arques, au moment où la terre même de France lui manquait sous les pieds, Venise, dis-je, attendait tout autre chose de lui contre le pape et contre l'Espagne. Tout au moins espérait-elle ce qu'un des convertisseurs avait proposé, la séparation de Rome et l'établissement d'un patriarcat. Très probablement elle-même aurait imité cet exemple.

Loin de là, il envoie à Rome ambassade sur ambassade, de plus en plus suppliantes. Comme si le pape était libre, comme si ce serf de l'Espagnol pouvait traiter tant que son maître n'était pas brisé par ses revers. Jusque-là : « *Vederemo* », (Nous verrons). C'est la seule réponse que toutes les humiliations du roi pourront obtenir du pape.

Ce n'est pas là ce qu'à ce moment lui offraient les protestants. Ils venaient de saisir les Alpes et de rouvrir l'Italie. Pendant que le duc de Savoie se morfondait en Provence, Lesdiguières passait chez lui,

lui prenait, non des places fortes, mais, ce qui vaut plus, un peuple. Le cœur est ému en lisant l'adresse si pathétique que les Vaudois du Piémont adressaient alors à la France : « Sire, ce grand Dieu qui fait les rois a mis dans vos mains le plus beau sceptre du monde. Qui l'eût espéré naguère eût paru faire un vain songe ; mais Dieu fait tout ce qu'il veut. Il vous a donné la Gaule ; eh bien, la Gaule transalpine, s'il le veut, vous appartient. Saluces va vous revenir, et Milan. Nos vallées, sire, sont vôtres déjà, et servent à votre Dauphiné de murs et de bastions. Murailles murées jusqu'au ciel. Est-ce tout ? Non, avec elles, vous aurez des murailles vives, nos cœurs, nos corps et nos vies. Nous nous vouons à vous, sire, à jamais, pour vivre et mourir, nous et nos enfants. »

Ainsi le protestantisme, faible à l'intérieur de la France, était fort aux extrémités. S'il eût été appuyé selon les projets de Coligny et de son fils, il se serait associé à la conquête des mers que commençaient alors l'Angleterre et la Hollande. Henri IV se mourait de faim et n'avait pas de chemises. Mais l'or était là tout prêt. La grande chasse aux Espagnols s'ouvrait par les vaisseaux d'Amsterdam et de Plymouth. Longtemps la dîme des prises avait suffi à l'entretien de nos armées réformées.

Histoire douloureuse que cette France touche à tout et manque tout !

La première, au quinzième siècle, elle prépare les stations du voyage d'Amérique. Elle occupe les Canaries, et c'est pour les Espagnols. Puis elle occupe

Madère, et c'est pour les Portugais. Dieppe découvre l'Amérique, et cela ne sert à rien tant qu'un Génois n'y arrive sous le pavillon de Castille. La dominante, l'impériale rade de Rio-Janeiro, est saisie par Villegagnon, l'envoyé de Coligny; cela est encore inutile; les Guises parviennent à détruire tout.

Plus tard, c'est aussi un Français qui prend ce paradis terrestre qu'on appelle la Floride. Il y met mille protestants. Dénoncé à l'instant à l'Espagne par Catherine de Médicis! surpris, mis à mort par les Espagnols. Là, il y eut une chose sublime. Un Gascon, M. de Gourgues, ne supporta pas cet outrage fait à sa patrie. Il équipa un vaisseau à ses frais, et massacra les massacreurs. Il méritait une couronne. On tâcha de l'assassiner.

Tout à l'heure, pendant qu'Henri IV fait pénitence à Rome et conquiert un parchemin, Walter Raleigh conquiert son *El Dorado* de la Virginie, et jette la première pierre du futur empire des États-Unis anglais.

Essex prend le port de Cadix, la ville et la citadelle. Il voulait n'en pas sortir, rester maître du grand détroit.

L'habile, le patient Maurice et le profond Barneveldt achèvent l'œuvre capitale de l'art et de la sagesse, la robuste construction des États-Unis de Hollande, cette digue qui arrêtera non plus seulement l'Espagnol, mais les grandes forces du monde, Louis XIV et l'Océan.

En présence de cette gloire de la république hollandaise, du repos profond, redoutable de la république suisse, de la sagesse de Venise, un souffle républicain avait rapidement passé sur la France. Non moins rapidement disparu. La Ligue donne pour deux cents ans l'horreur de la république.

La Ménippée est le grand livre de la nouvelle monarchie, livre de paix, de *bon sens*, d'obéissance et d'égoïsme. Chacun chez soi, chacun pour soi. Il n'est rien de tel qu'un bon maître, etc., etc.

Si la fureur des partis se calme, celle des grossiers plaisirs éclate et déborde. La France tombe à quatre pattes. Un déchaînement d'orgie brutale commence avant même qu'Henri IV soit entré dans Paris. Les moines encore se signalent. Des Cordeliers, au cabaret, pris avec des filles, payent le sergent qui les surprend, puis l'attirent dans leur couvent, le fouettent et le battent à mort.

Les couvents de religieuses ne connaissaient plus de clôture. Ceux de Montmartre, etc., avaient eu garnison royale, et pour père prieur, le roi. Ceux de Paris recevaient tous les seigneurs de la Ligue; les nonnes dépassaient les dames en hardiesse. On en voyait courir les rues, donnant le bras aux gentilshommes, « fardées, masquées et poudrées, s'embrassant en pleine rue et se léchant le morveau ». (L'Estoile, novembre 93.)

Cela se passait à Paris. Mais qu'était-ce donc de la France? Quelles scènes y donnaient les soldats! Aux faubourgs de la capitale, ils forçaient toutes les maisons, maltraitaient tout, filles et femmes; point de vieilles, d'infirmes, de spectre vivant, qui put les faire reculer.

Un état si violent donnait une faim terrible d'un gouvernement régulier. Devant les quatre mille Espagnols et les pensionnaires de l'Espagne, Paris conspirait pour le roi. Le Parlement, corps si timide, osa (janvier 94) donner arrêt « pour que la garnison étrangère sortît de Paris ». Cette garnison ne pouvait plus seulement protéger les Seize. Conspués et maudits du peuple, ils ne se rassemblaient guère qu'aux Jésuites, rue Saint-Antoine, dernière place où la Ligue, le *catholicon* d'Espagne, mort partout, vécût encore.

L'école de l'assassinat, *in extremis*, essaya ce qu'elle avait tenté si souvent dans les grandes crises contre Orange, Alençon, Élisabeth, Henri III, Henri IV. Celui-ci y était fait, et son extrême douceur n'en était pas même altérée. Une fois en Navarre, un capitaine Gavaret devait faire la chose. Henri lui demande d'essayer son cheval, monte, prend les pistolets aux arçons, les tire en l'air et dit à l'homme stupéfait qu'il sait tout et qu'il le chasse. Ce fut toute la punition.

En 1593, ce fut un certain Barrière, jadis batelier, puis soldat, agent des Guises. Il fut encouragé à Lyon par un prêtre, un capucin et un carme; à Paris par un curé et par le jésuite Varade. Il s'était confié aussi à un Père Séraphin Bianchi, jacobin, espion du grand-duc de Toscane, qui fit avertir le roi.

Ces événements auraient pu lui faire comprendre qu'il perdait ses peines à vouloir ramener les fanatiques. Les grandes masses catholiques n'en venaient pas moins à lui, ne voulant que le repos. Partout, les villes étaient impatientes de se rallier. Les gouverneurs, les capitaines, se hâtaient de faire leur traité, de vendre ce qui leur échappait. Orléans, Bourges, ouvrirent leurs portes. Lyon, profitant du conflit entre l'archevêque Espinac et le gouverneur Nemours, emprisonna celui-ci, se fit royaliste. En Provence, les deux factions qui s'assassinaient depuis vingt ans, se rapprochèrent pour le roi et contre Épernon.

Qui livrerait Paris au roi? c'était toute la question. Parmi les Espagnols eux-mêmes, un colonel de Wallons traitait la chose avec le roi. Le gouverneur, M. Belin, eût voulu traiter lui-même. Mais Mayenne l'expulsa et mit à la place un parfait tartufe, Brissac, qui avait gagné à fond la confiance des Jésuites, du légat, faisant le dévot, le simple, faisant rire l'Espagnol, passant tout le temps du conseil à chasser aux mouches.

D'une part, le prévôt des marchands Lhuillier, d'autre part ce chasseur de mouches, promirent d'ouvrir la ville au roi. Brissac exigea six cent mille francs de pension et les gouvernements de Corbeil et de Mantes.

Il n'y eut pas beaucoup de mystère. Dès neuf heures du soir, on avertit nombre de personnes, et pas une ne trahit. A trois heures, force bourgeois, greffiers, procureurs, notre chroniqueur L'Estoile, occupaient le pont Saint-Michel en écharpe blanche. Le roi tardait. Enfin, à quatre, les cavaliers de Vitry apparurent à la porte Saint-Denis. Nulle résistance que d'une cinquantaine d'hommes dans la rue Saint-Denis; deux tués. A l'ouest, les garnisons de Melun et de Corbeil entrèrent par bateau, tandis que, sur le bord de l'eau, des fantassins entraient par la porte Neuve, cette fameuse porte des Tuileries par où sortit Henri III. Des lansquenets s'y opposaient, on les fit sauter dans la Seine.

Le roi arrive. Brissac le reçoit, avec Lhuillier et le président du Parlement. On lui présente les clefs. Brissac dit : « Il faut rendre à César ce qui appartient à César. » Et Lhuillier : « Rendre et non pas vendre. »

Le roi, entré par la porte Neuve, passa devant les Innocents et tourna au pont Notre-Dame pour aller à la cathédrale. Aux Innocents, on lui montra un homme à une fenêtre qui le regardait fixement et ne voulait pas saluer. Il n'en fit que rire. Au pont, il vit une foule qui criait : *Vive le roi!* « Ce pauvre peuple, dit-il, a été tyrannisé. » Il descendit à Notre-Dame, mais il y avait tant de monde qu'il ne pouvait pas passer. Cependant il ne voulut pas qu'on fît reculer personne, et il entra à la lettre, porté sur les bras du peuple.

Il avait envoyé le comte de Saint-Pol au duc de Feria lui dire qu'il l'avait sous sa main et pouvait avoir sa vie, mais qu'il aimait mieux qu'il partît. Le duc d'abord le prit mal. Il était fort à Saint-Antoine, et, à l'autre bout, il avait la porte Bucy. Mais le roi avait le milieu, le Louvre, le Palais, Notre-Dame. M. de Saint-Pol parla durement à l'Espagnol, qui comprit

enfin, fut reconnaissant, soupira, disant seulement :
« Grand roi ! grand roi ! »

Que ferait, cependant, le quartier des robes noires, la légion sainte de la Ligue et de la Saint-Barthélemy, les pensionnaires de l'Espagne? Ceux-ci étaient quatre mille, rien que dans l'Université. Sénault, Crucé, s'agitèrent, et le curé de Saint-Côme, l'épée à la main, voulait les rejoindre. Mais leur vaillance tomba quand ils rencontrèrent une masse de peuple et surtout d'enfants qui criaient : Vive le roi ! Au milieu étaient des trompettes, des hérauts proclamant la paix et le pardon général; derrière venaient les magistrats ; on n'eut pas besoin de force; ce dernier débris de la Ligue, comme les murs de Jéricho, tomba, vaincu par les trompettes et le simple bruit.

Le roi ne voulait pas perdre le meilleur de la journée. Il alla à une fenêtre de la porte Saint-Denis pour voir passer les Espagnols. A trois heures, ils défilèrent. Le duc de Feria salua le roi à l'espagnole, « gravement et maigrement ». Le noble caractère de ce peuple apparut dans les paroles d'une femme qui passait avec la troupe. « Montrez-moi le roi », dit-elle. Et alors, le regardant, elle éleva la voix à lui : « Bon roi, grand roi, cria-t-elle, je prie Dieu qu'il te donne toute sorte de prospérité. Quand je serai dans mon pays, et quelque part que je sois, je te bénirai toujours, je célébrerai ta clémence. »

Le roi était si joyeux qu'il se contenait à peine. Comme on vint au Louvre lui parler d'affaires : « Je suis enivré, dit-il. Je ne sais ce que vous dites ni ce que je dois vous dire. » On s'étonna de lui voir contrefaire, comme un bouffon, le noble et triste salut du duc de Feria.

Il fit rassurer le jour même la mère des Guises et madame de Montpensier; il alla bientôt les voir et badina avec elles; excès d'oubli pour Henri III, qu'elle assurait avoir tué; indifférence trop grande. Ses ennemis l'en méprisèrent, ses amis en furent attristés.

Il restait un autre roi à Paris qui ne reconnaissait pas le roi; je parle du légat de Rome. Les plus basses soumissions n'obtinrent rien de lui.

Un malheureux capucin qui avait dans son couvent proposé de reconnaître le roi fut battu par ses confrères, déchiré de coups. Un jacobin royaliste fut empoisonné par les jacobins. Le roi refusa l'enquête. On voyait trop qu'il serait très tendre pour ses ennemis, bien léger pour ses amis. Il caressa la Sorbonne, il caressa le parlement de la Ligue, le légitima, l'affermit sur les fleurs de lis avant l'arrivée de son propre parlement de Tours.

Le peuple, plus sensible que lui, fit une fête à ces magistrats qui avaient témoigné pour la France contre l'Espagnol. Quand ils revinrent, mal vêtus, sur de mauvais chevaux étiques, ils trouvèrent les rues tapissées, toutes les femmes aux fenêtres, des tables devant les portes, chacun se réjouissant, comme si la Justice elle-même, ce vrai roi, était revenue.

CHAPITRE XIII

Paix avec l'Espagne. — Édit de Nantes. (1598.)
Conclusion de l'histoire du XVIᵉ siècle.

Au moment même, le roi précipitait, malgré Sully, son traité avec Villars qui tenait Rouen. Ce Villars avait demandé des choses folles, douze cent mille francs, soixante mille francs de pension, la place d'amiral de France, le gouvernement de la Normandie, jusqu'aux abbayes dont le roi avait donné les revenus à ses plus fidèles serviteurs. Il fallait, pour le contenter, qu'il mécontentât tous les siens. Ces conditions insolentes auraient pu être subies avant que le roi eût Paris. Mais après, quand il était roi au Louvre, quand l'Espagnol s'en allait gracié de Paris, quand la Ligue fondait d'elle-même, elles semblaient devoir être repoussées. Henri IV les subit et lui donna un royaume. S'il eût pu attendre six mois, une corde aurait suffi.

Les difficultés, il faut l'avouer, étaient grandes encore. Élisabeth, indignée de l'abjuration, rappelait ses troupes. Le duc de Mercœur établissait l'Espagnol en Bretagne, et Philippe II proclamait sa fille duchesse de cette province. (Voy. *Lettres d'Henri IV.*) Le duc d'Épernon voulait ouvrir à l'ennemi le port de Boulogne et ceux de Provence. Henri IV n'y trouva remède que de donner ce gouvernement au jeune duc de Guise pour faire battre entre eux les ligueurs.

Chose bizarre, sa pauvreté croissait en proportion de ses succès. On le comprend, à chaque province rachetée il lui fallait exiger davantage d'un peuple de plus en plus ruiné. Nul moyen de payer des troupes, il n'avait que des volontaires, des gentilshommes, qui, sur ses lettres pressantes, montaient bien à cheval pour faire une course avec lui, mais qui le quittaient « au bout de quinze jours ». (*Lettres*, IV, 415.)

Jamais il ne montra tant d'esprit, d'activité et de ressources. Ses lettres, ses vives paroles, restent dans la mémoire en traits de feu. Il écrit jusqu'au bout du monde, même à Constantinople, pour en tirer du secours; il veut que le sultan ranime en Espagne les Mauresques contre Philippe II. Il prie le Palatin, il implore la Hollande, il baise le portrait d'Élisabeth, épris de sa beauté; la reine d'Angleterre, à soixante ans, efface Gabrielle. Rien de plus amusant, de plus original. La légende populaire du *Diable à quatre* n'est ici que la vérité.

Diable gascon et pauvre diable, s'il en fut, on l'admire, on en a pitié. Plus malheureux encore chez lui qu'ailleurs, vexé par l'amour et l'argent, amant trompé, roi famélique, il écrit à sa Gabrielle, qui se moque de lui avec Bellegarde, des lettres désespérées.

Il adresse à son Parlement, qui refuse de l'aider, des gronderies éloquentes et d'une verte familiarité, mais d'un accent de bonté qui emporte le cœur : « Messieurs, vous m'avez, par vos longueurs, tenu ici trois mois ; vous verrez le tort qui a été fait à mes affaires. Je m'en vais le plus mal accommodé que peut être prince. J'ai trois armées, et je vais les trouver. J'y porterai ma vie et l'exposerai librement. Dieu ne me délaissera point... Je vous ai remis dans vos maisons ; vous n'étiez que dans de sales petites chambres : vous êtes maintenant dans mon Palais... Vous croyez avoir beaucoup fait quand vous m'avez fait de beaux discours ; et puis vous vous allez chauffer... Vous dites que je me hasarde trop ; j'y suis contraint. Si je n'y vais, les autres n'iront pas. Si j'avais de quoi payer, j'enverrais à ma place... Je vous recommande le devoir de vos charges... Je vous aime autant que roi peut aimer... Le naturel des Français est de n'aimer point ce qu'ils voient ; ne me voyant plus, vous m'aimerez ; et, quand vous m'aurez perdu, vous me regretterez. » (*Lettres*, IV, 414-415.)

Du reste, la misère des deux rois était égale. Si Henri IV est forcé de faire en 94 une banqueroute d'un tiers à nos rentiers, Philippe II l'a faite aux siens dès 1575, et il va recommencer encore. En 1594, la limite est atteinte, la terreur ne sert plus de rien ; deux cents villes de Castille refusent l'impôt, et l'année de sa mort (1598) on verra Philippe II mendier sur le bord de sa fosse, et faire solliciter de porte en porte une aumône à la royauté.

Cela devait finir la guerre ? Point du tout. L'Espagnol, fait à mourir de faim, persévérait; ce spectre, en haillons, restait sur la France. Les Feria, les Fuentes, malmenés par le Béarnais, trouvaient que l'honneur castillan ne permettait plus de se retirer. Henri IV assiégeant la ville de Laon, ils se réunirent à Mayenne, et vinrent pour délivrer cette place. Mais le roi la prit sous leurs yeux (22 juillet 94).

Le meilleur auxiliaire de l'Espagnol était la misère de la France. La campagne, livrée à la fois aux soldats et aux maltôtiers, endurait tous les jours ce qu'on souffre au sac d'une ville. Les paysans, désespérés, s'armèrent contre ces *croquants*, comme ils les appelaient. On les nomma *croquants* eux-mêmes. On ne les dissipa qu'en profitant de leurs dissidences religieuses, et les faisant tuer les uns par les autres.

L'horreur de cette situation des campagnes, l'irritation des villes frappées par la banqueroute, encouragèrent le vieux parti. Il essaya, comme en 84, comme en 89, contre Guillaume et Henri III, de trancher tout d'un coup de couteau.

L'avant-veille de Noël, un garçon de dix-neuf ans, fils d'un marchand de Paris, Jean Chastel, se glisse près du roi et lui porte un coup de couteau à la gorge. Mais, comme le roi se baissait, il n'atteignit que la lèvre. « C'est un élève des Jésuites », dit quelqu'un. Le roi dit en riant (car il n'était pas fort blessé) : « Il fallait donc qu'ils fussent *convaincus par ma bouche*. Mais laissez aller ce garçon. »

On n'obéit pas au roi. Crillon dit tout haut que cette

fois il fallait jeter la Ligue à la Seine. On arrêta les Jésuites. Le père Guéret, régent de Jean Chastel, fut mis à la question et *torturé tout doucement;* on ne voulait pas qu'il parlât. Le roi recommanda qu'on fît le procès à huis clos pour ménager l'honneur des religieux. Le Parlement n'en fit pas moins pendre deux Jésuites, Guéret et Guignard, qui ne manquèrent pas en Grève de se proclamer innocents. L'autorisation que leur donne Loyola d'*obéir jusqu'au péché mortel inclusivement* les mettra toujours à même de mentir tranquillement « in articulo mortis ».

Ce coup apprit à Henri IV, à la petite cour intérieure qui influait sur lui, que toutes les avances qu'on faisait au pape ne servaient pas de beaucoup; que, pour se faire aimer de Rome, il fallait se faire craindre. On laissa le Parlement prononcer l'expulsion des Jésuites (27 décembre) et on déclara la guerre à l'Espagne (17 janvier 95).

Cela était courageux, politique. Il y avait avantage à prendre la position agressive, à tomber sur l'Espagne par la province réservée jusque-là qui restait riche, entière, et n'avait pas senti la guerre, la Franche-Comté. Gabrielle, dit-on, voulait ce pays pour son fils, comme auparavant elle avait voulu Cambrai. Cela eût acheminé le bâtard à la couronne. Elle n'en désespérait pas. Le roi était de plus en plus faible pour elle.

Le succès fut rapide. Mayenne, qui tenait la Bourgogne, se soumit, livra Dijon. Le roi, à Fontaine-Française, dans une reconnaissance imprudente, étourdie, où il faillit périr, avec deux ou trois cents chevaux, fit reculer l'armée du connétable de Castille. Sa folie le couvrit de gloire (5 juin 95).

Ce héros, ce vainqueur, à chaque succès se jetait à genoux devant le pape. Ses lettres sont uniques en bassesse. Il se livre, il se donne, il se remet comme un petit enfant à son père ; il n'agira plus que par les conseils de Rome. Il voulait vivre en réalité, jouir enfin et se reposer. Si brave devant les épées (il l'avoue à Sully), il était *peureux* devant le couteau.

Deux hommes d'esprit, le Gascon d'Ossat et le factotum Du Perron, négociaient l'absolution à Rome. Ils trouvèrent des auxiliaires. Qui? Les Jésuites eux-mêmes... Remarquable bonté de ces pères qui rendaient le bien pour le mal! En réalité, ils voyaient l'Espagne usée jusqu'à la corde, et le refus de l'impôt par deux cents villes de Castille finissait cette grande Terreur de trente années. Les Jésuites comprirent que le champ de l'intrigue désormais serait la France et l'intérieur même d'Henri IV. Ils tournèrent le dos à l'Espagne ; ils rassurèrent le pape et lui dirent de ne pas avoir peur d'un lion mort qui ne mordait plus. Il y avait un Jésuite, le père Tolleto, que le pape avait déjésuitisé pour le faire théologien du Saint-Siège ; il avait tant de confiance en lui qu'il lui faisait censurer ses propres écrits. Tolleto, quoique Espagnol, se décida pour Henri IV. Voilà celui-ci encore à plat ventre devant ce grand Jésuite, qui a daigné le *protéger* (*Lettres*, IV, 456).

Depuis le jour où un autre Henri vint en chemise

sur la neige implorer Grégoire VII, il n'y avait jamais eu traité semblable. Le roi promettait de faire pénitence et de fonder en chaque province, pour monument d'expiation, un monastère. Il s'engageait à exclure ceux qui l'avaient fait roi, les huguenots, de tout emploi public, et déclarait que, s'il ne les exterminait, c'était uniquement « pour ne pas recommencer la guerre ».

Un point grave était de savoir si l'on sacrifierait aussi les gallicans, les parlements, en acceptant le concile de Trente, la monarchie du pape et des évêques. Ce furent encore les Jésuites qui arrangèrent l'affaire, suggérant au roi de promettre d'observer le concile, *sauf les choses qui pourraient troubler le royaume*. L'essentiel pour eux était de rentrer en France, auprès du roi, et de lui donner un confesseur; cela gagné, on gagnait tout.

Du Perron et d'Ossat, les deux représentants de la dignité de la France, abjurèrent pour le roi, à deux genoux, et reçurent pour lui la *discipline* des mains du grand pénitencier.

Absous, pardonné, flagellé, ce pénitent, dans sa grande joie et sa sécurité nouvelle, reçut d'Espagne une discipline plus sérieuse. Cambrai, qu'il avait laissé, à la prière de Gabrielle, aux mains d'un cruel gouverneur, appelle, reçoit les Espagnols (octobre 95). Au printemps, l'archiduc Albert, gouverneur des Pays-Bas, prend Calais, que le roi ne peut secourir.

Très humilié, il assemble les notables de Rouen, et, pour en tirer de l'argent, *se met en tutelle* en leurs mains. *En tutelle*, il se soumit à toutes leurs conditions. Nous reviendrons là-dessus.

Le 10 mars, enfin, le roi reçoit le grand coup, la surprise d'Amiens par les Espagnols. Mais la France entière s'y précipita et reprit la ville. Élisabeth aida au succès. Elle donna au roi quatre mille Anglais, et il lui promit de ne pas traiter sans elle.

C'est justement ce qu'il fit dès qu'il put. Le roi d'Espagne, qui se mourait et d'âge et de misère, avait imploré le pape pour médiateur. Henri IV saisit avidement ces ouvertures de paix, et traita sans l'Angleterre, sans la Hollande, promettant, il est vrai, à celle-ci de continuer à la secourir d'argent en lui payant les sommes qu'elle lui avait prêtées.

Il venait de renouveler ses alliances, et vingt fois il avait juré qu'il ne traiterait jamais seul. Il se l'était juré à lui-même par ses belles paroles confidentielles qu'il écrit à d'Ossat : « Mon épée et ma foi à mes alliés, qui, après Dieu, m'ont remis la couronne sur la tête !... Que je perde la vie plutôt que de finir la guerre autrement qu'avec honneur! »

Les circonstances atténuantes de ce honteux parjure sont celles-ci : 1° sa guerre était un miracle continuel de vigueur personnelle qu'il ne pouvait plus soutenir; chaque année, il avait quelque grave indisposition; 2° il mourait de faim; ses pourvoyeurs lui déclaraient souvent qu'ils ne pouvaient plus lui donner à dîner; 3° ses armées ne tenaient à rien : quand Amiens fut repris, tout son camp s'écoula en une nuit; le soir, il avait cinq mille gentilshommes; le matin, cinq cents ; 4° il était mécontent d'Élisabeth, qui avait demandé qu'on lui livrât Calais, et marchandait, dit-on, pour l'avoir de l'Espagne, si elle ne l'avait d'Henri IV.

Cette paix de Vervins (2 mai 1598) n'était autre, pour les conditions, que celle de Câteau-Cambrésis, faite en 1559. Un demi-siècle de guerres n'avait rien fait, — sauf la ruine définitive de l'Espagne, la ruine provisoire de la France.

Mais celle-ci l'était surtout d'honneur, laissant là ses alliés et la cause protestante, ouvrant la carrière aux Jésuites en France et en Allemagne.

Nos huguenots, que deviennent-ils ?

L'histoire en est lamentable. Je la reprends d'un peu plus haut.

Ces malheureux, qui voyaient, dès le temps de l'abjuration, le roi chaque jour plus serf du pape, flatteur des moines, courtisan du moindre curé, ami, compère des Guises, étaient dans une inquiétude véritablement légitime. Ils vivaient sur une trêve, n'ayant pas même une paix ! Ils demandèrent au moins la protection de Charles IX, l'*édit de Janvier*. Le roi répond, comme un bouffon, par cette fade plaisanterie : « Mais nous sommes en février. »

D'Aubigné dit avec raison : « On voulait que nous eussions confiance... Mais nous nous souvenions de cinq cent mille morts, et nous répondions des vivants. »

Les réformés, comme tout parti en dissolution, avaient parmi eux des traîtres. L'un d'eux proposait cette bassesse de prendre pour protecteur... Gabrielle d'Estrées.

Quelques-uns, plus sérieux, firent arrêter qu'on réclamerait avant tout ce qui était la vie, la sûreté, la garantie des massacrés, à savoir qu'ils pussent se garder eux-mêmes dans ces petites places d'asile qui les avaient déjà sauvés, de n'y pas recevoir un soldat qui ne fût huguenot.

Chose qui, du reste, n'était pas particulière aux protestants. La très catholique Amiens avait voulu se garder elle-même et ne pas admettre un soldat du roi.

Toute la France réformée fut partagée, à peu près comme elle l'avait été en 1573, en dix départements, lesquels nommaient un directoire de deux ministres, quatre bourgeois, ce qui faisait réellement *six hommes du Tiers-état,* et seulement quatre gentilshommes. Ils devaient recueillir les plaintes, et les transmettre à Mornay et au duc de Bouillon, qui les présenteraient au roi.

Un fonds devait être toujours prêt. Pour faire la guerre? Un fonds de cent mille francs, à peine de quoi plaider, si on y était contraint.

Les réformés avaient à La Rochelle un important otage, le petit prince de Condé, jusque-là héritier présomptif de la couronne. C'était un grand coup de le prendre, de le faire catholique. Sa mère se convertit d'abord, et, à ce prix, fut déclarée innocente de la mort de son mari, qu'elle avait, dit-on, empoisonné. Elle éleva son fils dans sa nouvelle foi.

Tout cela faisait croire que les huguenots étaient un parti perdu. Même en Poitou, on osa lancer la cavalerie sur un de leurs prêches. Il y eut des entreprises pour enlever ou tuer Du Plessis-Mornay, qu'on appelait leur pape.

Leur traité fut le dernier; toute la Ligue comblée, pensionnée, avant qu'ils eussent seulement la paix. Par l'Édit de Nantes, ils eurent la liberté de conscience, mais non de culte. Le culte ne leur fut permis que dans leurs villes huguenotes et chez des seigneurs hauts justiciers. Des chambres à part pour les juger. On leur laissait pour huit ans leurs petites places d'asile.

C'était bien moins que la paix de Charles IX et d'Henri III. Celle d'Henri IV ne les défendait pas; elle les compromettait, les forçant (contre un roi livré à leurs ennemis) de devenir une faction.

Rien n'est plus intéressant que de voir dans d'Aubigné combien ces gens maltraités restaient pourtant, malgré eux, dévoués à Henri IV. Il en parle avec la passion amère, mais inaltérable, qu'un cœur blessé garde à la femme adorée qui l'a trahi. A chaque instant, il rompt, renoue. Tel était l'attrait de cet homme; on avait beau le connaître, le mésestimer, l'injurier, on ne pouvait se l'arracher du cœur. Et, après tant de choses indignes, il reste toujours au cœur de la France... Hélas! par tant de côtés il fut la France elle-même!

« Le roi, dit d'Aubigné, ayant juré de me faire mourir si je tombais dans ses mains, j'allai sur-le-champ le voir, et je descendis au logis de Gabrielle. Mes amis me suppliaient de repartir. Des officiers délibéraient pour m'arrêter et me livrer au prévôt. Je restai, et me plaçai le soir aux flambeaux quand il descendit de carrosse. « Voici, dit-il, monseigneur d'Aubigné. » Titre d'assez mauvais augure. N'importe, je m'avançai. Il m'embrassa, me fit baiser par Gabrielle et me dit de lui donner la main. Je la menai à son appartement. Il m'y promena plus de deux heures avec sa maîtresse. C'est alors que, comme il me montrait le coup qu'il avait reçu de Chastel, je dis ce mot qui a couru : « Sire, n'ayant renoncé Dieu que des lèvres, il ne vous a percé qu'aux lèvres. Si vous le renoncez du cœur, il vous percera le cœur. — Oh! les belles paroles, dit Gabrielle, mais mal employées ! — Oui, madame, répliquai-je, car elles ne serviront de rien. »

Lui cependant, sans s'émouvoir, il fit apporter tout nu son petit César de Vendôme, et le mit en souriant dans les bras de d'Aubigné, n'opposant à cette parole, cruellement prophétique, que cette image d'innocence, que la pitié et la nature.

Arrivé à la dernière page de mon histoire de ce grand siècle, je suis frappé de l'insuffisance de l'œuvre devant l'immensité des choses et la gravité de la matière.

Que d'omissions j'ai dû m'imposer! que de faits résumer, abréger, partant obscurcir! Et littérairement, cette violente fresque, qui veut concentrer tant de choses, dans bien des traits sans doute est trop heurtée.

Je crains mes juges. J'entends spécialement ceux qui surent et qui firent, ces grands personnages du seizième siècle, dont les figures imposantes m'entourent et dont les fortes voix me sonneront toujours dans le cœur.

Qu'auraient dit les hommes de la Renaissance, ces sublimes critiques, Rabelais, Shakespeare ou Cervantès? Qu'auraient dit les hommes de la Réforme, comme l'Amiral, si profond et si réfléchi, ou bien le politique et positif Guillaume d'Orange?...

Ils sont mes juges. Et quel bonheur aurait-ce été pour moi si j'avais pu, en échange des éclairs dont ils ont par moments illuminé ma solitude, déposer à leurs pieds une œuvre qui rappelât la moindre partie de leur grande âme!

Ce que j'ai, du moins, je le leur offre, les qualités et les défauts. Et tel défaut surtout qui me fera peut-être trouver grâce devant eux et devant l'avenir.

Je le déclare, cette histoire n'est point impartiale. Elle ne garde pas un sage et prudent équilibre entre le bien et le mal. Au contraire, elle est partiale, franchement et vigoureusement, pour le droit et la vérité. Si l'on y trouve une ligne où l'auteur ait atténué, énervé les récits ou les jugements par égard pour telle opinion ou telle puissance, il veut biffer tout cet écrit.

« Quoi ! dira-t-on, nul autre n'est sincère ? Réclamerez-vous donc pour vous un monopole de loyauté ? » — Ce n'est pas ma pensée. Je dirai seulement que les plus honorables ont gardé le respect de certaines choses et de certains hommes, et qu'au contraire l'histoire, qui est le juge du monde, a pour premier devoir de perdre le respect.

Plaisant juge, celui qui ôterait son chapeau à tous ceux qu'on amène à son tribunal ! C'est à eux de se découvrir et de répondre quand l'histoire les interroge ; et je dis, à eux tous : Tous ils sont justiciables, les hommes et les idées, les rois, les lois, les peuples, les dogmes et les philosophies.

Donc ici nul ménagement, nul arrangement conciliatoire et nulle composition. Nulle complaisance pour plier le droit au fait, ou pour adoucir le fait et le raccorder au droit.

Que, dans l'ensemble des siècles et l'harmonie totale de la vie de l'humanité, le fait, le droit, coïncident à la longue, je n'y contredis pas. Mais mettre dans le détail, dans le combat du monde, ce fatal opium de la philosophie de l'histoire, ces ménagements d'une fausse paix, c'est mettre la mort dans la vie, tuer et l'histoire et la morale, faire dire à l'âme indifférente : « Qui est le mal ? qui est le bien ? »

J'ai dit la moralité de mon œuvre.

Mais qu'est-elle au point de vue de l'art historique ? que veut-elle ? que prétend l'auteur ?

Une seule chose.

De nombreux matériaux avaient été mis en lumière, des travaux estimables existaient sur telle et telle partie du seizième siècle. Plusieurs traits de ce siècle avaient été marqués, plusieurs côtés éclairés. Et la face du siècle restait cachée ; elle n'avait été vue (dans l'ensemble) de nul œil encore.

Je crois l'avoir vu au visage, ce siècle, et j'ai tâché de le faire voir. J'ai donné tout au moins une impression vraie de sa physionomie.

Si cet effet était obtenu réellement, cela ne serait dû à aucune adresse d'artiste, à aucun savoir-faire, mais purement et simplement à ce principe d'indépendance morale dont je viens de parler.

L'historien, comme juge, a démenti les deux parties, et, au lieu de les écouter, il s'est chargé de leur dire qui elles étaient.

Au Catholicisme de la Ligue qui dit : « Je suis la liberté », il a dit sans hésiter : « Non. »

Et il a dit Non encore au Protestantime, qui se disait le passé et l'autorité. Il l'a relevé, défendu, comme parti de l'examen et de la liberté, intérieurement identique à la Renaissance et à la Révolution.

Luther et Calvin, malgré eux, se sont retrouvés frères de Rabelais et de Copernik, deux rameaux d'un même arbre. Du même tronc fleurissent la Réforme et la Renaissance, aïeules des libertés modernes.

Là est l'unité du seizième siècle. Dès lors il est une personne. On a pu tracer son portrait.

Maintenant parlons de cette période et du quart du siècle qu'elle comprend, depuis le *massacre de la Saint-Barthélemy jusqu'à la paix de Vervins.*

Dans l'inscription en lettres d'or que le cardinal de Lorraine fit afficher dans Rome à la gloire éternelle de la Saint-Barthélemy, on lisait ces mots remarquables : « La religion se fanait, languissait; mais, dès ce jour, nous en avons l'augure, elle renaîtra dans sa force et dans sa fleur. »

Mot juste et prophétique. La religion renaît ou naît plutôt, une religion hors de toute dispute : celle du cœur et de l'humanité.

Le cri touchant du pauvre Dolet au bûcher : « Étais-je donc un loup, une bête féroce ? N'étais-je pas un homme ? » on ne l'avait pas senti alors; mais il perce les cœurs le lendemain de la Saint-Barthélemy. Chacun trouve en soi une plaie..

Quels que soient les retards, l'idée paradoxale hasardée par Luther, celle de la *tolérance religieuse*, ira se fortifiant, s'étendant et gagnant toujours, et elle deviendra la foi du monde au dix-huitième siècle.

Eh! qui ne pardonnerait à ses voisins une dissidence d'opinion, lorsque Guillaume d'Orange et le roi de Navarre pardonnent à leurs ennemis les plus traîtreuses entreprises ? Vivant sous les couteaux, et quotidiennement assassinés, nous les voyons cléments autant que fermes. Voilà déjà l'homme moderne.

Oui, un grand changement se fera peu à peu, depuis cette ère de 1572. L'avant-scène tombée dans le sang, une scène tout autre apparaît avec des perspectives infinies.

Les victimes sans doute n'étaient qu'une minorité, mais derrière fut le genre humain.

Non seulement le protestantisme assassiné dure et durera, invincible en Hollande, victorieux en Angleterre, créateur en Amérique, — mais un bien autre protestantisme surgit qui embrasse le monde même, celui de la raison, de l'équité, de la science.

Vainqueur dans l'âme humaine par Rabelais, Shakespeare, par Bacon et Descartes. Vainqueur dans le droit de l'Europe par la paix de Westphalie. Vainqueur jusqu'aux étoiles par Keppler et par Galilée.

Une trinité éclate vraiment une, qu'aucune argutie n'ébranlera : le droit, la pitié, la nature.

Dans un mortel dégoût des fatales abstractions qui amenèrent une réalité si barbare, la science s'en va seule par sa voie. Elle tourne le dos décidément aux scolastiques byzantines dont le Moyen-âge a vécu, et ne veut plus seulement en entendre le nom.

A toute argutie de ce genre le grand Cujas, du haut du droit antique, répond : « Qu'importe à l'*Équité ?* » (*Nihil hoc ad Edictum prætoris*).

Plus solitaire encore, le bon artiste Palissy, cuisant ses *tuileries* dans le jardin royal, commence, le lendemain de la Saint-Barthélemy, un musée d'histoire naturelle, qui sera tout à l'heure le texte du premier enseignement de la nature.

Tout à l'heure, un ouvrier de Hollande, avec deux verres mis l'un sur l'autre, va nous ouvrir deux infinis : l'abîme de l'atome et l'abîme des cieux. L'esprit nouveau y plonge, y monte, et d'un tel vol qu'il échappe bientôt à toute prise, ne se souvenant point du combat de la terre ni du vieil ennemi.

A la théologie persécutrice la science fait une guerre pacifique en n'y pensant plus.

Reste à expliquer maintenant comment le vieux principe, condamné par ses actes, banni de la haute sphère de raison, comment, dis-je, il va se survivre, comment il se fera une vie posthume d'intrigue et d'action. Par quelle ruse va-t-il, ce mourant, se ménager un répit, un arrêt, un retour de l'aiguille sur le cadran d'Ézéchias ? Rien ne lui coûtera, soyez-en sûr. Nul expédient désespéré ne fera reculer sa fureur obstinée de vivre.

Le moyen pour le faux de vivre quelque temps, c'est d'entrer dans le faux et de s'y enfoncer de plus en plus, de s'embarquer à pleines voiles dans la mer des mensonges. Elle a des pays inconnus.

Ce don leur fut donné, en punition, de se pervertir toujours davantage.

Tout ce qui précède dans ce volume porte sur un mensonge, sur le surprenant désaveu que le vieux parti fait de lui-même, prenant à l'autre un masque, disant : « Je suis la liberté ! »

Ce masque s'appelle la Ligue.

Je n'ose qualifier de son vrai nom la simplicité de quelques-uns des nôtres qui, à force d'*impartialité* et de bon vouloir pour nos ennemis, sont parvenus à croire que les ligueurs étaient le parti patriotique et national! Mais la Ligue elle-même, sur sa fin, a dit ce qu'elle était : le parti de l'étranger. Croyez-en la forte parole du ligueur Villeroy dans son très bel *Advis à M. de Mayenne*, pièce confidentielle, et qui mérite toute attention : « Il faut que nous avouiions que nous devons au roi d'Espagne la gloire et la *reconnaissance entière de notre être*. Nous n'avons soutenu la guerre depuis le commencement que de ses deniers et avec ses forces. »

Oui, *depuis le commencement*, et ce mot a plus de portée que Villeroy ne croit lui-même. Grâce à Dieu, nous pouvons aujourd'hui remonter au point de départ et solidement établir que, depuis le jour où le clergé, menacé dans ses biens, fit appel à l'Espagne (1561), une ligue se forma entre lui et Philippe II, que les Guises en furent les capitaines, que les efforts des Guises pour se créer une action à part furent toujours impuissants, et qu'enfin, comme dit Villeroy, la Ligue doit rapporter à l'Espagne « la gloire et la reconnaissance de son être ».

Sans méconnaître le savoir-faire du cardinal de Lorraine, la vigueur, la capacité de François de Guise, ni les dons brillants de son fils, nous les avons cotés bien plus bas qu'on ne fait. Pourquoi? Parce qu'ils usèrent leur vie dans une politique impossible, hypocrite autant qu'ingrate, une politique catholique indépendante du roi catholique, qui se servirait de ses secours, à part ou contre lui. C'est ce qui les fit constamment échouer. Ils furent brouillons et chimériques. Ils crurent toujours attraper Philippe II, et ils ne purent rien que par lui.

On a vu dans cette histoire du seizième siècle comment un grand parti qui a besoin de chefs, qui a l'argent et la publicité, qui dispose indirectement des forces centralisées d'un grand État, peut, avec tout cela, faire et fabriquer des héros, arranger des victoires, créer des colosses de réputation.

On y a vu aussi comment un corps persévérant, uni fortement par ses craintes, agissant toujours et d'ensemble sur un misérable troupeau d'opinion vacillante, et profitant de ses irritations, de ses fougues aveugles, peut se créer un peuple à lui.

Faux héros et faux peuple : deux forces de la Ligue.

Cruels effets d'un mensonge si long, si obstinément maintenu! A force de misère, de fureurs, de sottise, il devint une vérité. La France se trouva si dévoyée, si dépravée, qu'elle entra dans la conspiration étrangère contre elle-même, et la Ligue devint populaire.

Mais du même coup cette pauvre France mourut

moralement. Il ne faut pas se faire illusion. Il y a là trente ou quarante ans de nullité réelle, d'impuissance, d'abaissement d'esprit. Le duellisme, la fierté de la langue, l'attitude espagnole, ne peuvent donner le change. Sauf quelques ombres de l'autre siècle qui errent encore, comme d'Aubigné, il n'y a plus personne jusqu'à l'avènement de Corneille.

Quoi! c'est fini de ce grand siècle, qui avait montré, au début, tant de puissances fécondes ? On eût cru pouvoir lui prédire d'inépuisables renouvellements. Le génie de la Renaissance, l'héroïsme de la Réforme, avec tant d'inventeurs et cinq cent mille martyrs, aboutissent à ce mot : « Que sais-je ? » à ce grand découragement ? Loyola a vaincu ? L'esprit humain a perdu la partie ?

La Renaissance s'énerva par l'immensité même et la variété de son effort. Elle n'embrassa pas moins que l'infini dans le lieu, dans le temps. Elle rallie à l'Europe l'Orient, l'Amérique. Elle rallie, aux souvenirs de la vieille Rome, des lueurs de la future Révolution de 89. Elle lance sur toute science des éclairs prophétiques. Le sort de tout prophète est celui d'Isaïe, qui fut scié en deux.

Elle commence à l'être vers le milieu du siècle. A qui demande-t-elle secours, elle, fille de la liberté et de la raison collective ? Justement à l'autorité, son ennemie ; à l'idolâtrie monarchique, alliée de l'idolâtrie religieuse. Qu'arrive-t-il ? Elle périt ou se mutile et devient impuissante. Son idéal moral, faible et pâle, sera l'*honnête homme*, que Rabelais et Montaigne transmettent à Molière et Voltaire, idéal négatif de douceur et de tolérance, qui ne fera jamais le héros ni le citoyen.

Tout autre fut l'énergie de la Réforme à son aurore. Elle ne refit pas l'idée, mais le caractère. Elle agit et souffrit, donna son sang à flots. Ses martyrs populaires, qui cherchaient leur force dans la Bible, font une seconde Bible, sans le savoir, et combien sainte! Le martyrologe de Crespin est bien autrement édifiant à lire que la Chronique des rois de Juda. Cela dure quarante ans, âge merveilleux de patience! Nulle résistance, nul combat. On ne sait que mourir et bénir.

Le christianisme défend de résister et défend d'inventer, — du moins dans ce qui est le fond de l'âme, l'idée morale et religieuse. Il est le *Consummatum est*. La réforme chrétienne fit effort pour se contenir et se resserrer dans l'interprétation d'un livre. Sur son cœur débordant, sur la source brûlante qui en jaillissait, elle posa la Bible comme un sceau. Elle se reprocha son libre génie, s'interdit de gémir, de prier, de pleurer, sinon par la voix de David. Elle étouffa sa poésie, et elle tarda fort pour trouver sa transformation philosophique, qui depuis devint si féconde.

Voilà la cause principale de l'affaiblissement précoce de la Réforme.

Mais d'autres choses étaient contre elle, une surtout, son austérité.

Elle avait affaire à l'idolâtrie des images, et l'on disait déjà, comme aujourd'hui, qu'elle était l'ennemie de l'art (au moment où elle créait la musique).

Elle avait affaire à une machine puissante qui mit le roman au confessionnal, la grande invention de Loyola : la *direction*.

Elle avait affaire à la faim, à l'extrême misère du peuple, naturellement dépendant du clergé, qui avait le monopole de l'aumône publique et disposait de toutes les fondations de bienfaisance.

Notez que la Réforme, en France, n'eut point du tout l'appui que celle d'Allemagne trouva dans les circonstances politiques. Nos rois, admis de bonne heure au large banquet des biens ecclésiastiques, donnant les évêchés à leurs ministres, les abbayes à leurs capitaines, et par-dessus tirant encore du clergé les dons gratuits, furent peu pressés de se faire protestants.

En Allemagne, des peuples serfs virent dans l'apparition de la Réforme une heureuse occasion d'affranchissement. Mais, en France, déjà le servage avait disparu, et par les contrats de rachat individuel, et par l'action générale de nos lois.

De sorte que la Réforme n'eut rien à offrir, ni les biens du clergé au roi, ni l'affranchissement au peuple.

Elle n'offrit guère que le martyre et le royaume des cieux.

De bonne heure, le protestantisme, comme la Renaissance, se réfugia à un autel, où tous croyaient voir leur salut. Il se fia à la royauté.

Une occasion le tenta. Un prince protestant devint l'héritier ; le roi de Navarre devint roi de France. La Réforme française oublia, devant cette tentation, ce qu'elle était : la *république*.

Dès ce jour, elle était perdue. Elle s'en ira, toujours baissant, jusqu'aux années des dragonnades.

Les conséquences de la paix de Vervins furent épouvantables. La France ayant lâché pied, tout alla à la dérive. L'Europe vit bientôt s'ouvrir cette Saint-Barthélemy prolongée qu'on appelle la Guerre de Trente-Ans, où les hommes apprirent à manger de la chair humaine.

Le vieux principe parut avoir vaincu partout, dans l'énervation commune des protestants et des libres penseurs. Si des individualités extraordinaires parurent, ce fut inutilement : Shakespeare n'eut aucune action sur l'Angleterre, et dès sa mort fut oublié. Cervantès mourut de misère.

L'Europe parut un moment comme un désert moral, un zéro, un blanc sur la carte du monde des esprits. Rien n'empêcha les morts de parader dans l'intervalle; ils montèrent le *cheval pâle*, et ils firent la Guerre de Trente-Ans. Ils tuèrent, tuèrent beaucoup, tuèrent encore... Et après ? Ils restèrent ce qu'ils étaient, les morts.

Puissances sacrées de la vie et de la génération, vous êtes de Dieu seul. Et le néant ne vous usurpe pas.

Nous montrerons cela et le mettrons en pleine lumière. Mais ici même un dernier mot sur le seizième siècle le fera déjà sentir.

L'*harmonie*, le chant en parties, la concorde des voix libres et cependant fraternelles, ce beau mystère de l'art moderne, cherché, manqué par le Moyen-âge, avait été trouvé par le protestant Goudimel, l'auteur des fameux chants des psaumes. Vers 1540, il passa quelque temps à Rome; il y forma quelques élèves, et, entre autres, un jeune paysan, Palestrina. Admirable nature, d'une sensibilité tout italienne, qui vibrait à tous les échos. Il avait peu le sens du rythme encore. Mais son âme suave rendait des sons charmants aux voix de la création.

Palestrina devint illustre à la longue, maître de la chapelle des papes. C'était le moment où le concile de Trente avait prescrit l'épuration de la musique ecclésiastique. Tous les vieux livres d'office, écrits depuis mille ans, furent soumis à Palestrina. On l'investit d'une dictature musicale. Grande puissance où l'artiste paysan allait, sans le savoir, influer d'une manière décisive peut-être sur la destinée populaire d'une religion.

Les hommes les plus respectables de la réaction catholique, saint Charles Borromée, saint Philippe de Néri, pensèrent que ce génie naïf, qui revivait ainsi des temps antiques, en retrouverait une étincelle. Ils n'y négligèrent rien. Ils se firent ses amis, l'entourèrent, le soutinrent, l'animèrent, l'échauffèrent. Pourraient-ils en tirer la simple évocation qui eût renouvelé l'Église? des chants nouveaux, vainqueurs, qui emportassent les foules? ou bien des hommes nouveaux, des élèves, une école, une grande source musicale qui eût fécondé le désert moral de l'époque?

Tous leurs efforts furent vains. L'Italien, vraie harpe éolienne aux vagues mélodies flottantes, n'articula jamais ce chant suprême qui fût devenu la Marseillaise catholique. Encore moins forma-t-il école. Il ne fut pas un *maître*. Il resta isolé. Ses mélodies mélancoliques ne furent pas répétées. Elles restèrent prisonnières comme les échos d'un unique lieu, enfermées et incorporées dans la chapelle Sixtine. Là on les chante une fois par an, disons mieux, on les pleure. C'est le caractère de cette musique, qu'elle est trempée de larmes. Larmes touchantes et vraies qui disent la mort de l'Italie sous le nom de Jérusalem.

Le pauvre Italien, à l'appel d'une Église de guerre qui demandait la force, ne répondit que la douleur.

On a fait prudemment en ne sortant jamais cette musique du lieu où elle est protégée par les peintures de Michel-Ange. Les prophètes et les sibylles l'abritent avec compassion. Ils l'écoutent, et gémissent, les géants indomptables, d'entendre cette mollesse et ce peu d'espérance dans les soupirs de l'Italie. Ces accents ne sont pas les leurs. Leur génie tout viril rayonne d'un bien autre avenir.

Donc le souffle, le rythme, la vraie force populaire,

manqua à la réaction. Elle eut les rois, les trésors, les armées ; elle écrasa les peuples, mais elle resta muette. Elle tua en silence ; elle ne put parler qu'avec le canon sur ses horribles champs de bataille. C'est un caractère funèbre de la *Guerre de Trente-Ans* que cette taciturnité.

Oh! l'intrigue, l'effort, la patience, ne peuvent pas tout ce qu'elles veulent... Tuer quinze millions d'hommes par la faim et l'épée, à la bonne heure, cela se peut. Mais faire un petit chant, un air aimé de tous, voilà ce que nulle machination ne donnera... Don réservé, béni. Ce chant peut-être à l'aube jaillira d'un cœur simple, ou l'alouette le trouvera en montant au soleil, de son sillon d'avril.

CHAPITRE XIV

Ligue de la cour contre Gabrielle. (1598.)

La chanson si populaire de *Charmante Gabrielle*, la plainte amoureuse du roi sur sa cruelle *départie*, ne fut pas, comme on l'a dit, faite au départ pour la guerre, mais, au contraire, au retour, et quinze jours après la paix. Il la fit et l'adressa dans une courte séparation qu'amenèrent les couches de son second fils. Il a la bonne foi d'avouer qu'il n'est pas tout à fait l'auteur. « J'ai dicté, dit-il, mais non arrangé. »

L'air tendre, ému, solennel, a quelque chose de religieux et semble d'un ancien psaume. Les paroles, peu poétiques, riment tant bien que mal un sentiment vrai, l'aimable ressouvenir des maux qu'on ne souffrira plus. C'est la première et charmante émotion de la paix. Parents, amis ou amants, on se retrouve donc enfin, et pour ne plus se quitter. Plus de cruelle *départie*, et chacun sûr de ce qu'il aime. Ce sourire, mêlé d'une larme, regarde encore vers le passé.

De toute l'ancienne monarchie, il reste à la France

un nom, Henri IV, plus, deux chansons. La première est *Gabrielle*, ce doux rayon de la paix après les horreurs de la Ligue. La seconde chanson, c'est *Marlborough*, une dérision de la guerre, une ironie innocente par laquelle le pauvre peuple de Louis XIV se revengeait de ses revers.

Henri IV croyait à la paix, espérait soulager le peuple, rêvait le bonheur, l'abondance. Dans ses lettres, il est tout homme, tout nature, et naïvement dit la pensée du moment. Il semble que le sobre Gascon soit devenu un Gargantua! « Envoyez-moi des oies grasses du Béarn, les plus grasses que vous pourrez, et qu'elles fassent honneur au pays. » C'est la première lettre qu'Henri IV ait écrite depuis le traité; la paix fut signée le 2 mai, la lettre est du 5.

Il ne faut pas oublier que l'on avait faim depuis quarante ans. Si longtemps alimentée de mots et de controverses, la France voulait quelque autre chose. Henri IV parle ici pour elle et la représente. Pour lui, ses goûts étaient autres; mais en cela et en tout, même en amour, malgré sa réputation populaire, il était homme de paroles, bien plus que de réalité.

Entre lui et Gabrielle le contraste était parfait. Lui, maigre et vif, infiniment jeune d'esprit sous sa barbe grise, quoique très fatigué de corps et très entamé. Elle, extrêmement positive, déjà replète à vingt-six ans. Dans le dessin qui doit être son dernier portrait (dessin de la Bibliothèque), sa face s'épanouit comme un triomphal bouquet de lis et de roses. Adieu la svelte demoiselle (des dessins de Sainte-Geneviève). C'est une épouse, une mère, et la mère des gros Vendôme. Si ce n'est la reine encore, c'est bien la maîtresse du roi de la paix, le type et le brillant augure des *sept années grasses* qui devaient succéder aux *maigres*, mais dont à peine on vit l'aurore.

Une réponse d'Henri IV à Gabrielle nous apprend qu'elle lui reprochait alors « d'aimer moins qu'elle n'aimait », en d'autres termes, d'ajourner, d'éluder le mariage. Elle poussait sa fortune et ne désespérait point de franchir le dernier pas. A chaque couche, elle gagnait du terrain. Le roi s'attachait extrêmement aux enfants. Il n'y eut jamais un père si faible, dit avec raison Richelieu. Le dernier traité de la Ligue avait mis cela en lumière : Mercœur était aux abois, la Bretagne se livrait au roi ; mais les dames de cette famille captèrent si bien Gabrielle, que le roi donna à Mercœur un traité inespéré pour marier deux nourrissons, son Vendôme de trois ou quatre ans à la fille de Mercœur. Il en est honteux lui-même, et s'en excuse au connétable : « Vous êtes père, lui dit-il, et vous ne me blâmerez pas. »

Le roi arrivait à l'âge où l'intérieur, l'entourage intime, les affections d'habitude, dominent le caractère. Il voulait qu'on le crût fort libre et fort absolu. Dans les deux heures qu'il donnait par jour aux affaires, il tranchait et décidait avec la vivacité brève du commandement militaire. Mais on voyait dans mille choses que ce roi, toujours capitaine, avait chez lui son général, et qu'il prononçait souvent au conseil les ordres de la chambre à coucher.

Il faisait grande illusion à l'Europe. Son triomphe sur l'Espagne, la première puissance du monde, le faisait célébrer, redouter jusqu'en Orient. On croyait le voir toujours monté sur le cheval au grand panache qui enfonça à Ivry les rangs espagnols. Son extrême activité le maintenait dans l'opinion. Jamais les ambassadeurs ne pouvaient le voir assis. Il les écoutait en marchant, il tenait conseil en marchant. Puis il montait à cheval, chassait jusqu'au soir. Il jouait alors, et avec vivacité, emportement, jusqu'à tricher, voler, dit-on (mais il rendait). Couché tard, de très bonne heure il était levé, aux jardins, faisant planter, soigner ses arbres. Avec toute cette activité, après la paix, il fut malade. Il en était de lui comme de la France. Du jour que l'esprit fut plus libre, on s'aperçut tout à coup des maladies que l'on avait. L'affaissement moral se traduisit par celui du corps. Six mois après le traité, le roi eut une rétention d'urine dont il crut mourir, puis la goutte, puis des diarrhées et de grands affaiblissements.

Les médecins l'avertirent en 1603 que, pour l'amour, son temps était fini, et qu'il ferait bien de renoncer aux femmes. Le chancelier Cheverny nous apprend qu'il lui était survenu une excroissance fort gênante, qui faisait croire que désormais il n'aurait plus d'enfants.

Cet affaiblissement d'une santé devenue si variable ne paraît pas dans les Mémoires, mais beaucoup dans ses lettres, et à chaque instant. On en voit des signes dans ses vrais portraits qui, il est vrai, sont fort rares. Porbus même s'est bien gardé d'exprimer cette sensibilité nerveuse d'une physionomie souriante, mais si près des larmes, cette facilité extrême d'attendrissement d'un homme qui avait trop vu, trop fait et souffert! Tout se mêle en ce masque étrange, trompeur par sa mobilité. Elle sembla croître avec sa vie. Le seul point vraiment fixe en lui, c'est qu'il fut toujours amoureux. Mais, en ses plus légers caprices, le cœur était de la partie. Et voilà pourquoi ce règne ne tomba pas aussi bas que les satires de l'époque pourraient le faire croire. Les femmes, dit madame de Motteville, furent plus honorées alors qu'au temps de la Fronde. Pourquoi cela? Le roi aimait.

Avec ce cœur ouvert et facile, avec cette dépendance de l'intérieur et ce besoin d'intimité, on était sûr que, quelque femme qu'épousât le roi, elle aurait un grand ascendant; que, fidèle ou non, il mettrait en elle une grande confiance, lui cacherait peu de choses, et qu'au moins indirectement elle influerait sur les destinées de l'État.

Sous un tel roi, la grosse affaire était certainement le mariage.

Et c'était le point par lequel l'étranger espérait bien reprendre ses avantages. Peu importait que le soldat espagnol eût été chassé, si une reine espagnole (au moins espagnole d'esprit) entrait victorieusement, en écartant Gabrielle, et mettait la main sur le roi et le royaume.

La paix ne fut pas une paix, mais une guerre intérieure où l'on se disputa le roi.

La crise était fort instante. Du jour même où

l'Espagne fut sûre que nous désarmions, elle commença une guerre tout autrement vaste, et qui ne lui coûtait plus rien, non contre la Hollande seulement, mais en Allemagne; les bandes dites espagnoles (des voleurs de toute nation) se mirent à manger indifféremment protestants et catholiques. C'est le vrai commencement de l'horrible demi-siècle qu'on appelle la Guerre de Trente-Ans. Le roi de France, le seul roi qui portât l'épée, allait devenir l'homme unique, le sauveur imploré de tous. Chacun le voyait, le sentait. S'en emparer ou s'en défaire, c'était l'idée des violents. Le dilemme se posait pour eux : *Le tuer ou le marier.*

Il les avait amusés par l'abjuration, amusés encore à la paix. Il avait fait entendre à Rome que l'Édit de Nantes donné aux protestants ne serait qu'une feuille de papier; mais on voyait qu'il voulait réellement leur donner des garanties. Il avait fait espérer le rétablissement des Jésuites; mais, quand on le pressa, il dit : « Si j'avais deux vies, j'en donnerois volontiers une pour satisfaire Sa Sainteté. N'en ayant qu'une, je dois la garder pour son service et l'intérêt de mes sujets. »

Les Jésuites étaient attrapés. Ils avaient cru tellement rentrer, gouverner, confesser le roi, que là-dessus ils bâtissaient le plan d'une Armada nouvelle contre l'Angleterre. Ce roi confessé, ils l'eussent allié avec l'Espagnol, et tous deux, bien attelés, auraient été conquérir le royaume d'Élisabeth.

L'espoir trompé irrite fort. Deux partis, dans ce

parti, travaillaient diversement, mais d'une manière active. A Bruxelles, le légat romain, Malvezzi, organisait l'assassinat, qui était son but depuis six années. (De Thou.) A Paris et en Toscane, on travaillait le mariage, un mariage italien. C'est ce qu'eût préféré le pape ; ce mariage, qui eût amorti et romanisé le roi, dispensait de le tuer.

Le roi, dans ses grandes misères, avait emprunté de fortes sommes au grand-duc de Toscane, qui spéculait là-dessus de deux manières à la fois. Il s'était fait par ses agents, les Gondi et les Zamet, percepteur de taxes en France, et il en tirait de grosses usures. Deuxièmement, il espérait, avec cet argent et les sommes qu'il pourrait y ajouter, faire sa nièce reine de France. Il tenait à continuer par elle Catherine de Médicis, le gouvernement florentin, comme il continuait par ses financiers l'exploitation pécuniaire du royaume. Il avait envoyé depuis plusieurs années le portrait de cette nièce, rayonnant de jeunesse et de fraîcheur, un parfait soleil de santé bourgeoise. Gabrielle n'avait pas peur du portrait, mais bien de la caisse, attrayante pour un roi ruiné. Elle craignait ces Italiens, les maîtres de nos finances et les agents du mariage, secrets ministres du grand-duc. Elle leur porta un grand coup en faisant mettre dans le conseil des finances un homme qu'elle croyait à elle, le protestant Sully.

Quand je parle de Gabrielle, je parle de sa famille, des Sourdis et des d'Estrées. Cette belle idole n'avait pas beaucoup de tête et ne faisait guère que suivre leurs avis. Mais la famille elle-même, la tante de

Sourdis, qui menait tout, n'était pas bien décidée sur la ligne à suivre, et ménageait tout le monde. Elle travaillait à Rome, non seulement pour le divorce du roi, mais pour faire son fils cardinal. D'autre part, personnellement, Gabrielle. caressait les huguenots. Elle les plaçait dans sa maison comme serviteurs de confiance. Était-elle, au fond, protestante, comme l'affirme d'Aubigné? Non. Du moins, elle accomplissait tous ses devoirs catholiques. Le roi chantant un jour des psaumes, pendant qu'elle était malade, elle lui mit la main sur la bouche, au scandale des huguenots. Mais les catholiques croyaient que par ce geste muet elle disait au roi : « Pas encore. »

Du reste, on la jugeait moins sur ses actes que sur ses amitiés. Elle était aimée, protégée par deux grandes dames protestantes, l'une la princesse Catherine, sœur du roi, dont elle avait le portrait précieusement monté sur une boîte d'or. (Fréville, *Inv. de Gabrielle.*) L'autre, la princesse d'Orange, fille de Coligny, veuve de Guillaume-le-Taciturne, et belle-mère de Maurice, le grand capitaine. Cette dame, aimée, honorée de tous, même des catholiques, donnait une grande force morale à la cause de Gabrielle. Elle jugeait évidemment qu'un attachement si long et si fidèle se purifiait par sa durée, que Gabrielle n'était pas liée à son faux mari, qu'elle ne vit peut-être jamais, pas plus que le roi ne l'était à sa diffamée Marguerite, qu'il ne voyait plus depuis vingt années.

Gabrielle avait une chose en sa faveur qui pouvait répondre à tout. *Il fallait une reine française*, dans ce grand danger de l'Europe. Élisabeth mourait ; le fils de Marie Stuart allait succéder. Plus d'appui pour la Hollande. Comment celle-ci, délaissée des Anglais, porterait-elle le poids immense de la guerre européenne? Qu'arriverait-il si l'épée sur laquelle tous avaient les yeux, l'épée de la France, était liée par une reine étrangère ou volée de son chevet?

Personne ne voyait cela, ou du moins ne le disait. On faisait cent objections au mariage français.

L'indignité de Gabrielle d'abord. Les dames de la noblesse, qui crevaient de jalousie, se trouvèrent toutes plus sévères et plus vertueuses que la princesse d'Orange. Elles demandaient quels étaient donc ces d'Estrées pour donner une reine à la France. Les bourgeoises, encore plus sottes, disaient qu'il serait bien plus beau, plus glorieux pour le royaume, d'avoir une vraie reine de naissance et de sang. A la tête de toutes les femmes se signalait Marguerite de Valois, qui, l'autre année (24 février 1597), pour tirer quelque grâce de Gabrielle, descendait jusqu'à l'appeler « sa sœur et sa protectrice »; mais qui, en 1598, voyant cette grande ligue contre elle, l'injuriait, disait qu'elle ne céderait jamais « à cette décriée bagasse ».

D'autre part, les politiques, sans parler de sa personne, objectaient un danger fort hypothétique, la crainte que le fils de Gabrielle, n'étant pas suffisamment légitimé par le mariage, ne trouvât un compétiteur dans un frère futur et possible, un autre fils qu'elle aurait peut-être après le mariage accompli. Ces fortes têtes voyaient ainsi le péril fort incertain de l'avenir, et ils ne voyaient pas le péril présent, celui du mariage italien, qui mettrait l'ennemi dans la maison, l'invasion d'une nouvelle cour, de traîtres, qui sait? d'assassins...

Malgré cet aveuglement général et ces obstacles de tout genre, Gabrielle aurait vaincu par la puissance de l'affection et des habitudes, si elle n'avait eu contre elle un homme qui, à lui seul, pesait autant que tous, Sully, qu'elle avait créé, puis mécontenté maladroitement.

Nous parlerons ailleurs du ministre, de son admirable dictature des finances, qui a sauvé le royaume. Un mot ici sur l'homme même.

Il était né justement l'homme qui devait déplaire le plus à un roi comme Henri IV. Celui-ci, si faible pour sa cour et son entourage, l'eût approuvé dans ses réformes, mais il ne l'eût pas défendu, s'il ne l'eût trouvé appuyé par un entourage plus intime que la cour, par cette femme aimée, mère de ses enfants.

Maximilien de Béthune (Rosny par sa grand'mère, et Sully par don du roi) était originaire d'un pays qui a donné des têtes ardentes sous grande apparence de froid, de roideur. Il était de l'Artois, du pays de Maximilien de Robespierre. On rattachait ces Béthune aux Beaton d'Écosse. Et, en effet, celui-ci avait un faux air britannique, par le contraste déplaisant d'un teint blanc et rosé d'enfant (à cinquante ans) et d'un œil du bleu le plus dur. » Il portait la terreur partout, dit Marbault; ses actes et ses yeux faisaient peur. »

Il fit une chose vigoureuse et très agréable à sa

protectrice. Les notables que le roi assembla dans son péril de 1596, et à qui il dit qu'il « se remettait à eux en tutelle », l'avaient pris au mot. Mais leur commission gouvernante, présidée par un des Gondi, ne put rien et ne fit rien. Sully prit l'affaire de leurs mains, renoncée et désespérée, et, pour premier acte, mit hors des finances les Gondi et les Zamet, les partisans italiens qui percevaient ici pour le grand-duc de Toscane et lui faisaient ses affaires.

Tout va de soi où va l'argent. Le matériel de la guerre et bien d'autres choses allèrent se centralisant dans la main active, énergique, du grand financier. Il avait fait la guerre toute sa vie. Il voulait être grand maître de l'artillerie. Les d'Estrées firent la sottise de prendre la place pour eux, pour le père de Gabrielle, et ils donnèrent à Sully ce qu'il pouvait désirer, une bonne occasion d'être ingrat.

Disons ici que ce restaurateur admirable de la fortune publique avait une attention extrême à la sienne. Non qu'il ait volé ; mais il se fit donner beaucoup ; il ne perdait nulle occasion de gagner, se fondait surtout et s'affermissait pour l'avenir. On le vit dans l'attention (non pas déloyale, mais indélicate) qu'il eut de se rapprocher de la maison de Guise et de s'allier à elle. Elle restait la plus riche, ayant reçu à elle seule la grosse part de tant de millions que Sully paya aux grands.

Cet homme infiniment prudent, prévoyant, vit que Gabrielle n'irait pas loin, qu'elle n'arriverait pas au but, et qu'il ne fallait pas lui rester attaché. Elle avait pour elle le roi. Mais qu'est-ce cela? Les rois vivent, sans le savoir, captifs, nullement maîtres d'eux-mêmes.

Au conseil, aucun ministre ne parlait pour elle, que le vieux chancelier Cheverny et M. de Fresne, rédacteur de l'Édit de Nantes et très subalterne. Villeroy était contre elle; Espagnol d'inclination, il aurait voulu une fille d'Espagne. De même Jeannin, l'ex-ligueur, l'ex-factotum de Mayenne. Ces vieux ministres tenaient à l'antique tradition, qu'un roi épousât une reine, croyant bien à tort que ces mariages marient les États. Au défaut de l'Espagnole, ils désiraient l'Italienne, qui apportait de l'argent. Sully, en ceci, était avec eux. Les quatre ou cinq cent mille écus qui pouvaient venir de Toscane eussent agréablement figuré dans le trésor qu'il méditait de faire dans les caves de la Bastille. Ils eussent aidé au besoin pour quelque coup imprévu qu'on aurait eu à frapper sur le Rhin ou la Savoie.

Une question toute personnelle pour Sully, c'était de savoir si, ayant déjà la chose, il aurait le titre, s'il serait déclaré surintendant des finances. Il lui fallait pour cela l'appui ou la connivence de ses anciens amis. Quoique le roi eût toujours l'air de trancher seul, il était très puissamment influencé et par ces vieux ministres d'expérience et par les valets intérieurs. Sully avait bravé les uns et les autres. Il avait surtout ces derniers à craindre, s'il ne se ralliait à eux pour le mariage italien et contre sa protectrice.

Le roi avait près de lui trois rieurs en titre : d'abord

le bouffon Roquelaure, sans conséquence et le meilleur de tous; puis l'entremetteur Fouquet LaVarenne; enfin un baragouineur italien, très facétieux, M. le financier Zamet, Toscan et agent du grand-duc.

Les rieurs! classe dangereuse. Nous avons vu dans l'Orient le rôle sanglant de la *Rieuse* (Roxelane), qui mena Soliman jusqu'à étrangler son fils!

La Varenne, ex-cuisinier, et Zamet, ex-cordonnier, étaient en réalité les hommes considérables et dangereux de cette cour. Le roi les savait des faquins et ne pouvait se passer d'eux. Quoique moins désordonné qu'à un autre âge, il lui fallait toujours des gens avec qui il pût s'ébaudir, parler comme au temps d'Henri III.

La Varenne, qu'Henri IV avait ramassé dans la cuisine de sa sœur comme un drôle à toute sauce, était gai, vif et hardi. Le roi le trouva commode pour ses messages galants. Mais cela ne dure pas toujours. La Varenne, sous un roi barbon, menacé de long chômage, tourna aux affaires, s'y insinua. A la rétention d'urine il crut que le roi irait baissant et se donna aux Jésuites; il se fit leur protecteur, les appuya constamment, et par là créa à un fils enfant qu'il avait une énorme fortune d'Église. Le second fils fut grand seigneur.

Zamet, de race mauresque, cordonnier de Lucques, fort adroit, seul de tous les hommes avait réussi à chausser le délicieux pied d'Henri III. Ce prince reconnaissant le fit valet de garde-robe, lui confiant les petits cabinets où il nourrissait douze enfants de chœur, car il aimait fort la musique. Zamet ne s'enorgueillit point de ces nobles fonctions ; toute grandeur est incertaine ; il ne recevait pas un sou, pas une *buona mano*, qu'il ne plaçât à l'instant ; il était né obligeant, il prêtait à tout le monde, et il s'arrondit très vite. Dans la Ligue, il prêta impartialement aux ligueurs, aux Espagnols, au roi de Navarre ; telle était sa facilité, la générosité de son cœur. Il devint un gros richard ; Henri IV jouait chez Zamet, et avec l'argent de Zamet, qui savait bien se faire payer. Le dogue qui gardait le trésor n'avait pas de dents pour lui.

Sully connaissait son maître. Il crut que ces gens-là, qui avaient des rois derrière eux, l'Espagne et le pape, finiraient par l'emporter. Il brisa avec Gabrielle au baptême de son second fils.

Le roi avait hautement reconnu ses deux fils, exigeant pour eux des titres princiers qui annonçaient clairement leur légitimation prochaine par le mariage. Il les faisait appeler César *Monsieur*, Alexandre *Monsieur*. Le secrétaire d'État De Fresne, protestant et ami de Gabrielle, envoya à Sully la quittance des frais de la fête sous ce titre : Baptême des *enfants de France*. Sully renvoya la quittance, en disant rudement : « Il n'y a pas d'*enfants de France*. »

N'était-ce pas une grande vaillance ? On le croirait en lisant les *Œconomies royales*. En réalité, cet homme pénétrant avait vu ce que personne ne voyait encore, et le roi pas plus qu'un autre : c'est qu'il n'aimait pas Gabrielle autant qu'il le croyait lui-même. Tranchons le mot : il vit qu'elle était vieillie dans l'affection du roi, et que lui, l'homme d'argent et de ressources, il y était jeune, neuf et dans sa fraîche fleur.

Ce furent deux maîtresses en présence, le roi fut mis en demeure de choisir entre la femme et l'argent. Ajoutez que cet habile homme l'avait encore aiguillonné en lui donnant à entendre qu'on le croyait sous le joug, tout dépendant d'une femme : moyen sûr de tirer de lui quelque violente boutade, un essai d'affranchissement.

Gabrielle fut très maladroite. Elle se souvint beaucoup trop de ce que Sully avait d'abord rampé sous elle, « fait le bon valet » (il le dit lui-même). Elle l'appela « un valet ». Et le roi ne se souvint plus qu'il voulût la faire femme et reine ; il l'appela une *maîtresse :* « J'aime mieux un tel serviteur que dix *maîtresses* comme vous. »

Elle trembla, frissonna, se composa sur-le-champ et se remit à discrétion. Elle comprit la situation, la force de Sully, et elle ne songea plus qu'à apaiser cet homme terrible. Elle flatta même sa femme. En vain.

Le mot fatal était lancé. Les ennemis de Gabrielle crurent que cet amour d'habitude ne tenait plus qu'à un fil, qu'on pouvait tout oser contre elle, que le roi la pleurerait, mais ne la vengerait pas.

CHAPITRE XV

Mort de Gabrielle. (1599.)

Le 12 août 1598, Henri IV, chassant dans la forêt de Fontainebleau, crut entendre un bruit de meute, des cors, des cris de chasseurs. Il trouva bien surprenant qu'on osât interrompre ainsi la chasse du roi, et commanda au comte de Soissons d'aller voir quels étaient ces téméraires. Le comte alla et revint, rapportant qu'il avait toujours entendu le même bruit et vu un grand homme noir qui, dans l'épaisseur des broussailles, avait crié : « M'entendez-vous? » ou peut-être : « M'attendez-vous? » et qui disparut. Sur ce rapport, le roi rentra au château, craignant quelque embûche. La chose fut racontée partout, et les dévots de Paris ne manquèrent pas d'assurer que l'homme noir avait dit : « Amendez-vous », c'est-à-dire : Devenez sage et quittez votre maîtresse.

Dans cette paix nullement paisible, les esprits, tout émus encore, accueillaient volontiers les bruits effrayants. Celui du jour était la mort de madame la connétable (de Montmorency). C'était une jeune femme très jolie et très sage, mais qui n'était pas de naissance à épouser le connétable de France. Elle avait fait, disait-on, un pacte pour y parvenir. Un jour qu'elle siégeait à Chantilly au milieu de ses dames, on lui dit qu'un gentilhomme demandait à lui parler. Émue, elle demanda comment il était. « D'assez bonne mine, lui dit-on, mais de teint et de poil noirs. » Elle pâlit, dit : « Qu'il s'en aille, revienne une autre fois. » Mais l'homme noir insista, et dit : « J'irai la chercher. » Alors, les larmes aux yeux, elle dit adieu à ses amies, et s'en alla comme à la mort. Peu après, effectivement, elle mourut, chose effroyable, « le visage sens devant derrière et le cou tordu ».

En cadence avec ces récits, des prédications terribles faisaient trembler les églises; ces hardies échappées du Diable annonçaient, selon les prédicateurs, de grands châtiments. Les péchés de la cour, du roi (on le désignait clairement) étaient tels, qu'il fallait des mortifications nouvelles, inouïes, pour soutenir le ciel qui aurait tombé, la foudre qui eût tout écrasé. On appelait au secours un renfort de moines, la grande armée monastique, de toute robe et toute couleur, qui vint d'Espagne et d'Italie, capuccini, récollets, feuillants, carmes et augustins, chaussés, déchaussés. Les carmélites espagnoles, peu après, allaient prendre possession de leur couvent de Paris en procession solennelle le jour de la Saint-Barthélemy. Les capucines firent une entrée saisissante et dramatique, portant chacune une couronne d'épines, et conduites par les princesses de la maison de Guise.

Mais, avant l'entrée de ces saintes qui apportaient l'expiation, on avait eu à Paris un autre spectacle. Pas moins que le Diable en personne, qui avait élu domicile dans le corps d'une certaine Marthe. Un homme distingué (des La Rochefoucauld), fort dévot, ami des Jésuites, la menait et la montrait, d'abord dans les villes du centre, sur la Loire, enfin à Paris. Tout le monde allait la voir à Sainte-Geneviève; on assistait avec terreur à la lutte horrible qui se renouvelait chaque jour entre le démon et un capucin qui l'exorcisait, fort et ferme, en tirant des cris, des gambades, des grimaces à faire frémir. Le roi, qui avait la tête dure, avait peine à croire la chose; il y envoya ses médecins et les adjoignit aux prêtres pour examiner.

Il n'était que trop visible qu'on voulait du trouble, qu'on espérait exploiter, exalter le mécontentement de Paris. Les taxes ne diminuaient pas et ne pouvaient diminuer, quand Sully payait aux grands une centaine de millions, quand la guerre menaçait toujours. Des souffrances du passé restait un cruel héritage, la peste, qui éclatait de moment en moment. Un peuple nouveau de mendiants se montrait, les gens de guerre qu'on avait renvoyés *chez eux*, mais qui n'avaient pas de *chez eux*. On en voyait tous les jours des bandes dans la cour du Louvre. « Capitaines déchirés, maîtres-de-camp morfondus, chevau-légers estropiés, canonniers jambes de bois, tout cela entre en troupes par les degrés de la salle des Suisses, en déclamant contre madame l'Ingratitude. L'officier portant la hotte et le soldat le hoyau exaltent leur fidélité, montrent leurs plaies, racontent leurs combats et leurs campagnes perdues, menacent de se faire *croquants*, et sur la monnaie de leur réputation mendient quelque pauvre repas. »

Henri II et Henri III les logeaient dans les monastères. Henri IV, plus tard, leur créa l'hospice de la Charité, tard, bien tard, en 1606. Jusque-là, ces ombres errantes, plaintives, mais redoutables, donnaient espoir à l'étranger, à la Ligue, vivante en dessous. Le roi voyait, sentait cela ; l'agitation continuait, et il n'était point aimé.

Il tomba malade en octobre ; il crut mourir. Ce n'était qu'un accès assez court de rétention d'urine ; mais il en garda la fièvre. Cet homme, jusque-là si gai, devint très mélancolique. « Tout me déplaît », disait-il. Aveu qui ne fut pas perdu et fit croire que Gabrielle ne suffisait plus à le consoler.

Deux assassins étaient encore venus pour tuer le roi, l'un dominicain, de Flandre, l'autre capucin, de Lorraine.

Pourquoi plutôt à ce moment? On le comprit quand on sut que les Espagnols avaient fait le pas hardi de se jeter dans l'Empire, fourrageant, mangeant amis et ennemis ; qu'enfin vers Clèves ils saisissaient les passages du Rhin.

Rien ne les eût favorisés plus que la mort d'Henri et celle de Maurice d'Orange. Celui-ci avait aussi son homme qui devait le tuer. La situation était la même qu'en 1584, quand le meurtre de Guillaume sembla briser la Hollande et donna carrière aux victoires des Espagnols.

L'homme que le légat Malvezzi dépêcha pour tuer le roi était, comme Jacques Clément, un pauvre petit misérable, un Flamand de faible tête qu'on grisait de la légende de Clément. On le montra à un Jésuite, qui haussa les épaules, et dit seulement : « Il est trop faible. » La plus grande difficulté était d'endurcir cet homme. Il était en route déjà à l'époque de l'abjuration du roi, et, quand il l'apprit, il ne voulut plus le tuer et jeta son couteau. Le légat eut beaucoup de peine à lui faire entendre que la conversion était fausse. Il repartit en 1598, mais fut arrêté, amené à Paris. Le roi en eut pitié ou craignit d'irriter Rome, le gracia. Il ne retourna pas à Bruxelles, mais alla en Italie. Là on l'endoctrina encore et on le fit rentrer en France. Il fut arrêté, condamné à mort avec l'autre assassin, le capucin de Lorraine.

Sismondi croit que le Parlement procéda avec acharnement. Singulier anachronisme. Le Parlement d'alors était mêlé de celui de la Ligue et des royalistes. Mais les ligueurs dominaient encore, et si bien qu'ils modérèrent la question, de peur que ces accusés ne parlassent trop pour l'honneur de Rome.

La chose n'était que trop claire. Elle fit voir à Henri IV qu'il ne gagnait rien à tous ses ménagements. Jointe à l'affaire d'Allemagne, elle le réveilla fortement. Il semble qu'elle l'ait guéri ; il fut tout à coup un autre homme. La verte vigueur béarnaise parut revenue. Il fit opérer l'excroissance, comme pour monter à cheval. Il se moqua des médecins, et Gabrielle redevint enceinte en décembre.

Tout ce qui traînait au conseil et traînait au Parlement se trouva facile. Le roi simplifia tout, supprima les impossibilités.

Il était impossible de marier Catherine, sa sœur, protestante, avec un catholique, le duc de Bar. Les évêques refusaient. Le roi fit venir son frère bâtard, archevêque de Rouen, et les maria d'autorité dans son cabinet.

Il était impossible de décider Marguerite à consentir au divorce. On la menaça d'un procès d'adultère, et elle devint docile.

Il était impossible de faire enregistrer l'Édit de Nantes. Le roi fit venir le Parlement et lui lava la tête. Ce fut un discours très vif, pour la France et pour l'Europe.

« Avant que de vous parler de ce pour quoy je vous ai mandés, je vous conterai une histoire. — Après la Saint-Barthélemy, nous étions quatre à jouer aux dés sur une table. Nous y vîmes des gouttes de sang. Nous les essuyâmes deux fois, et elles revenaient pour la troisième. Je dis que je ne jouais plus, que c'était un mauvais augure contre ceux qui l'avaient répandu. M. de Guise était de la troupe...

« Vous me voyez en mon cabinet, non avec la cape et l'épée, mais en pourpoint, comme un père pour parler à ses enfants... Je sais qu'on fait des brigues au Parlement, que l'on a suscité des prédicateurs factieux; je donnerai ordre à ceux-là, et ne m'en attendrai à vous... Ne m'alléguez pas la religion catholique, je l'aime plus que vous; vous croyez être bien avec le pape, et moi j'y suis mieux, et je vous ferai déclarer hérétiques... Est-ce que je ne suis pas le fils aîné de l'Église ? Pas un de vous ne peut l'être. »

A cette bouffonnerie, il ajoutait des choses fort graves « sur les criards catholiques, ecclésiastiques », qui, disait-il, étaient à vendre; sur les parlementaires eux-mêmes et leur avidité d'argent. Il les pinça sensiblement, en disant qu'il multiplierait leurs charges (et par là les ruinait). Enfin des menaces de mort, de combat, qui étonnèrent : « C'est le chemin qu'on prit pour en venir aux Barricades, à l'assassinat du feu roi; mais j'y donnerai bon ordre. Je couperai la racine aux factions et prédications, en faisant *raccourcir* ceux qui les suscitent... Ah! vous me voulez la guerre, et que je fasse la guerre à ceux de la Religion ! Mais je ne la leur ferai pas... Vous irez tous avec vos robes, comme les capucins de la Ligue, quand ils portaient le mousquet. Il vous fera beau voir... J'ai sauté sur des murs de ville; je sauterai bien sur des barricades. »

Le Parlement enregistra.

Mais on comprenait très bien que cet éclat, ces menaces de guerre, si étranges aux robes longues, avaient une autre portée. Deux choses visiblement l'animaient et lui remuaient son épée dans le fourreau : le procès des moines assassins et la guerre de l'Empire, la fureur des Espagnols. Ainsi, point de paix possible ni au dedans ni au dehors. Toujours le couteau suspendu. Son refuge eût été l'épée. Il eût été plus sûr de sa vie en pleine guerre, et il se fût moins ennuyé. Gabrielle, la chasse et le jeu ne suffisaient pas. Cet accès de mélancolie qu'il avait eu un moment, n'était-ce pas l'effet de la paix? Quand il dit si vivement qu'il sauterait *sur les barricades*, beaucoup déjà crurent le voir au grand poste de la France, sur la *barricade* du Rhin.

Il avait envoyé le protestant Bongars au landgrave et aux princes pour les encourager à se défendre. Les mettre ainsi en avant, c'était s'engager tacitement à les soutenir. Maurice d'Orange portait seul le poids de cette guerre terrible qui débordait maintenant sur l'Allemagne et devenait immense. Sa belle-mère, la princesse d'Orange, fille de Coligny, sortit de sa solitude et vint à Paris. Elle se déclara hautement pour le mariage de Gabrielle, craignant le mariage italien et croyant rattacher le roi à l'intérêt protestant.

Il faut savoir ce qu'était madame la princesse d'Orange. Grâce aux Mémoires de Du Maurier (petit livre d'or), nous connaissons parfaitement cette personne admirable, en qui une vertu accomplie apparaissait dans la tragique auréole des martyres.

L'Amiral l'aimait, entre ses enfants, pour sa sagesse précoce, sa douceur et sa modestie. Il la maria à celui qui avait les mêmes dons. Quand elle demanda à son père lequel de ses prétendants il lui conseillait de choisir, il lui répondit : « Le plus pauvre. » Et il lui donna Téligny, ce jeune homme tant aimé que pas un catholique ne put tuer à la Saint-Barthélemy, et qui ne périt que par hasard.

Guillaume d'Orange se décida de même. Au dernier moment de sa vie, à l'apogée de sa gloire, au lieu de prendre pour femme quelque princesse d'Allemagne qu'il eût aisément obtenue, il demanda, épousa « la plus pauvre », madame de Téligny, restée sans aucune fortune qu'un petit bien dans la Beauce, où elle vivait. Ce grand homme, tout près de la mort et entouré d'assassins, dans la fille de Coligny sembla appeler à lui l'image d'un meilleur monde. Un an s'était passé à peine, qu'il périt presque sous ses yeux.

Elle avait de lui un fils, qui fit ses premières armes sous Maurice d'Orange, fils aussi de Guillaume, mais du premier lit. Maurice, sombre et sauvage politique, homme de combat, d'affaires et d'ambition, ne voulait point de famille, point de femme et point d'enfant, de sorte que son jeune frère devait être son héritier. Il crut, pour cette raison, que sa belle-mère l'aiderait dans ses projets. Défenseur de la Hollande, il aurait voulu l'asservir. L'obstacle était Barneveldt, grand et excellent citoyen, le vieil ami de Guillaume d'Orange, l'ami de Maurice, son tuteur et son bienfaiteur. Maurice ne pouvait se faire maître qu'en lui passant sur le corps. De quel côté pencherait la princesse d'Orange? Elle fut pour Barneveldt, pour le droit et la liberté, contre sa famille, contre son beau-fils, contre les intérêts de son jeune fils, seul lien qu'elle eût sur la terre et qu'elle aimait uniquement.

Cela seul en dit assez. Mais cette vertu si haute, sans faiblesse, n'en était pas moins adoucie et embellie d'un charme singulier. Notre ambassadeur en Hollande, Du Maurier, vieux politique, qui écrit longues années après ces événements, ne parle de cette dame qu'avec une émotion visible. Madame d'Orange était, dit-il, une petite femme très bien faite, d'un teint animé, qui avait les plus beaux yeux ; une parole douce et charmante, un raisonnement persuasif, un parfum d'honneur et d'estime que l'on sentait autour d'elle, une angélique bonté, la rendaient irrésistible. Tout d'abord, elle allait au cœur.

Ajoutez son père, son mari, ces grands morts tant regrettés qui avaient reposé leur esprit en elle et l'environnaient de leur ombre aimée ; tout cela en faisait comme une chose sainte et une espèce d'oracle, une autorité de respect, d'amour.

Elle n'apparut guère que deux fois à la cour de France, et dans deux moments décisifs pour l'intérêt du royaume, la première fois pour aider au mariage français.

Grand renfort pour Gabrielle, véritable réhabilitation, d'avoir pour soi la vertu même, de trouver que la plus pure était en même temps la plus indulgente. Seulement madame d'Orange mettait l'affaire bien en lumière. Elle constatait que ce mariage était l'intérêt protestant, elle finissait l'incertitude. Le roi allait se fixer, désespérer les catholiques, qui probablement le tueraient. C'est ce qui faisait désirer à beaucoup d'amis du roi une solution contraire. S'il fallait que quelqu'un pérît, ils consentaient de grand cœur que ce quelqu'un fût Gabrielle.

Tout le monde savait, prévoyait l'événement, excepté le roi.

L'Espagne devait le savoir; un commis de Villeroy, comme on le découvrit plus tard, tenait Madrid au courant de tous les secrets du conseil de la cour.

Le pape, si l'on en croit Dupleix, sut la mort de Gabrielle de façon surnaturelle au jour et à l'heure où elle arriva.

Nul doute que le grand-duc n'ait été le mieux informé. Il y avait intérêt. C'était l'homme de Gabrielle qui avait écarté les Italiens de nos finances. C'était elle qui fermait le trône à sa nièce. Ce prince n'en était pas à son premier assassinat. Encore moins l'empoisonnement, plus discret, lui répugnait-il.

Gabrielle paraît très bien avoir senti elle-même qu'il y avait trop de gens intéressés à sa mort, et qu'elle n'échapperait pas. Ses astrologues lui disaient ce qu'on pouvait lire, du reste, sur la terre aussi bien qu'aux astres : qu'elle mourrait jeune, ne serait point reine. Au milieu des assurances les plus tendres que lui pouvait donner le roi, elle restait pleine de crainte et inconsolable; elle pleurait toutes les nuits.

Le roi avait donné des présents tels qu'une reine pouvait seule les recevoir, ceux qui lui avaient été offerts à lui-même par nos villes, le plat d'or où il reçut les clefs de Calais, et les offrandes solennelles de Lyon, de Bordeaux.

On lui avait fait ses habits de noces. Et ses robes cramoisies (couleur réservée aux reines) l'attendaient déjà chez sa tante.

Le roi lui avait donné un don singulier, l'anneau même « dont il avait épousé la France » à son sacre. (Fréville, *Inventaire*.)

Elle avait de son hôtel avec le Louvre une communication. Elle eut la fantaisie de coucher dans le Louvre, et le roi lui donna le grand appartement que les reines seules avaient occupé. Elle y coucha, mais elle n'osa rester, soit qu'elle eût peur de se nuire par le scandale de cette audace, soit que la grande maison vide où le roi ne venait guère que pour affaire officielle, palais déserté des Valois, l'effrayât de sa solitude, et qu'elle ne dormît pas bien sur l'oreiller où Catherine médita la Saint-Barthélemy.

Pâques approchait, moment critique pour la maîtresse du roi. L'arrangement était tel dans notre ancienne monarchie : cette semaine était la part du confesseur. La maîtresse devait s'éloigner, les amants se séparer, faire cette petite pénitence, pour se réunir après. Le confesseur d'Henri IV, l'ex-curé des halles, bonhomme fort modéré, insistait cependant pour que Gabrielle partît de Fontainebleau, allât à Paris. C'était l'usage, et lui-même, d'ailleurs, avait ses raisons pour se montrer ferme. On le croyait protestant. Il avait publié une version de l'Ancien-Testament qu'on disait celle de Genève. Le roi voulait le faire évêque, mais Rome lui refusait les bulles. On lui fit croire apparemment que ses bulles ne viendraient jamais s'il ne donnait cette satisfaction à la religion, à la décence, de les empêcher de communier en péché mortel, et d'obliger Gabrielle d'aller à Paris.

Elle résista de son mieux. Paris l'effrayait. Elle allait y être seule. Sa tante n'y était pas. La sœur du roi avait suivi son mari dans son duché. La princesse d'Orange partait pour faire la cène au château de Rosny et tâcher de gagner Sully.

La ville était fort émue. Le Parlement avait été forcé d'enregistrer l'Édit de Nantes. Le roi avait menacé de *raccourcir* les prêcheurs d'assassinat. Le samedi 3 avril, veille des Rameaux, on avait exécuté deux moines en Grève, les deux assassins du roi. Chose plus grave, s'il est possible, dans l'affaire de Sainte-Geneviève, où le roi avait mis en face les médecins contre les prêtres, les médecins avaient décidé hardiment que l'affaire de la possédée n'était point surnaturelle. Bien plus, ils l'avaient fait taire, l'avaient contenue, si bien dompté le Diable en elle, qu'elle n'osa plus remuer, devint un véritable agneau, fit ses pâques comme les autres. De là des risées; d'autre part, une rage d'autant plus furieuse, qu'elle ne pouvait s'exhaler. Les choses en resteraient-elles là? le Diable se tiendrait-il pour battu? Il n'y avait pas d'apparence. Il pouvait se revenger par quelque coup imprévu, terrible, comme avait été la mort de madame de Montmorency!

« Eh quoi? ne suis-je pas roi?... Qui oserait? » C'est certainement ce qu'Henri IV répondait aux larmes, aux terreurs de Gabrielle. Dans un autre temps, elle eût opposé une invincible résistance, et le roi eût tout bravé pour lui éviter le moindre chagrin; mais alors, quoique fort aimée, elle doutait, elle craignait. Elle obéit, en épouse soumise, avec un torrent de larmes. Le roi expliquait le tout par l'état nerveux de faiblesse où sa grossesse (de quatre mois) la mettait probablement. Elle fit un adieu en règle, lui recommandant ses enfants, ses serviteurs, sa maison de Monceaux, et disant ce qu'elle voulait qu'on fît après sa mort.

Le roi, attendri lui-même, la quitta le plus tard possible. Il la suivit jusqu'à Melun avec toute la cour. Il se tenait à cheval à côté de la litière où on la portait. Elle devait s'y mettre en bateau, pour descendre doucement la Seine. Il y eut là un grand combat; ils pleuraient, se séparaient, mais se rappelaient toujours. Enfin, il s'affermit un peu, la confiant à son fidèle La Varenne, et lui donnant de plus Montbazon, son capitaine des gardes, qui devait la suivre partout et en répondre corps pour corps. Un jeune homme, Bassompierre, rieur et quelque peu fou, par le droit de ses vingt ans, sauta aussi dans le bateau, voulant l'amuser, la distraire. Moins léger toutefois qu'il ne paraissait, il ne resta pas avec elle. Il la laissa à La Varenne et revint auprès du roi.

C'était le lundi 5 avril, premier jour de la semaine sainte. Elle descendit près l'Arsenal, et, sans traverser Paris, se trouva du premier pas dans la maison de Zamet, qui était sous la Bastille, dans la rue de la Cerisaie. Logis quelque peu étrange pour la petite pénitence qu'elle était censée faire dans ce moment sérieux. Mais elle n'osait descendre à son hôtel voisin du Louvre, d'où il eût fallu communier en grande pompe et à grand bruit, au milieu des malveillants, dans la paroisse royale, à Saint-Germain-l'Auxerrois. De chez Zamet, au contraire, la paroisse était Saint-Paul, près la maison professe des Jésuites. Là, elle pouvait faire sa communion, en pleine tranquillité et hors de la foule, toutefois au su du public et dans une notoriété suffisante.

Sully raconte lui-même qu'il alla la voir chez Zamet avant de partir pour Rosny. Elle fut fort tendre pour lui, fort touchante, le priant de croire qu'elle l'aimait et pour lui-même et pour les grands services qu'il rendait au roi et à l'État, l'assurant qu'elle ne ferait rien désormais que par son conseil. Il fit semblant de la croire, et lui envoya même madame de Sully pour prendre congé d'elle, ce qui ne fit qu'envenimer les choses. La pauvre créature, voulant plaire, lui dit qu'elle serait sa meilleure amie et la verrait toujours volontiers à ses *levers et couchers*. Mais la dame, toute gonflée de sa petite noblesse, et du grand crédit de Sully, arriva à son château de Rosny fort en colère. Son mari la calma et la rassura, lui disant que les choses n'iraient pas comme on croyait, « qu'elle verrait un beau jeu, bien joué, si la corde ne rompait ». Il savait visiblement ce qui allait se passer.

Voyons le lieu de la scène, cette maison de confiance où Gabrielle est descendue.

Ce que les grands seigneurs ont plus tard tant pratiqué, tant prisé, la *petite maison* de plaisir, Zamet semble le premier l'avoir conçu et organisé. Ce fut une spéculation. Au milieu du Paris de la Ligue, devenu rude et barbare, un logis à l'italienne, dans la tradition d'Henri III, devait avoir une grande attraction sur son successeur. Luxurieux et économe, Henri IV n'aurait jamais dépensé ce qu'il fallait pour arranger dans ce goût de volupté raffinée les grands appartements du Louvre et ses galetas solennels. Il trouvait fort agréable et il croyait moins coûteux de s'établir par moments dans ce joyeux hôtel Zamet, où il jouait et faisait gratis toutes ses fantaisies ; Zamet avait trop d'esprit pour jamais demander rien.

Il avait bâti, meublé, paré exprès ce bijou, dans un beau quartier à la mode, étendu et aéré, celui que l'on commençait sur l'emplacement de l'hôtel Saint-Paul, l'ancien Versailles des Valois. La *Cerisaie*, ou verger de nos anciens rois, qui donna son nom à la rue, devint en partie le jardin de l'hôtel Zamet.

Ceux qui entraient à Paris par la porte Saint-Antoine, splendidement ornée par Goujon, dans cette grande rue des tournois, des triomphes, des *entrées* des rois, voyaient à droite se bâtir la place royale d'Henri IV, à gauche un haut mur en contraste avec les façades brillantes des hôtels voisins. Ce mur était la discrète enceinte du jardin Zamet, dont l'hôtel, assez reculé, loin de s'ouvrir sur la belle rue, lui tournait le dos. Ainsi les maisons d'Orient et certains palais d'Italie ne montrent que leurs défenses et cachent leurs charmes intérieurs. Il fallait se détourner, passer par une petite rue et entrer dans une impasse. Là, dans un lieu plein de silence et comme à cent lieues de la ville, une vaste cour laissait voir les légers portiques, les galeries du joli palais, ses terrasses et promenades aériennes, qui dominaient le jardin.

Le tout, petit et sans emphase. Mais, à droite, à gauche, des cours et des bâtiments secondaires donnaient l'ampleur et les aisances variées d'une villa de Lombardie, tandis que l'exquise coquetterie des appartements secrets rappelait la recherche extrême des petits palais de Venise. Tout ce que la vieille Italie a su des arts de volupté y était, le solide aussi des jouissances du Nord. Aux sensualités des bains et des étuves parfumées, le maître ajoutait l'attrait d'une savante cuisine; il s'en occupait, il la surveillait, il servait lui-même. Sa gloire était de faire dire : « On ne sait manger que chez Zamet. »

Tel fut ce lieu de pénitence où Gabrielle fit sa retraite. On peut croire que l'hôte empressé n'oublia rien pour calmer, rassurer ce cœur ému. Une princesse était à Paris, une seule, mademoiselle de Guise, qui avait cru quelque temps épouser le roi. Elle n'aimait guère Gabrielle, et elle a plus tard écrit un petit roman (*Alcandre*) très hostile à sa mémoire. Mais alors elle espérait que la toute-puissante maîtresse lui ferait trouver par le roi ce que sa conduite légère paraissait rendre introuvable : un mariage, un prince assez sot pour la couvrir de son nom. Donc elle flattait fort Gabrielle, jusqu'à porter de préférence des robes semblables aux siennes, comme si elle eût été sa sœur. Elle l'amusait de médisances. Elle vint vite à l'hôtel Zamet, s'empara d'elle pour la conduire partout et se faire surintendante de ses dévotions. Elle voulait être la première auprès de la future reine, ou peut-être surprendre quelque chose qui pût lui nuire de ses anciennes galanteries.

Gabrielle, faible, triste, enceinte, se laissa faire, trouvant doux d'être entourée par une femme. Si flottante de croyance, elle allait faire encore une profession solennelle de cette religion à laquelle elle était attachée bien peu. Et d'autant plus faible était-elle, plus charmée de cette compagnie galante et mondaine qui ne lui permettait pas un seul moment sérieux.

Elle se confessa le mercredi, très probablement, et dut communier le jeudi, avec son édifiante compagne. Elle dîna à merveille, dans sa satisfaction d'être quitte de ce devoir. Zamet, empressé, lui servit toutes les friandises qu'il savait lui plaire. De là, on la prit en litière, de peur qu'étant en carrosse elle ne sentît trop les secousses du pavé. Des dames suivaient, mais en voiture. A côté de la litière marchait le capitaine des gardes qui répondait de sa sûreté.

Elle n'alla qu'à deux pas, dans la rue voisine, à une chapelle de chanoines réguliers de Saint-Augustin, qu'on appelait le Petit-Saint-Antoine. Petite église, en effet, mais qui attirait la foule par une excellente musique. On lui avait arrangé une tribune réservée, pour qu'elle ne fût pas pressée. Elle y entendit ténèbres, et, sans doute pour que ce chant sombre ne lui fît pas d'impression, mademoiselle de Guise lui montra des lettres de Rome où l'on disait que le divorce allait être prononcé. Elle avait même eu l'adresse, pour mieux faire sa cour, de prendre au passage deux billets fort tendres que le roi avait écrits à Gabrielle coup sur coup, dans un même jour. Et ce fut dans cette tribune qu'elle lui en donna l'aimable surprise.

Cependant Gabrielle se sentait un peu éblouie. Elle sortit, revint chez Zamet et fit quelques pas au jardin. Mais là, elle tomba frappée, perdit connaissance.

Au bout d'une heure où rien n'indique qu'on ait essayé de la secourir, ni d'appeler les médecins, elle ouvrit les yeux et dit violemment : « Tirez-moi de cette maison. »

Elle voulait se faire porter chez madame de Sourdis, et de là au Louvre même, se réfugier chez le roi, — apparemment pour y mourir, puisqu'elle n'avait pu y vivre.

Zamet ne la suivit pas. Mademoiselle de Guise ne la suivit pas. Nulle femme. La tante était absente, et tout s'éloignait de terreur. Le seul qui resta, ayant promis au roi de ne pas la quitter, ce fut La Varenne. Il se trouva constitué, dans cette maison déserte, seule dame et seule garde-malade, femme de chambre et sage-femme. A chaque convulsion violente, il la tenait dans ses bras.

Les crises furent fréquentes, terribles. Il fit appeler La Rivière, premier médecin du roi, astrologue, homme d'esprit, qu'aimait la duchesse, ni protestant, ni catholique. Il avait étudié chez les Maures, vécu beaucoup en Espagne. On le tenait pour fort suspect. Il venait de faire une chose hardie en déclarant, comme médecin, que Marthe n'était pas possédée. On aurait été charmé de le perdre. Il le sentit et n'osa rien ordonner à la malade. On eût tout rejeté sur lui et dit qu'il l'avait tuée. Il s'excusa sur la grossesse, ne pouvant rien faire, disait-il, à une femme enceinte, sans blesser ou elle ou son fruit. Il laissa agir la nature et la regarda mourir.

Cela fut long. En pleine force, animée d'un désir terrible et désespéré de vivre, elle lutta quarante heures, avec des accès, des transports, des mieux, des rechutes cruelles. Si peu soignée, si mal gardée, elle appelait son gardien naturel, son unique protecteur, le roi. Trois fois, dans les intervalles, elle fit l'effort de lui écrire. Et la première lettre parvint; mais on ne dit rien des deux autres. Comme elle avait encore sa tête, pour porter cette première lettre elle s'était procuré un homme qu'elle croyait sûr, un certain Puypeyroux. Elle priait le roi de lui permettre de retourner par bateau à Fontainebleau, pensant qu'il viendrait lui-même. A ce mot La Varenne en joignit un de sa main, mais apparemment peu pressant, puisque le roi crut d'abord qu'il s'agissait de quelque petit accident ordinaire aux femmes enceintes. Cependant il monta à cheval, ayant dit à Puypeyroux de courir devant et de lui faire tenir prêt le bac des Tuileries, pour que, sans entrer dans Paris, il passât du faubourg Saint-Germain au Louvre. Il paraît que ce Puypeyroux, entre le roi fort pressé et La Varenne peu pressant, commença à réfléchir ; il craignit de déplaire à La Varenne, et alla si lentement, que le roi, parti plus tard, le rejoignit bientôt en route et le gronda fort.

Le roi était à quatre lieues ; il allait être à Paris en une heure de galop ou une heure un quart, quand il reçut à bout portant un billet qui l'arrêta court ; autre billet de La Varenne... Elle est morte, et tout est fini.

Foudroyé, on le fit entrer dans une abbaye qui était voisine. Il se jeta sur un lit.

Mais il se releva bientôt, disant avec force qu'au moins il voulait la voir morte et la serrer dans ses bras.

La chose avait été prévue. Il trouva à point M. Pomponne de Bellièvre, grave magistrat, qui, de sa parole infiniment froide et douce, l'arrêta, disant que la chose était malheureusement inutile, qu'il ferait causer le public, que le monde avait les yeux sur lui...

Non moins à point était là un carrosse de Paris, envoyé exprès. On y mit le roi. Les bons serviteurs crièrent : A Fontainebleau ! Et il tourna le dos à Paris, pleurant celle qui vivait encore.

Elle vivait. S'il eût persisté, il la revoyait, recueillait sa dernière parole, lui promettait de faire justice.

D'où savez-vous qu'elle vécût ? dira-t-on. De La Varenne même, lequel a écrit ces deux choses :

1° qu'il dit qu'elle était morte ; 2° qu'elle ne l'était pas.

Lui-même les écrit à Sully, donnant ce ridicule prétexte : « La voyant tellement défigurée, de crainte que cette vue ne l'en dégoûtât pour jamais, si elle en revenait, je me suis hasardé (pour lui éviter trop grand déplaisir) d'écrire que je le suppliais de ne venir point, *d'autant qu'elle était morte.* »

Certes, les coupables, quels qu'ils fussent, eurent à remercier beaucoup cette prudence de La Varenne.

Il ajoute : « Et moi, je suis ici, tenant cette pauvre femme *comme* morte entre mes bras, *ne croyant pas qu'elle vive encore une heure.* »

Ce qui est curieux, c'est que le drôle, peu rassuré toutefois sur le succès de son audace, et craignant d'être enveloppé dans la punition de Zamet, si l'on en vient à une enquête, prend déjà ses précautions pour se séparer de son camarade. Il en parle même assez mal, remarquant qu'à ce bon dîner « Zamet l'avait traitée de viandes friandes et délicates, qu'il savait être le plus selon son goût, *ce que vous remarquerez avec votre prudence,* car la mienne n'est pas assez excellente pour présumer des choses dont il ne m'est point apparu. » Cette parole le couvrait. Si on le disait complice de Zamet, il pouvait répondre : « Au contraire, le premier j'ai émis des doutes dans une lettre à M. de Sully. »

Cependant, au milieu du trouble, dans cette maison sans maître, qui voulait entrait, sortait. On voyait, non sans terreur et non sans signes de croix, ce spectacle inattendu, la plus belle personne de France devenue tout à coup hideuse, effroyable, les yeux tournés, le cou tors et retourné sur l'épaule. Personne n'avait l'idée que ce mal fût naturel ; beaucoup se disaient : « C'est le Diable ! » Explication qui venait fort à point pour le médecin, à point pour tous ceux qu'on eût accusés. Le médecin ne manqua pas d'en profiter, et, s'en allant, jetant au cadavre un dernier regard, il dit ce mot, qui lavait tout : *Hic est manus Dei.*

Elle ne fut pas administrée et « mourut comme une chienne », mot cruel qu'en pareil cas dit toujours le peuple dévot. Quelques-uns, des plus charitables, hasardaient pourtant de dire que, comme elle avait communié récemment, son âme était en bon état. Libre à ses ennemis de croire, s'ils voulaient, que cette communion en péché mortel avait tourné à sa condamnation et l'avait livrée à la fureur meurtrière du malin esprit.

Elle avait été ouverte, et on lui avait trouvé son enfant mort. Sa tante de Sourdis, arrivée trop tard, ne put que la rhabiller, la mettre sur un lit de parade en velours rouge cramoisi à passements d'or (ornement propre aux seules reines), avec un manteau de satin blanc.

Cruel contraste d'une si éblouissante toilette avec cette face terrible qu'on eût crue morte d'un mois, Les portes étaient ouvertes ; vingt mille personnes y vinrent et défilèrent près du lit. Plusieurs furent touchés et dirent des prières. Beaucoup rêvaient sur cette énigme et faisaient maintes conjectures. Les parents n'en firent pas une. Muets et n'accusant personne, ils craignirent de se faire trop forte partie et laissèrent cette affaire à Dieu.

Ceux qui s'étaient attachés à elle, à cette maison, étaient fort tristes et se voyaient tomber à plat. Le vieux Cheverny, qui, pour plaire, avait fait le jeune et l'amant auprès de la tante, fut inconsolable, non pas de la mort, mais de sa sottise et de son imprévoyance. Il en fait, dans ses Mémoires, une froide lamentation.

Grande joie au contraire à Rosny. Elle mourut vers le matin du samedi; mais, dès le vendredi soir, La Varenne avait envoyé à Sully un messager qui arriva avant le jour. Sully embrassa sa femme, qui était au lit, et lui dit : « Ma fille, vous n'irez point aux levers de la duchesse. La corde a rompu... Maintenant que la voilà morte, Dieu lui donne bonne vie et longue ! » Et sur cette belle plaisanterie il partit pour Fontainebleau.

Le roi, rentrant, vendredi soir, dans ce palais tout plein d'elle, maintenant désolé et désert, avait renvoyé la cour et gardé seulement quelques familiers. Et encore par moments il s'enfermait seul. Cette solitude inquiétait. En attendant que Sully vînt, on hasarda des tentatives de consolation. D'abord un vieux camarade de guerre, Fervacques, braque et cerveau brûlé, fit une pointe près du roi et lança ce mot hardi : « Vous voilà bien débarrassé ! »

Alors le duc de Retz (Gondi), fin et spirituel, sourit,

soupira, dit avec douceur qu'après tout, en songeant à ce que Sa Majesté eût fait sans cela, on était obligé de dire que Dieu lui avait fait là une grande grâce.

Le soir enfin (du samedi), à six heures, Sully arriva dans toute l'austérité de sa figure huguenote, et, quand le roi l'eut embrassé, sans blesser de front sa douleur, il se mit à exalter « les œuvres émerveillables de Dieu », qui (dit le psaume), en sa sagesse, fait bien mieux que nous ne voulons. Mais il n'acheva pas le psaume, se fiant à la mémoire du roi.

Le roi écoutait sans rien dire et le regardant fixement ; et sans doute il était frappé de cet accord d'opinion, tout le monde, les sages et les fous, le félicitant au lieu de le plaindre. Il fit quelques pas dans la galerie, remercia Sully et dit qu'il lui savait gré de ses ménagements. Ceux qui le virent sortir ensuite de la galerie le trouvèrent beaucoup moins triste. On jugea qu'une douleur si résignée et si douce ne tournerait pas à l'orage. Les intéressés respirèrent.

Il porta le deuil en noir, contre l'usage des rois, qui le portent en violet. Il le garda trois mois entiers. Il envoya toute la cour au service, qui se fit à Saint-Germain-l'Auxerrois. Il reçut les compliments de condoléance des ambassadeurs, et, ce qui étonna le plus, ceux du Parlement, qui envoya à Fontainebleau une députation solennelle.

Mais de recherche, d'enquête sur la mort, pas le moindre mot. Soit qu'il eût peur de trouver plus qu'il ne voulait, de troubler son entourage, et craignit l'ébranlement d'une si terrible affaire, il reprit ses habitudes, s'entoura des mêmes gens.

Il écrivait peu après ce mot expressif : « La racine de mon cœur est morte et ne rejettera plus. »

Mot vrai, quoique les habiles aient trouvé moyen de le relancer bientôt dans de nouvelles galanteries. Il reprit la passion qui était sa vie, par ses pointes, ses agitations ou ses éblouissements. Mais ce n'était plus Gabrielle, cette pleine saveur d'amour où son cœur s'était reposé.

On lui donna une maîtresse, on lui donna une femme, cette Marie de Médicis que les papes, l'Europe et la cour avaient voulu lui imposer. Elle arriva belle d'argent et des écus de son oncle. Le roi (sa lettre à la Chambre des Comptes en témoigne) lui donna, par économie, les diamants de Gabrielle, ce qui, dit-il judicieusement, « nous a épargné autant de dépense ».

Que devint le joyeux Zamet? Plus que jamais en faveur, il engraissa notablement, mais, par prudence, n'acheta jamais pour un sou de terre en France. Il n'eut d'autre fief que sa caisse, qu'il intitulait hardiment le *Mont-de-Piété des rois*. Il resta toujours léger, mobile et le pied levé.

La Varenne s'immortalisa par une fondation pieuse. Devenu, par la grâce du roi, seigneur de La Flèche, il fit de cette petite ville une affaire fort importante et fort lucrative par l'église et le collège qu'il obtint pour elle, établissements qui y attirèrent du monde et au bon seigneur de gros revenus. Une telle cage voulait des oiseaux. La Varenne veillait le moment. En l'année 1603, le roi étant très affaibli, malade au printemps, malade à l'automne, et quelques jours seul à Rouen, il ne manqua pas son coup : il lui fit signer, entre deux diarrhées, le rappel des Jésuites en France.

CHAPITRE XVI

Henriette d'Entragues et Marie de Médicis. (1599-1600.)

Le grand flatteur de l'époque, dont le magique pinceau eut pour tâche de diviniser les reines et les rois, Rubens a succombé, il faut le dire, devant Marie de Médicis. Dans la galerie allégorique qu'elle fit peindre à sa gloire, il a beau se détourner vers ses rêves favoris, les jeunes et poétiques beautés de déesses ou de sirènes; il lui faut bien retomber au pesant modèle qui le poursuit de tableau en tableau. La *Grosse Marchande de Florence,* comme nos Françaises l'appelaient, fait un étrange contraste à ces fées du monde inconnu.

La magnifique *Discorde*, palpitante sous ses cheveux noirs, dont le corps ému, frémissant, est resté à jamais classique; la *Blonde*, le rêve du Nord, la charmante *Néréide*, pétrie de tendresse et d'amour : toute cette poésie est bien étonnée en face de la bonne dame. Assemblage splendide et burlesque. La fiction y est animée, et d'une vie étincelante ; l'histoire et la réalité n'y sont que prose et platitude, un carnaval d'histrions et de faux dieux ridicules, un empyrée de Scarron.

Marie de Médicis, qui avait vingt-sept ans quand Henri IV l'épousa, était une grande et grosse femme, fort blanche, qui, sauf de beaux bras, une belle gorge, n'avait rien que de vulgaire. Sa taille élevée ne l'empêchait pas d'être fort bourgeoise et la digne fille des bons marchands ses aïeux. Même son père, son oncle qui la maria, tout princes qu'ils étaient (par diplôme), n'en faisaient pas moins le commerce et l'usure.

D'italien, elle n'avait que la langue ; de goût, de mœurs et d'habitudes, elle était Espagnole ; de corps, Autrichienne et Flamande. Autrichienne par sa mère, Jeanne d'Autriche ; Flamande par son grand-père, l'empereur Ferdinand, frère de Charles-Quint. Donc, cousine de Philippe II, de Philippe III, de ces rois blêmes et blondasses, aux yeux de faïence, tristes personnages que Titien et Vélasquez gardent encore sur leurs toiles dans toute la triste vérité.

Elle était née en pleine réaction jésuitique. Sa mère, Jeanne d'Autriche, fut une de ces filles de l'Empereur qui créèrent et patronnèrent les Jésuites en Allemagne, fondèrent leurs collèges, leur mirent en main les enfants des princes et de la noblesse. La première et la seule chose que Marie demanda au roi, à son débarquer en France, fut d'y faire rentrer les Jésuites.

Deux choses la rendaient désirable, non au roi, qui s'en souciait peu, mais désirable aux ministres : c'était l'argent, la grosse somme que son oncle Ferdinand consacrait à cette affaire, à l'alliance de France; et, d'autre part, l'espérance que cet oncle donnait à nos politiques, de leur faire un pape du parti français. Les Médicis, qui jadis avaient fourni à l'Église Léon X et Clément VII, récemment avaient fait deux papes par leur influence, Grégoire XIII et Sixte-Quint. Le pape régnant, Clément VIII, s'il n'était pas homme des Médicis, était du moins Florentin, et désignait comme son successeur probable un Médicis, le cardinal de Florence (Léon XI), qui, en effet, eut un moment la tiare.

Politique, au fond, assez pauvre, qui déjà avait trompé François Ier quand, pour acquérir l'alliance viagère de Clément VII, il prit sa nièce, Catherine. Il n'y avait pas de loterie qui trompât plus que celle-là. Qu'apportait le pape à nos rois? L'amitié d'un moribond qui leur tournait dans la main. On fit faire la même faute à Henri IV, lui imposant cette nièce du grand fabricateur de papes. On lui fit jeter un argent immense dans la préparation coûteuse de l'élection d'un Médicis, qui fut pape pendant vingt jours !

Je croirais, en conscience, que ce mariage italien fut une punition de Dieu pour l'ingratitude du roi à l'égard de l'Italie.

Quelle puissance l'avait reconnu la première à son avènement douteux? Venise, qui manifesta pour lui tant d'enthousiasme et vint jusqu'en France témoigner par une solennelle ambassade l'estime et les vœux de l'Europe. Il n'en tourna pas moins le dos à

Venise, quand elle le priait de soutenir Ferrare contre le pape, qui la réunit au Saint-Siège. Ferrare, petite puissance, mais fort militaire, renommée pour l'artillerie. Ses ducs, célébrés par le Tasse, étaient une des dernières forces qui, la France aidant, pût soutenir l'Italie. Ce dernier souffle italien, qui l'éteignit? Hélas! la France. Henri IV paya ainsi son absolution. Il n'avait pas encore, il est vrai, la paix avec les Espagnols. Mais, quelles que fussent les velléités françaises de Clément VIII, donner un état à la papauté, à l'impuissance, à la mort, c'était en réalité fortifier les Espagnols, qui, bon gré, mal gré, dominaient le pape. Soutenir Venise, au contraire, au moins de paroles et de négociations, lui sauver son alliée, Ferrare, c'était faire craindre aux Espagnols les résistances italiennes, et d'autant plus puissamment leur faire désirer la paix.

Comment fit-on croire au roi que, pour être fort en Italie, il lui fallait s'appuyer sur ce qui change sans cesse, sur un souverain viager, une puissance de vieillard, dont la volonté personnelle était par moments française, mais dont la cour, le conseil était et ne pouvait être que catholique, donc espagnol! Un pape français d'inclination était un très mauvais pape, dominé par le temporel, et disposé à s'arracher de la ferme base de la papauté, qui était l'Espagne. Qui brûlait encore? L'Espagne. Qui persécutait les Maures, jusqu'à en chasser un million? L'Espagne. Nul pays n'eût été alors assez fou pour faire cela.

Cette sottise de jeter la France dans une politique

papale réussit par l'ardent concert des parvenus de l'époque, des abbés gascons, intrigants, menteurs, dont la cour était infestée, qui rêvaient les prélatures, le chapeau, et tous travaillaient, d'accord avec la finance italienne et les banquiers de Florence, à mettre dans la tête du roi qu'il ferait pape un Florentin, et par lui mènerait l'Europe. Les Du Perron et les d'Ossat le faisaient toujours regarder vers Florence et Rome. Était-il dupe? je ne sais. Mais cet homme de tant d'esprit, de courage, qui ne craignit jamais les épées, craignait le couteau, il voulait extrêmement vivre, et s'imaginait qu'il serait plus en sûreté s'il avait le pape pour ami, mieux encore s'il faisait les papes.

Le mariage florentin l'acheminait vers ce but. Que le roi l'aimât ou non, il devenait sûr. C'était une affaire de temps. Comment employer ce temps? Il fallait une maîtresse qui fît gagner quelques mois, détournât la pensée du roi et servît comme d'éponge à laver et faire disparaître l'image de Gabrielle.

Fontainebleau, plein de celle-ci, et qui l'eût rappelée toujours, n'était pas tenable. Mais le Midi remuait. A la grande joie des courtisans, le roi leur dit un matin : « Messieurs, montons à cheval; j'ai envie de manger cet été des melons de Blois. »

Dans le passage ennuyeux de la grande plaine de Beauce, quelqu'un lui dit qu'il devrait bien s'arrêter au joyeux château de Malesherbes, où M. d'Entragues, qu'on appelait le roi d'Orléans (successeur de Charles IX, comme époux de Marie Touchet), tenait sa petite cour.

Qui dit cela? Soyez-en sûr, nul autre que Fouquet La Varenne. Ce serviteur incomparable, unique comme chasseur de femmes et dénicheur de beautés, avait trouvé pour son maître la plus jolie fille de France.

La mère, la Marie Touchet, l'unique amour du roi tragique, qui, dit-on, chercha en elle l'oubli de la Saint-Barthélemy, Marie Touchet était Flamande d'origine, mais très affinée, très lettrée ; née dans la ville des disputes, Orléans, puis transportée à la cour italienne de Catherine de Médicis. Elle lisait (chose rare alors), non pas telle traduction d'Amadis, mais le livre de Charles IX, les *Grands Hommes de Plutarque*, dans la belle version d'Amyot.

Cette dame, fière de ce grand et sombre souvenir, quoique peu noble elle-même, non sans peine, était descendue à épouser un seigneur, le premier du pays, Entragues, gouverneur d'Orléans. Son fils, qu'elle avait eu de Charles IX, et qui se trouvait neveu d'Henri III, la rendait fort ambitieuse. Elle visait haut pour ses filles, les gardait admirablement, mieux qu'elle ne fit pour elle-même. Sa sévérité maternelle était passée en légende. On contait qu'un de ses pages s'étant un peu émancipé du côté des demoiselles, elle l'avait virilement poignardé de sa propre main.

Ses filles avaient besoin d'être bien gardées. Elles avaient l'esprit du diable. L'aînée, Henriette, était une flamme. Vive, hardie, un bec acéré. Des rencontres et des répliques à faire taire tous les docteurs. Elle ne lisait pas d'histoire ; elle était trop fine et trop disputeuse. Il lui fallait de la théologie, mais aiguë, subtile, les *concetti* africains de saint Augustin. Cette dangereuse créature, avec cela, était très jeune, svelte et légère, en parfait contraste avec la défunte, avec la beauté bonasse, ample déjà, de Gabrielle.

Qu'elle fût belle, cela n'est pas sûr; mais elle était vive et jolie. Le roi, qui croyait seulement s'amuser et rire, fut pris. La fine langue, maligne et rieuse, ne ménageait rien, et pas plus le roi. Son cœur malade, blasé, et qui se croyait fini, revécut par les piqûres. Il la trouva amusante, puis charmante. En réalité, il n'avait rien vu, et ne vit rien de plus français.

La perle était mal encadrée. Le père était un brouillon, un homme perdu, et le frère un scélérat. Le roi les connaissait si bien qu'il avait chargé Sully de les chasser de Paris; mais, si telle était la famille, c'était le malheur d'Henriette, non sa faute; elle était mineure, et n'avait que dix-huit ans. Tout le monde est tombé sur cette fille. On verra les crimes réels où l'entraîna sa famille. Mais les premières noirceurs qu'on lui attribue ne sont guère attestées, comme les fautes de Gabrielle, que par leur ex-rivale, mademoiselle de Guise, princesse de Conti, et par son roman d'*Alcandre*.

Je m'en tiendrai uniquement aux lettres du roi, aux Mémoires de Sully, à la Correspondance du cardinal d'Ossat.

D'Entragues exploita honteusement sa fille mineure, la vendit, le 11 août 1599, pour le marquisat de Verneuil. Mais il ne la livra pas, exigeant encore du roi une somme de cent mille écus. L'argent payé, le marchand ne la livra pas encore, jusqu'à ce qu'il eût fait faire au roi ce bel écrit : « M. d'Entragues nous donnant à compagne mademoiselle Henriette, sa fille, en cas que, dans six mois, elle devienne grosse et accouche d'un fils, alors et à l'instant nous la prendrons à femme. De Malesherbes, 1er octobre 1599. Henry. »

Nous avons l'acte authentiqué par deux secrétaires d'État (*Lettres*, V, p. 227). Pour le courage de Sully, qui prétend l'avoir déchiré, je le trouve bien douteux.

Nos ministres laissaient le roi jouer au mariage avec sa maîtresse, mais n'en persévéraient pas moins dans l'idée du mariage politique et financier, qui, selon eux, outre l'argent, allait nous créer par le pape et le grand-duc une influence en Italie.

La grande affaire était Saluces, cette porte de l'Italie, que le duc de Savoie, dans la crise de la Ligue, avait enlevée à la France : affaire religieuse autant que politique, Saluces ayant été jadis un refuge des Vaudois et des protestants italiens. Henri IV, puissant et vainqueur, ne pouvait tolérer cette usurpation qu'avait dû subir Henri III.

En décembre 1599, le duc de Savoie fit la démarche inattendue de venir à Fontainebleau. Ce prince inquiet, brouillon, mal fait, malfaisant, avait un démon en lui. Sa personne était étrange, comme son singulier empire, bossu de Savoie, ventru de Piémont. Et l'esprit comme le corps : il semblait gonflé de malice, travaillé dans sa petitesse d'un besoin terrible de s'étendre, de grandir et de grossir. Il avait hypothéqué sa fortune sur son mariage, ayant eu l'insigne honneur d'épouser une fille de Philippe II. Mais celui-ci, qu'on n'eût cru aucunement facétieux, joua en mourant à son gendre le tour de ne lui laisser par testament qu'un crucifix, tandis qu'à son autre fille il léguait les Pays-Bas.

Donc il semblait bien payé pour haïr les Espagnols. Mais ils l'amusaient toujours, lui disant que Philippe III n'avait pas de fils et qu'il était l'héritier, le leurrant d'une vice-royauté de Portugal, etc. Son favori, un Provençal, était tout Espagnol de cœur, plein de fiel contre la France ; homme noir, d'ailleurs, à jeter son maître dans les plus atroces complots.

Le bossu était venu pour observer, flairer, tâter. Mais, comme il arrive dans les grands désirs, il vit ce qu'il désirait. L'aspect de la France était encore pitoyable. La misère continuait, les villes regorgeaient de mendiants, les routes étaient pleines de soldats sans pain. D'autre part, les grands seigneurs étaient maîtres des meilleures places. Voilà ce qui était vrai et qui se voyait. Mais ce qui était non moins vrai et qui ne se voyait pas, c'était un besoin immense de paix, de repos, qui rattachait le peuple au roi, et lui eût fait mettre en pièces de ses ongles et de ses dents les auteurs d'une Ligue nouvelle. Le Savoyard se crut fort, parce qu'il avait la parole de tel et tel des grands seigneurs, spécialement celle de Biron. Il ne voulut plus traiter ; seulement il endormit le roi, lui promettant que dans trois mois il lui rendrait Saluces ou bien lui donnerait la Bresse en échange. Sorti de France une fois, quand échut le terme indiqué, il déclara effrontément qu'il gardait la Bresse et Saluces.

La guerre était infaillible. Le grand mariage d'argent venait d'autant plus à propos. Cette belle dot de Toscane allait faire les frais de la campagne, permettre de frapper un grand coup, de battre les Espagnols sur le dos du Savoyard. Cela était spécieux. La pauvre Henriette d'Entragues, et la promesse du roi, qui avait ce qu'il voulait, pesèrent peu contre ces raisons.

Le 9 mars 1600, le roi écrivit au grand-duc ; mais il voulait une dot de 1,500,000 écus.

Somme épouvantable, impossible. Le grand-duc brisa. On marchanda, on baissa, et enfin on n'eut pas de honte de descendre à 600,000. Mais il fallait de l'argent sur-le-champ, la guerre pressait.

On sait si peu en ce monde ce qu'on doit vraiment redouter, que le roi, au moment de se lancer dans cette guerre, ne craignait aucunement la sourde conspiration catholique, et craignait extrêmement la bruyante, l'innocente conspiration des protestants, qui persistaient à réclamer l'exécution de l'Édit de Nantes. Le roi était parvenu à le faire enregistrer, mais non pas exécuter. On pariait insolemment qu'il ne l'exécuterait pas. Les protestants étaient assemblés chez *leur pape*, Du Plessis-Mornay. C'était l'homme le plus estimé de l'Europe, tendrement dévoué au roi, à qui il avait cent fois donné sa vie, mais dévoué à sa foi, dévoué au parti des victimes qui venaient naguère encore d'être massacrées près de Nantes. « Si le roi était immortel, disait-il, nous serions tranquilles; mais, s'il meurt, que deviendrons-nous ? »

Donc il insistait. L'assemblée refusait de se séparer, tant qu'on ne tenait pas parole. Grave refus, au moment de la guerre.

Le roi prit un parti étrange dans une affaire si sérieuse : ce fut de tuer la résistance protestante par le ridicule. Un complot fut organisé par le facétieux Du Perron, bouffon, évêque et cardinal, que nous avons vu évêque pour les vers à Gabrielle, cardinal pour l'abjuration.

Le plus sûr pour déconcerter les protestants, c'était d'humilier *leur pape*, de turlupiner, chansonner le plus honnête homme du temps. On avait déjà fait une tentative bien digne de la brutale insolence de la noblesse ligueuse; un Saint-Phal, sans provocation, osa donner à ce vieillard chargé d'années, d'honneur et de blessures des coups de bâton ! Cela n'avait pas réussi, le roi et tout le monde s'étaient indignés; mais, cette fois, on se contentait d'une bastonnade spirituelle. Le roi entra de tout son cœur dans l'espièglerie.

Comme rien n'est parfait sur la terre, le bonhomme Du Plessis avait un défaut, celui du temps, la manie de la controverse. Même jeune, au milieu des guerres, des voyages périlleux et des aventures, sous la tente ou sous le ciel, dès qu'il avait une heure à lui, il tirait plume et papier, et il écrivait de la théologie. Vieux, il venait de publier ce qu'il croyait son chef-d'œuvre, l'*Eucharistie*. Du Perron annonce à grand bruit que l'auteur est un faussaire, qu'il a fait cinq cents faux, cinq cents citations controuvées, estropiées, etc. Il se charge de le prouver.

La chose était bien calculée. A ce défi, le vieux gentilhomme, bouillant de colère, oublie tout, quitte l'assemblée, vole à la cour et demande le combat théologique. On l'attendait là. Le roi donne des juges hostiles ou suspects. Il assiste, encourageant l'un, riant et se moquant de l'autre. D'abord il dispense Du Perron de prouver « que ce sont *des faux* », lui ouvre la porte de retraite, puis il le dispense encore d'indiquer d'avance quels passages il attaquera. Du Plessis ne sut que le soir, à minuit, les huit textes qu'on voulait d'abord contester le lendemain. Ces textes étaient-ils dans les Pères de l'Église? n'y étaient-ils pas? Ils y étaient, mais en substance. Du Plessis avait cité en abrégeant et résumant. Donc on le jugea coupable. Huit phrases comptèrent pour les cinq cents. Condamné, moqué, écrasé, — surtout accablé de la joie du roi et de son défaut de cœur et de l'amitié trahie, — il tomba malade et dut se faire reporter à Saumur. Le plus triste pour l'humanité, ce fut une lettre du roi, où, pour flatter les catholiques, il écrivait amicalement à un homme (qu'il détestait), à d'Épernon, leur victoire et la part qu'il y avait, comme il avait pesé sur les juges, emporté la chose. La lettre fut colportée partout. Extrême fut la douleur des protestants, qui le croyaient sans retour livré à leurs ennemis.

Point du tout; c'était le contraire. Ayant donné aux catholiques ce triomphe d'amour-propre, il hasarda ce qu'autrement il n'aurait jamais osé. Il commença sérieusement à donner aux protestants découragés, humiliés, les garanties de l'Édit de Nantes, villes d'asile, tribunaux à eux, etc., etc.

Quitte ainsi des protestants, le roi ne l'était nullement de l'intrigue catholique; il lui venait des avis sur la trahison de Biron. Gouverneur de Bourgogne, voisin de la Bresse, qui était au Savoyard, Biron aurait pu, le roi une fois entré en Savoie, faire entrer la Savoie chez nous. Pour cela, il eût fallu que celle-ci fût aidée à temps par les Espagnols. Mais un heureux hasard voulut que, justement à ce moment, ceux-ci reçussent à Newport de la main du prince Maurice un épouvantable coup. L'armée protestante (hollandaise, allemande, anglaise et surtout française) ne battit pas seulement l'armée espagnole, mais elle l'anéantit.

Ce fut le plus grand coup d'épée que le protestantisme eût frappé depuis cinquante ans. L'Espagne fut assommée. Il fut trop clair que, malgré toutes les fureurs de Fuentès, gouverneur de Milan, qui poussait la Savoie, l'Espagne ne prendrait pas ce moment pour rentrer dans la grande guerre de France.

Dès lors plus d'hésitation. Le 11 août, le roi, de Lyon, lança son manifeste de guerre.

CHAPITRE XVII

Guerre de Savoie. — Mariage. (1601.)

Entre l'événement de Newport et le manifeste, en un mois, Sully, avec une activité et une énergie incroyables, avait transporté de Paris à Lyon l'énorme matériel qu'il préparait depuis un an. L'artillerie étant placée dans la main qui tenait déjà les finances, il y eut une formidable unité d'action. Sully agit en dictateur ; il suspendit les payements par toute la France, tourna tout l'argent à la guerre. Il destitua en une fois tous les nobles fainéants du corps de l'artillerie et leur substitua des hommes capables. La France eut toujours le génie de cette arme, dès qu'on l'a laissée agir. Il suffit de rappeler ce qu'on a dit dans cette histoire et de Jeanne Darc et de Jean Bureau, de Genouillac à Marignan, enfin des premiers essais d'artillerie volante dans les combats d'Arques.

Le Savoyard se trouva pris au dépourvu. Avec tout son esprit, il n'avait pas prévu trois choses : d'abord cette rapidité ; il croyait que l'on traînerait jusqu'a l'hiver, où ses neiges l'auraient défendu. Ensuite il ne devinait pas que la guerre serait poussée entièrement par l'artillerie, qui abrégerait à coups de foudre. Troisièmement, il pensait que Biron pourrait trahir. Cette destitution de tant de vieux officiers paralysa entièrement sa mauvaise volonté. Il commanda ; mais entouré, surveillé par les hommes de Sully, il ne put que marcher droit, et le malheureux fut contraint d'aller de victoire en victoire.

Le lendemain du manifeste, le corps de Biron entra dans la Bresse, celui de Lesdiguières en Savoie. En vain Biron donna avis au gouverneur de Bourg-en-Bresse de ses prochaines attaques, ses officiers l'entraînèrent, firent sauter les portes, emportèrent la place avant le temps indiqué.

Ceci le 13 août, deux jours après la déclaration. Le 17, Lesdiguières, non moins rapide, enleva la forte place de Montmélian, qui couvrait toute la Savoie ; la citadelle tint seule, mais il l'assiégea, la serra. Le roi arrivait, et le 20 il fut devant Chambéry, la capitale du pays, qui se rendit sur-le-champ. L'épouvante était extrême d'une telle rapidité, mais non moins l'admiration pour l'humanité du roi, qui disait qu'il ne faisait la guerre qu'au duc, point aux habitants. Voilà une guerre toute nouvelle, la première guerre d'hommes. Avant, après Henri IV (surtout dans celle de Trente-Ans), ce sont guerres de bêtes féroces, bien pis, des guerres de soldats traîtres, qui se ménagent entre eux pour manger à leur aise le pauvre habitant désarmé.

Le duc avait dit : « Il faudra quarante ans. » Il fallut quarante jours, sinon pour terminer la guerre, au moins pour la décider.

Ses petits forts de Savoie, sur des pics, sur des passes étroites, semblaient imprenables. Et il y avait près du roi plus d'un personnage douteux qui espérait qu'on échouerait. Mais Sully était là en personne, et autour de lui la terreur de son pénétrant regard. Quels furent les instruments habiles qu'il employa, les hommes de génie obscurs qui vainquirent ces difficultés et menèrent si bien l'intrépide financier dans cette guerre inconnue des Alpes? On ne le sait. Ce qui est sûr, c'est qu'en un moment on perça la longue vallée jusqu'au mont Cenis. Et, un pas de plus, on descendait en Piémont.

Le roi avait passé en Bresse, pour voir de plus près opérer Biron. Celui-ci était furieux d'avoir si bien réussi, au point que, devant un fort, il voulut faire tuer le roi, et avertit les assiégés pour qu'on le tirât. Il n'était guère moins en colère contre le duc de Savoie, qui était encore à Turin, attendant que Biron trahît et qu'on lui ouvrît Marseille, qu'on lui promettait. Il avait tout perdu de ce côté des Alpes, moins la citadelle de Montmélian que Sully tenait dans un cercle de foudroyantes batteries, et qu'il allait bientôt raser, s'il ne la prenait. Biron fit dire au Savoyard que, s'il ne passait les monts, il était déshonoré, et qu'on ne pourrait plus rien pour lui. Donc il passa, mais à sa honte, le roi l'approchant et le provoquant, sans le faire bouger.

La dot de la Florentine n'avait pas peu contribué à rendre ces succès possibles. Le malheur, c'est qu'après la dot il fallait recevoir la fille. Le roi y songeait si peu qu'il envoya à Henriette les premiers drapeaux pris sur la Savoie (septembre). Il voulait la consoler. Par-dessus le parjure du roi et la perte de ses espérances, elle avait eu un grand malheur. Le tonnerre tomba dans sa chambre, et elle accoucha, mais d'un enfant mort. Elle se fit pourtant porter jusqu'à Lyon, jusqu'à Chambéry, où était Henri. Il y vit l'état misérable de tristesse et de désespoir où cette fille, si jeune encore, vendue des siens, trahie par lui, était tombée ; la pauvre rieuse ne faisait plus que pleurer. Il était tendre, son cœur se souleva tout entier pour elle et contre lui-même. Il voulut du moins la tromper, la calmer. Il lui dit que, s'il ne pouvait se tirer de son mariage politique, il lui ferait épouser un prince du sang, le duc de Nevers.

Le 19 octobre, il apprit que son mariage avait été célébré à Florence (Lettres du roi, V, 325), et fit ordonner aux villes de tout préparer pour l'arrivée de la reine. Mais, ce même jour, le 19 (Lettres du cardinal d'Ossat, IV, 280), il accorda à Henriette une lettre de créance pour un agent spécial, qu'il envoyait à Rome avec des pièces capables d'invalider le mariage toscan et d'établir que le roi n'avait pu canoniquement s'engager avec la Florentine, étant engagé avec la Française.

L'agent de l'étrange négociation lui-même était fort étrange. C'était un homme de rien, nommé Travail, un protestant qui avait fait la guerre, s'était converti, comme le roi, et s'était fait capucin. On l'appelait le Père Hilaire. Il avait beaucoup d'audace, de langue (et plus que de cervelle). Il était bien auprès du roi, qui aimait les convertis, et s'amusait des hardiesses cyniques et bouffonnes de ce capucin. C'était un second Roquelaure. De son droit de Mendiant et de va-nu-pieds, il se faisait l'ami du roi, le tutoyait : « Mon bon roi, tu dois faire ceci, tu dois faire cela... Toi, marquise de Verneuil, ceci, cela n'est pas bien », etc.

Travail était fort protégé par le jeune cardinal Sourdis, le parent de Gabrielle, et sans doute il était entré chez le roi, dès le temps de Gabrielle, par cette porte du mariage français. Il restait fidèle à cette cause, mais alors pour Henriette. Le roi lui donna une lettre de créance pour le cardinal d'Ossat, qui devait le mener au pape. Cela calma Henriette, qui rentra en France. C'est ce que voulait le roi. Il garda le capucin, qui ne partit pas encore.

Cependant Marie de Médicis, après de prodigieuses fêtes qu'on fit à Florence, s'embarqua avec sa tante et sa sœur, duchesses de Toscane et de Mantoue, sur la galère grand-ducale tout incrustée de pierreries. Les Médicis (on le voit à leur chapelle) eurent toujours ce luxe inepte des pierres qui se passent d'art. Sa tante, Christine de Lorraine, ravie d'être débarrassée, la remit aux Lorrains, aux Guises. Elle venait avec trois flottes, de Toscane, du pape et de Malte, dix-sept galères, et elle n'amenait pas moins de sept mille hommes. Si l'avènement d'Henri IV fut une invasion de Gascons (comme dit le baron de Feneste), l'avènement de Marie de Médicis fut une invasion d'Italiens.

Elle alla de Marseille à Aix et à Avignon, avec une petite armée de deux mille chevaux, se reposa en terre papale. Les Jésuites y avaient fait faire d'immenses préparatifs de réception pour elle et le roi, qui ne put venir : théâtres, arcs de triomphe, partout des emblèmes et devises. Selon le goût de ces Pères (si fins et si sots, admirables aux choses puériles), tout était basé sur le nombre sept. Le roi avait sept fois sept ans. Il était le neuf fois septième roi de France depuis Pharamond. Il avait vaincu à Arques, en septembre, le 21, le trois fois septième jour; à Ivry, en mars, au jour deux fois sept, et son armée y était divisée en sept escadrons, etc., etc. Cela parut si joli, que le P. Valadier, pour en garder la mémoire, en fit un livre, que la reine voulut elle-même offrir au roi.

L'esprit de cette princesse éclata dès Avignon. Le P. Suarès qui parlait au nom du clergé, lui ayant dit galamment qu'on lui souhaitait d'avoir un enfant avant l'année révolue, « cette princesse, hors d'elle-même, en témoigna une envie égale au désir des peuples, et demanda cette grâce à Dieu ». (De Thou.)

Comme elle était fort dévote, elle avait fait, en partant, demander au pape d'entrer en tout monastère. Pour les monastères de femmes, le pape l'accorda sans difficulté, mais refusa pour ceux d'hommes,

« à moins, dit-il en riant fort, que le roi ne le permette ». (D'Ossat.)

Elle dut attendre huit jours à Lyon, le roi s'arrêtant encore en Savoie. Enfin, le 9 décembre, il se présenta aux portes assez tard. Elles étaient fermées, et on l'y fit attendre une heure par une gelée fort rude. Grand réfrigérant à ce peu d'amour qu'il avait pu apporter.

Ce premier refroidissement ne fut pas le seul. Le second et le plus fort, ce fut la princesse elle-même, tout autre que son portrait, qui datait de dix années. Il vit une femme grande, grosse, avec des yeux ronds et fixes, l'air triste et dur, Espagnole de mise, Autrichienne d'aspect, de taille et de poids. Elle ne savait pas le français, s'étant toujours abstenue de cette langue d'hérétiques. En venant, sur le vaisseau, on lui avait mis en main un mauvais roman français, *Clorinde*, imité du Tasse, et elle en disait quelques mots.

Ce qui ne dut pas être non plus extrêmement agréable au roi, c'est qu'elle n'arriva pas seule, mais avec armes et bagages. Je veux dire, avec la cour complète de cavaliers servants ou de sigisbées que toute dame italienne, selon la nouvelle mode qui fleurit tellement en ce siècle, devait avoir autour d'elle.

Le premier, l'ancien, l'officiel, l'accepté, le patenté, était son cousin Virginio Orsini, duc de Bracciano. C'était lui qui avait, à table, le soin de lui donner à laver, et d'offrir le bassin, la serviette, à ses blanches mains. Le second, Paolo Orsini, moins avancé et moins posé, n'en était que plus en faveur, peut-être. Enfin, pour charmer le roi, un jeune homme de la figure la plus séduisante, *il signore* de Concini, était auprès de sa femme. A eux trois, Virginio, Paolo et Concini, ils faisaient une histoire muette de ce cœur de vingt-sept ans, représentaient son passé, son présent et son avenir.

Le roi n'en fut pas moins galant. Il arrivait botté, armé, et, s'il brillait peu, devant ces beaux Italiens, avec sa taille mesquine et sa barbe grise, il était beau de sa conquête, de la foudre dont il venait de renverser la Savoie. Peu sensible à tout cela, la princesse s'en tint aux termes d'une parfaite obéissance, se jeta à genoux, se dit sa servante pour accomplir ses volontés. Le roi dit gaiement, en soldat, qu'il était venu à cheval, et sans apporter de lit, que, par ce grand froid, il la priait de lui donner moitié du sien.

Donc il entra dans sa chambre.

Il faut savoir qu'à la porte de cette chambre, à toute heure, si tard, si matin qu'on y vînt, on trouvait une sorte de naine noire, avec des yeux sinistres, comme des charbons d'enfer (Voy. à la bibliothèque de Sainte-Geneviève). Cette figure, peu rassurante, n'était pourtant pas un diable. C'était, au fond, le personnage important de cette cour, la sœur de lait de la reine, la signora Leonora Dosi, fille d'un charpentier, qui se parait du noble nom emprunté de Galigaï. Elle avait beaucoup d'esprit, gouvernait la princesse comme elle voulait, remuait à droite ou à gauche cette pesante masse de chair.

Si Leonora faisait peur, elle était encore plus peureuse ; elle rêvait en plein jour. Triste hibou, asphyxié de bonne heure dans l'obscurité malsaine des alcôves et des cabinets, elle croyait que quiconque la regardait lui jetait un sort. Elle portait toujours un voile, de crainte *du mauvais œil*. La France, maligne et rieuse, pays de lumière, lui devait être odieuse. Elle devait ici s'assombrir et se pervertir, et de plus en plus devenir méchante.

Tel fut l'augure de la noce et l'agréable visage dont le roi fut salué à la chambre nuptiale. Soit que cette noire vision l'y ait poursuivi, soit que la mariée ne répondit pas à son idéal, il fut très sérieux le matin.

On vieillit vite en Italie, et surtout les Allemandes, comme celle-ci l'était par sa mère. Rubens même, au charmant tableau où il la montre accouchée, au moment où toute femme est souverainement poétique, n'a pu, tout flatteur qu'il était, dissimuler cette lourdeur mollasse. Un bec de femme assez pointu (mademoiselle Du Tillet) disait crûment d'elle et du fils : « Une vache qui fit un veau. »

Le roi fut obligé de rester près de l'épousée quarante jours pour faire la paix ; paix surprenante : il abandonna Saluces, rendit toute la Savoie.

Ce traité, agréable au peuple, désespérait l'Italie, que le roi abandonnait. Le pape y voyait l'avantage de pouvoir continuer dans Saluces, l'ancien asile du protestantisme italien, la persécution que les Jésuites y avaient organisée par les bourreaux de la Savoie.

« Chacun chez soi, chacun pour soi » : c'est la politique bourgeoise que Sully fit prévaloir et proclama par ce traité.

En échange de Saluces, le roi acceptait la Bresse, province, il est vrai, importante, qui fermait le royaume à l'est et protégeait Lyon.

Ce brusque traité effraya Biron. Il crut que le roi en savait beaucoup, et il crut prudent d'avouer un peu. Il vint le trouver à Lyon, lui dit que le Savoyard lui offrait sa fille bâtarde et une grosse dot. Le roi, bon comme à l'ordinaire, pardonna. Biron, rassuré, écrivit au Savoyard de ne pas ratifier le traité, de dire qu'il gardait la Bresse, mais voulait rendre Saluces, *à condition que le roi y mettrait un gouverneur catholique*, et non le protestant Lesdiguières. Si le roi eût accepté et mis là un catholique, il mécontentait Lesdiguières ; et, s'il lui tenait parole, lui donnait Saluces, il mécontentait le pape. Il trancha tout et sortit du filet où Biron voulait le mettre, en ne prenant pas Saluces et se contentant de la Bresse.

Le roi était bon pour tous. Il promit au légat et à la reine le rétablissement des Jésuites. D'autre part, il avait fait l'accueil le plus affectueux aux envoyés de Genève, à leur vénérable doyen Théodore de Bèze, et il permit à Sully, avant de signer le traité et de rendre les places prises, de livrer aux Genevois le fort de Sainte-Catherine à la porte de leur ville ; ils le démolirent en un jour.

Sous un prétexte d'affaires, il prit enfin vacances de sa femme, la laissa à Lyon. Marié le 17 décembre 1600 par le légat, il partit le 18 en poste. Le 20, il était à Paris, rendu à son Henriette.

Le 4 février, il revit la reine. Le 8, il écrit au connétable *qu'elle est enceinte*.

Louis XIII, qui fut cet enfant, n'eut aucun trait de son père. Il ne fut pas seulement différent, mais opposé en toute et chacune chose, n'ayant rien des Bourbons (côté paternel d'Henri IV), et encore bien moins des Valois, côté maternel d'Henri, qui si naïvement rappelait son joyeux oncle François Ier et sa charmante grand'mère, Marguerite de Navarre. Ce fils, nature sèche et stérile, véritable Arabie Déserte, n'avait rien non plus de la France. On l'aurait cru bien plutôt un Spinola, un Orsini, un de ces princes ruinés de la décadence italienne, venu du désert des Maremmes ou des chauves Apennins.

Quoi qu'il en soit, le résultat voulu était obtenu.

Le roi était marié de la main du pape. (D'Ossat.)

Le sang italo-autrichien était dans le trône de France.

La volonté du grand-duc, sa politique et son ordre positif avaient été accomplis sur-le-champ et à la lettre. Ce prince, se souvenant de Catherine de Médicis et du danger où l'avait mise sa longue stérilité, n'avait dit qu'un mot de sa nièce en la quittant : « Soyez enceinte. »

CHAPITRE XVIII

Conspiration de Biron. (1601-1602.)

Peu de temps après cette guerre foudroyante de Savoie, qui avertit si bien l'Europe de la résurrection de la France, le roi montrait à Biron une statue où on l'avait fait en dieu Mars et couronné de lauriers. Il lui dit malignement : « Cousin, que pensez-vous que dirait mon frère d'Espagne s'il me voyait de la sorte? — Lui! il ne vous craindrait guère! »

Voilà comme on le traitait. Sa puissance si bien prouvée, sa renommée militaire, tant de vigueur, tant d'esprit, tout cela n'empêchait pas qu'on ne le traitât lestement, sans ménagement, avec une légèreté bien près du mépris. Lui-même il en était cause. Personne n'avait moins de tenue. Sa camaraderie étrange avec Bellegarde, Bassompierre, les jeunes gens qui riaient de lui et qui lui soufflaient ses maîtresses, semblait d'une débonnaireté plus qu'humaine. On le trompait, on s'en moquait, et il n'en faisait pas plus mauvaise mine. Il se faisait lire les libelles, allait voir les farces où on le jouait, et riait plus que personne. Sa première femme, Marguerite, avait illustré sa patience. La seconde, Marie de Médicis, fut maîtresse dès le premier jour, signifiant qu'elle garderait et ses cavaliers servants et sa noire entremetteuse.

L'inconsistance du roi dans la vie privée était excessive, il faut l'avouer.

Pendant que la reine voyageait lentement de Lyon à Paris, il était auprès d'Henriette à Verneuil, où elle le reçut dans son nouveau marquisat. La vive et charmante Française, gagnant par la comparaison avec la grosse sotte Allemande, le ressaisit à ce point que le capucin, agent d'Henriette, fut enfin envoyé à Rome avec la lettre de créance que le roi lui avait donnée. Il devait voir les cardinaux, montrer l'engagement du roi avec elle et tâter si l'on ne pourrait obtenir un second divorce. Ce pauvre homme, qui n'était autorisé que du roi et non des ministres, fut reçu par notre agent, le cardinal d'Ossat, avec mépris, avec haine et sans ménagement. Rome entière fut contre lui ; à grand'peine il put revenir en France. On voulait le retenir dans un couvent de son ordre, le murer jusqu'à la mort dans un *in pace* d'Italie.

Le roi semble l'avoir oublié. On lui avait fait entendre qu'il ne pouvait renvoyer Marie sans motif spécieux, ni surtout sans rendre la dot. D'ailleurs, elle arrivait grosse. Les ministres étaient pour elle, pour un Dauphin qui allait simplifier la succession, assurer la paix, écarter toute chance de guerre civile. Mais il fallait un Dauphin ; malheur à elle si elle eût eu une fille! Henriette, qui un mois après eut un fils, l'aurait emporté. Le roi accueillit le Dauphin avec la joie la plus touchante.

Cependant la reine ne faisait nul mystère de son fidèle attachement pour Virginio. Un manuscrit du fonds Béthune (qu'a copié M. Capefigue) nous apprend que, six mois après ses couches, le roi allant au Midi avec elle, elle s'arrêta à Blois, dit qu'elle n'irait pas plus loin, résolue qu'elle était de retourner à Fontainebleau, où Virginio l'attendait. Le roi, perdant patience, eut encore l'idée de la renvoyer. « Cela serait bon, dit Sully, si elle n'avait pas un fils. » Donc on la garda, craignant d'embrouiller la succession si la légitimité de ce fils devenait douteuse. L'Espagne eût saisi cette prise.

Voilà bien des variations; mais elles ne semblaient pas moindres dans sa conduite publique.

Au moment où son mariage italien faisait croire qu'il tenait fort à se rattacher l'Italie, brusquement il y renonce, en rendant Saluces, et se ferme l'Italie. Le Vénitien Contarini dit que ce traité étrange et inattendu releva l'Espagne (battue à Newport). Le parti espagnol à Rome devint insolent. Ce mariage avec la nièce d'un prince qui avait des enfants, avec une princesse sans droit à la succession de Toscane, n'eut pas même l'effet de nous assurer l'alliance du grand-duc; il se refit Espagnol.

Par l'abandon de Saluces, l'ancien et primitif asile du protestantisme italien, le roi abdiquait le protectorat des pauvres Vaudois, qui s'étaient offerts à lui de si grand cœur en 1594, et ne décourageait pas moins les Grisons à l'autre extrémité des Alpes. Le gouverneur de Milan, Fuentés, ne tarda pas à les murer dans leurs montagnes (octobre 1603), en bâtissant aux passages qui communiquent en Italie un fort qui lui permettait de les affamer à son gré. Ils s'adressèrent au roi de France, qui leur conseilla de patienter. Il avait, comme on a vu, abandonné Ferrare au pape, malgré les prières de Venise; et plus tard Venise elle-même, dans sa lutte avec le pape, n'eut d'autre secours de lui que le conseil de s'arranger.

Je veux bien croire que, dès ce temps, il couvait l'intention de frapper l'Espagne et l'Autriche. De bonne heure il y songea; mais toujours en protestant *qu'il ne savait pas s'il serait avec ou contre l'Espagne.* (Voy. Bassompierre, 1609). Dissimulation utile qui pourtant eut l'inconvénient de faire croire les Espagnols plus forts qu'ils n'étaient, lui plus faible, de rendre tout le monde incertain, défiant, et d'ôter l'espoir qu'on aurait eu dans la France.

L'Espagne, usée jusqu'aux os et se sentant si peu de force, hasardait les coups de loterie les plus criminels. Tout en tâchant de soutenir la grande guerre en Hollande, elle faisait ailleurs la guerre de *bravi* et de coupe-jarrets. Philippe III était un pauvre homme, mais ses gens de hardis coquins. Les Fuentés, les d'Ossuna, les Bedmar, avaient repris les moyens du quinzième siècle, poison, meurtre et incendie. On ne tarda pas à les voir conspirer avec des forçats pour prendre, piller, brûler Venise.

Dès 1595 ils avaient visé en France un homme propre au crime, Biron, un brave de peu de cervelle, sot glorieux, que l'on pouvait pousser par l'orgueil et le mécontentement aux plus sinistres tentatives. Notez que cet imbécile, le jouet des intrigants, était un héros populaire. Sa grande vigueur de poignet, sa forte encolure, lui comptaient dans l'esprit des foules autant que ses trente blessures et tous ses grands coups d'épée. Il semble que les bonnes gens aient confondu ce Biron fils avec son illustre père, aussi habile capitaine que le fils fut bon soldat. Du père, du fils, ainsi brouillés, on avait fait une légende : c'était un Achille, un Roland. Le roi, sans lui, n'aurait rien fait. Lui seul avait tout accompli par la force de ses bras et de ses grosses épaules.

L'étranger avait trouvé son affaire pour troubler tout, un mannequin et un drapeau.

Biron était un homme noir, gras, trapu, d'un visage trouble, avec les yeux inquiets (figures de fous qui vont au crime). Sa fortune comme sa personne, trouble, mal rangée. On ne pouvait l'enrichir. Toujours aux expédients. « Si je ne meurs sur l'échafaud, disait-il, je mourrai à l'hôpital. »

Le roi l'avait fait amiral, maréchal, général en chef, duc et pair, gouverneur du gouvernement qu'avait eu le chef de la Ligue, M. de Mayenne, et qu'eurent les seuls princes du sang, la Bourgogne, poste de confiance, contre la Franche-Comté et la Savoie. Mais tout cela n'était rien. Biron se désespérait.

Un danger très grand était dans cet homme. Il avait

en lui le divorce et la discorde de la France, deux partis, deux religions. Mais, par cela même, il pouvait être le trait d'union des deux partis. Père catholique, mère protestante. Par celle-ci, il était parent de tout ce qu'il y avait de noblesse périgourdine ; par son père, il était cousin de tous les barons de Gascogne.

Rangez autour tous les traîtres, un d'Épernon, qui tenait la Charente à l'ouest, Metz à l'est, et l'entrée des Allemands. A côté, un autre homme double, M. de Bouillon, fort en Limousin, plus fort au nord, où par mariage il était prince de Sedan. Même le compère du roi, M. de Montmorency, son connétable, son ami personnel, le roi du Languedoc, avait un traité secret avec le duc de Savoie.

Biron, en rapport direct avec Madrid et Milan, où il envoya plusieurs fois, n'avait fait son aveu à Lyon que pour inspirer confiance et se faire donner Bourg-en-Bresse, par où il eût fait entrer le Savoyard et l'Espagnol. Le roi refusa. Et Biron, plus que jamais, renoua ses trames par l'intermédiaire d'un La Fin, qu'on a prétendu l'auteur de toute cette conspiration, commencée bien avant qu'il ne s'en mêlât.

En juillet 1601, le roi, comme toute l'Europe, était attentif au siège d'Ostende. Il était à Calais, sur les murs, écoutant tout le jour la canonnade lointaine qui remplissait le détroit. Élisabeth vint à Douvres, et elle eût bien voulu, dans la peur du triomphe des Espagnols, contracter avec le roi une alliance offensive. Il lui fit passer Sully, qui lui dit la situation. Le sol lui tremblait sous les pieds. Les mécontents se seraient levés derrière lui, s'il se fût engagé aux Pays-Bas. Soit pour les inquiéter et leur rendre Biron suspect, soit par un reste d'amitié et dans l'espoir que l'autorité de la grande Élisabeth le ferait rentrer dans la voie du bon sens et de l'honneur, il le lui envoya comme ambassadeur. La reine le prêcha fort, fit grand éloge du roi, ne blâmant que sa clémence. Enfin, pour plus d'impression, surmontant le grand chagrin qui, dit-on, hâta sa mort, elle lui montra de sa fenêtre un objet lugubre, la tête d'Essex, du jeune homme qu'elle avait aimé, et qui, au bout d'un an, était encore exposée à la Tour : « Son orgueil l'a perdu, dit-elle. Il croyait qu'on ne pourrait se passer de lui. Voilà ce qu'il y a gagné. Si le roi mon frère m'en croit, il fera chez lui ce qu'on a fait à Londres : il coupera la tête à ses traîtres. »

Vaines paroles. Biron, de retour, n'eut pas de repos qu'il ne se perdît. Il reprit ses trames avec la Savoie, mais par un nouvel agent, s'étant brouillé avec La Fin, qui avait pourtant ses papiers. La Fin jasa, le roi le fit venir et en tira tout. Effroyable découverte. Tout le monde semblait compromis, et il ne savait plus à qui se fier. Il avança vers le Midi pour tâter Bouillon, d'Épernon ; mais ils n'étaient pas décidés ; ils vinrent se remettre à lui. Montmorency restait tranquille, et non moins les huguenots. Ils n'avaient garde de traiter avec Biron, au moment où il devenait si bon Espagnol, si bon catholique, s'affichant tout à coup dévot, lui qui ne savait son *Pater*.

Une délibération secrète eut lieu. Le roi se voyait

dans les mains Bouillon, d'Épernon ; Biron seul manquait. Fallait-il arrêter ceux-ci, en attendant l'autre ? Il posa cette question en petit conseil ; quelqu'un voulait qu'on arrêtât les deux qu'on avait. Sully s'y opposa : « Si vous arrêtez ces deux-ci sans preuves, vous effarouchez les vrais coupables, et vous les avertissez. »

Forte et courageuse parole qui sauva la France et trancha le nœud.

Les grands avaient une prise sur le peuple. Un pesant octroi aux portes des villes enchérissait les vivres. Il s'était révolté contre. Le roi punit la révolte, mais il supprima l'octroi.

C'était assurer le dedans. Mais, du dehors, l'étranger ne pouvait-il arriver, être introduit par Biron dans ses places de Bourgogne ? On trompa celui-ci, on le rassura, en lui faisant croire qu'on ne savait que ce qu'il avait avoué. On parvint à le désarmer. Sully le pria d'envoyer ses canons, qui étaient vieux, pour les remplacer par des neufs. Il n'osa les refuser.

Cela fait, le roi éprouva le plus vif besoin de le voir. Il lui envoya Jeannin l'ex-ligueur. La Fin écrivit à Biron. Le roi lui-même écrivit « qu'il ne croyait pas un mot de ce qu'on disait contre lui, qu'il lui remettrait ces accusations mensongères, qu'il l'aimait, l'aimerait toujours » (14 mai 1602).

Cette lettre était-elle perfide ? Je ne le crois pas. Il l'aimait. Mais il voulait s'en assurer, le mettre hors d'état de se perdre, éclaircir tout, le gracier, l'annuler moralement, et avec lui tous les ligués.

Biron ne vint que parce qu'on lui dit que le roi voulait aller à lui tête baissée, l'enlever. Il n'eût pu tenir dans ses places désarmées. Rien ne lui restait à faire que de fuir, ruiné, nu et mendiant. Il eût mieux aimé mourir. Il s'emporta furieusement, jura de poignarder Sully, mais toutefois obéit et se mit en route.

Le duc de Savoie n'était guère moins effrayé que Biron. Fuentès aussi devait être inquiet d'avoir compromis son maître, au moment où le siège d'Ostende absorbait les forces espagnoles. Ils avaient fort à souhaiter que Biron ne les trahît point, qu'il mentît pour eux fort et ferme, soutînt près du roi sa vertu, son innocence immaculée. Tel il se montra en effet, menteur intrépide, et, jusque dans Fontainebleau, l'homme de la Savoie, de l'Espagne, contre l'étreinte du roi son ancien ami.

Ce qui le cuirassait si bien, c'est, d'une part, que le Savoyard gardait en charte privée, pour assurer son silence, un garçon nommé Renazé, qui avait fait tous les messages. D'autre part, La Fin, à l'entrée de Fontainebleau, lui avait soufflé ce mot : « Courage, mon maître, courage, et bon bec !... Ils ne savent rien. »

Beaucoup de gens avaient gagé que Biron ne viendrait point. Le roi même, le 13 juin, se promenant de bonne heure au jardin de Fontainebleau, disait : « Il ne viendra pas. » Et il le voit arriver. Il va à lui, il l'embrasse. « Vous avez bien fait de venir, dit-il, j'allais vous chercher. » Puis il le prend par la main, lui montre ses bâtiments. Seul à seul, enfin, il lui demande s'il n'a rien à dire : « Moi! dit Biron, je viens seulement pour connaître mes accusateurs et les faire châtier. »

Le roi se croyait en péril, non sans cause, pour la raison que Biron marquait lui-même dans ses conseils au duc de Savoie, à savoir : Que le roi avait mangé la dot de sa femme, qu'il lui fallait du temps et de l'argent pour lever des Suisses, que l'infanterie française du temps de la Ligue avait péri de misère, que la noblesse appelée se réunirait lentement. Et c'était là le nœud même de la question ; le roi de Navarre, le roi gentilhomme, avait disparu ; la noblesse catholique ou protestante regardait ailleurs, pouvait suivre Biron ou Bouillon.

Le roi avait bien Biron, mais il n'avait plus Bouillon. Il n'osait même lui écrire de venir, sentant qu'il désobéirait. Sully lui écrivit en vain (6 juillet). Il resta chez lui. C'était une raison d'hésiter pour frapper Biron, ne pouvant frapper qu'un coup incomplet. Aussi le roi désirait très sincèrement le sauver. Il fit les plus grands efforts, et par lui-même, et par Sully. Le matin encore, au jardin fermé de Fontainebleau (petit jardin et si grand par la terreur des souvenirs), il le serra au plus près, et ne gagna rien. On voyait Biron le suivre avec force gestes, une pantomime hautaine de protestations d'innocence, relevant fièrement la tête et se frappant la poitrine. Même scène encore après dîner.

Alors le roi, perdant espoir, s'enferma avec Sully

et la reine, tira le verrou. Nul doute que tous deux n'aient tenu fortement contre Biron : Sully pour la sûreté de l'État, elle pour celle de son fils et la tranquillité de sa régence future.

La Force, beau-frère de Biron, nous apprend deux choses : 1° Que Sully décida la mort; 2° qu'elle était très juste. La Force écrit ce dernier mot à sa femme dans une lettre confidentielle.

Sans Sully, jamais le roi n'aurait eu la force de faire justice. Et encore, ce soir-là, il décida seulement, comme on croyait que Biron pouvait fuir, qu'il fallait bien le faire arrêter.

On joua jusqu'à minuit. Et, le monde s'étant écoulé, le roi lui parla de nouveau, le pressa au nom de l'ancienne amitié. Il resta sec. Alors Henri rentra dans son cabinet. Puis, saisi d'émotion, il rouvrit la porte, et lui dit d'un ton à fendre le cœur : « Adieu, baron de Biron ! » C'était son nom de jeunesse; dans cet effort désespéré, le roi crut ramené d'un mot tout le passé, la vie commune des dangers et des souffrances et vingt années de souvenirs.

Et il ajouta encore : « Vous savez ce que j'ai dit. » Suprême appel ! si Biron eût avoué à cet instant, il pouvait sauver sa vie.

Mais non, il sort. A l'antichambre, le capitaine des gardes, Vitry, mit la main sur son épée, la lui demanda : « Tu railles ! — Non, monsieur, le roi le veut. — Ha ! mon épée, s'écria-t-il, l'épée qui a fait tant de bons services ! »

Le roi fit partir Sully pour préparer la Bastille et

avertir le Parlement. Biron et le comte d'Auvergne, son complice, y furent menés le 15 juin.

Le roi même, le 15 au soir, vint à Paris et entra par la porte Saint-Marceau. Il y trouva une grande foule de peuple accouru pour le voir, pour s'assurer de sa vie, ce cher gage de la paix publique. Tous se félicitaient de la découverte du complot et le couvraient d'acclamations. (De Thou, liv. CXXVIII.)

M. Capefigue avance, sans preuves, que Paris était désolé. Chose vraisemblable, en effet, qu'on déplorât l'avortement d'un complot qui eût ramené le bel âge de la Ligue, les douceurs du fameux siège, du temps où un rat crevé se vendait vingt-quatre livres, où les mères mangeaient les enfants!

Les acclamations dont parle De Thou disaient, au contraire, que le peuple avait horreur de revoir la guerre civile, la royauté des soldats, et qu'il savait bon gré au roi de les réprimer vigoureusement. Sa justice, rarement indulgente pour les brigandages des nobles, était populaire. En ce moment, le Parlement, presque en même temps que Biron, recevait le petit Fontenelles (des Beaumanoir de Bretagne) et parent d'un maréchal. Ce garçon, d'environ vingt ans, avait fait déjà mourir dans les tortures des milliers de paysans. Par récréation, l'hiver, il ouvrait des femmes vivantes pour chauffer ses pieds dans leurs entrailles. Il fut, malgré tous ses parents, pris, jugé et rompu en Grève, au milieu de la joie du peuple, qui en bénissait le roi.

Les grands ne le bénissaient guère. Loin de là, pas

un des pairs ne voulut siéger au procès de Biron. Tous alléguèrent des prétextes.

C'était une raison plus forte de pousser la chose. Quand les parents de Biron, tous considérables, vinrent trouver le roi, tout près de Paris, à Saint-Maur, où il restait pour surveiller l'affaire, il leur parla avec douceur, mais s'enveloppa de justice, de nécessité.

L'Espagne, mise au courant de tout par un commis de Villeroy (qu'on saisit plus tard), pouvait travailler les juges, le public, l'accusé même. Et, en effet, celui-ci trouva à point, dans la Bastille, un minime scrupuleux qui lui dit qu'il ne pouvait pas révéler à la justice ce qu'il avait promis de taire, c'est-à-dire qu'il devait couvrir la Savoie, l'Espagne d'une parfaite discrétion.

Pour émouvoir le public, on répandit une lettre que Biron était censé écrire au roi pour rappeler ses services, faire ressortir l'ingratitude, soulever la pitié et l'indignation.

Le procès n'était que trop clair. De Thou nous a conservé en substance, mais avec détail, les quatre feuilles écrites de sa main, qui furent la pièce principale. Elles témoignent que, faible et crédule pour les prédictions politiques dont les charlatans le leurraient, il n'en est pas moins fort net, lucide, exact et clairvoyant pour les affaires militaires. Les directions qu'il donna au duc de Savoie ne sont pas de ces choses qu'on imaginerait d'avance pour des cas hypothétiques (comme il prétendit le faire croire), mais des indications précises pour telle situation, tel cas. Il renseigne très bien l'ennemi sur les forces actuelles du roi, spécifiant les chiffres avec soin, et d'un jour à l'autre. Il donne des conseils positifs sur un poste qu'il faut occuper, une attaque qu'il faut essayer. De tels avis, qui purent être à l'instant traduits en boulets, ce ne sont pas, comme il le dit, des paroles et des pensées, ce sont des actes meurtriers, des massacres de Français et l'assassinat de la France.

On assura, sans le prouver, qu'il avait averti tel fort savoyard pour que, le roi venant sous les murs, on tirât sur lui. Ce qui est sûr et avoué de lui, c'est qu'il le tuait d'intention, par ces opérations magiques où l'on croyait faire périr l'homme en détruisant son effigie. Il convient qu'avec La Fère il faisait des poupées de cire, auxquelles on disait la formule : « Roi impie, tu périras. Et, la cire fondant, tu fondras. »

Il n'y avait qu'une circonstance atténuante, c'est qu'il avait écrit, huit mois avant son arrestation, lorsque le Dauphin naquit en septembre 1601 : « Dieu a donné un fils au roi; oublions nos visions. » — Ce mot était-il sérieux, on avait sujet d'en douter, parce qu'il l'écrivait à La Fin, qu'il suspectait, et sans doute voulait tromper, tandis qu'il continuait de traiter avec l'ennemi par son nouveau confident, le baron de Luz, et par deux autres encore.

Les juges firent une chose agréable aux hautes puissances étrangères qui étaient aussi en cause. Ils la firent, il est vrai, par la volonté expresse du roi. Ce fut de ne rappeler que des faits anciens, et d'ignorer parfaitement les choses récentes. Le roi ne voulait pas trop approfondir contre l'Espagne et la Savoie.

Biron fut saisi d'un grand trouble quand on lui présenta les pièces qu'il croyait brûlées, quand il vit devant ses yeux son messager Renazé, qu'il croyait enfoui dans un château de Savoie. Il pâlit, dit les pièces fausses, controuvées, puis les avoua, mais soutint que c'étaient de simples pensées qu'il écrivait pour La Fin. Du reste, s'il y avait du mal, le roi lui avait pardonné à Lyon.

Nombre de parlementaires (de la Ligue) auraient accepté cela. Mais ils étaient sous les yeux du vrai Parlement français, qui avait siégé à Tours.

Le Parlement avait à faire ce que hasarda Richelieu, ce que fit la Convention : se compromettre sans retour et braver les futures vengeances des rois étrangers, et des grands, et des parents de Biron, de ses cent cousins de Gascogne, d'un monde de gens d'épée brutal et féroce. Tellement que, peu de temps après, le révélateur La Fin marchant dans Paris, en plein midi, au milieu des gardes qui le protégeaient, vingt sacripants tombèrent sur lui, et s'en allèrent au galop, sans qu'on les ait arrêtés.

Ces vengeances, faciles à prévoir, faisaient songer les robes longues. Le chancelier saignait du nez et feignait d'être embarrassé de l'absence des pairs. Cela le 21 juillet, au dernier moment. Le roi se montra immuable, soit que Sully le soutînt, soit que sa grande amie Élisabeth (une lettre de notre ambassadeur le prouve) l'exhortât à ne pas lâcher. La vieille reine était une haute autorité, un docteur en conspirations, en ayant eu tant contre elle et tant suscité ailleurs, récemment encore ayant frappé d'Essex, c'est-à-dire son propre cœur.

Donc le roi fut fort aussi. Il écrivit à son blême chancelier que l'on devait passer outre. (22 juillet 1602.)

Le chancelier, ainsi mis en demeure de ne pas s'égarer, empêcha les autres de chercher quelque échappatoire. Il les tint dans la voie étroite de justice et de vérité. Il demanda si à Lyon l'accusé avait confié au roi tous ses arrangements avec la Savoie. — Non. — Alors le roi n'a pu pardonner ce qu'il ignorait. (Mém. de La Force.)

Ce mot conduisit Biron à la mort.

Le Parlement fut dès lors unanime (127 voix).

Dans tout le procès, le roi avait eu une crainte secrète, c'était qu'on n'enlevât Biron, que l'agitateur de la Ligue, l'Espagnol, l'ami des moines, le distributeur des soupes en plein vent, n'essayât d'agir sur le peuple. Il resta, non à Paris, mais à Saint-Maur ou Saint-Germain, prêt à monter à cheval et le pied dans l'étrier. Il écrivait à Sully qu'il prît garde à lui, qu'on pensait, pendant qu'il ne s'occupait que du prisonnier, à l'enlever, lui Sully, le mener en Franche-Comté. Il eût répondu pour Biron.

La vie de celui-ci, au reste, importait moins aux étrangers que son silence. Et ce silence fut maintenu jusqu'au bout. Biron le dit le dernier jour : « Il ne saura pas mon secret. » Comment obtint-on cette persévérance? Par ce moine dont j'ai parlé. Puis il ne croyait pas sérieusement à sa mort, imaginant toujours qu'il serait sauvé ou par un coup de l'Espagne ou par la faiblesse du roi, qui finirait par avoir peur.

Il ne croyait pas même que le Parlement aurait le courage de le condamner. Dans sa prison, il amusait ses gardes à leur raconter l'audience et à contrefaire ses juges.

Il ne fut pas peu étonné, le 31 juillet, de voir le chancelier, le greffier, une grande suite, arriver à la Bastille en cérémonie. On le trouva occupé d'astrologie judiciaire, de comparer quatre almanachs, d'étudier la lune, les jours et les signes célestes, pour y pénétrer l'avenir. Il n'y avait plus d'avenir. Le chancelier lui demanda de rendre l'ordre du roi, la croix du Saint-Esprit, et l'engagea à faire preuve de son grand courage. Puis on lui lut son arrêt, et l'adoucissement qu'y mettait le roi, de rendre ses biens à ses parents et de ne pas le faire exécuter en Grève.

Ce coup venait de frapper, non un homme faible, malade, amorti par la prison, mais dans sa force, en pleine vie. La répugnance de la nature se montra aussi en plein ; il laissa voir une furieuse volonté de vivre. D'abord, des cris contre le roi, si ingrat, qui laissait vivre d'Épernon, cent fois traître, et qui lui, Biron, innocent, le faisait mourir... Car il se disait innocent, soit que ses moines espagnols le lui eussent persuadé, soit que, dans les idées d'alors et l'habitude des révoltes, ce ne fût que peccadille.

Puis il retomba sur le chancelier, avec des risées terribles, bouffonnant sur sa figure, l'appelant *grand nez*, idole sans cœur, *figure de plâtre*. Il se promenait en long et en large, le visage horriblement bouleversé, affreux, répétant toujours : « *Ha! minime! minime!* » (Non, non, encore non!)

On lui dit doucement : « Monsieur, pensez à votre conscience. »

« C'est fait », dit-il. Et, sans s'en mettre autrement en peine, il se jeta dans un torrent de discours sur ses affaires, ses biens, ses dettes ; on lui devait ceci, cela ; il laissait une fille grosse, à qui il faisait tel don... Une mer de paroles vagues qui n'auraient jamais fini. On l'avertit, il revint un peu à lui, et dicta son testament, clair et ferme.

Il avait demandé Sully pour le faire intercéder. Sully fit dire qu'il n'osait.

Il était quatre heures, et Biron passait le temps aux choses de ce monde, sans souci de l'éternité. On le mena à la chapelle, et, sa prière faite, il sortit. A la porte, un homme inconnu paraissait l'attendre : « Qui est celui-ci? » — Modestement, l'homme avoua qu'il était le bourreau. « Va-t'en, va-t'en! dit Biron. Ne me touche pas qu'il ne soit temps!... Si tu approches, je t'étrangle! » Il jura aussi qu'on ne le lierait point, qu'il n'irait pas comme un voleur. Aux soldats qui gardaient la porte : « Mes amis, pour m'obliger, cassez-moi la tête d'un coup de mousquet. »

Inutile de dire que les prêtres du roi n'en tirèrent rien, pas un mot d'Espagne ou de Savoie, nulle confession de sa faute. Il suivit le mot des Jésuites, dont on a parlé ailleurs : « Défense de rien révéler à la mort, sous peine de damnation. »

A tous il disait : « Messieurs, vous voyez un homme que le roi fait mourir parce qu'il est bon catholique. » — Et, comme on lui rappelait sa mère : « Ne m'en parlez pas, elle est hérétique. » (Lettres du roi, des 2 et 7 août.)

Il mourut ainsi, en pleine fureur, en pleine vengeance, continuant d'intention son complot, et, de l'échafaud, autant qu'il était en lui, attachant d'avance au roi la furie de Ravaillac.

Sur les planches, il chicana fort, voulant d'abord être debout. On lui dit que ce n'était pas l'usage. Puis il se fâcha de voir dans cette cour une soixantaine d'assistants : « Que font là ces marauds, ces gueux ? Qui les a mis là ? » Il ne voulut pas du mouchoir, prit le sien, qui était trop court, reprit l'autre. Trois fois il se débanda les yeux. « Tu m'irrites ! dit-il au bourreau. Prends garde ! je pourrais étrangler moitié de ceux qui sont ici. » Ils n'étaient pas très rassurés, voyant cet homme non lié si fort et si furieux ; plusieurs regardaient vers la porte.

Le bourreau, vers cinq heures, pensant ne finir jamais, lui dit : « Monsieur, auparavant, ne faut-il pas que vous disiez votre *In manus tuas, Domine?* » Biron se remit, et l'homme, profitant de ce moment et prenant l'épée des mains du valet, par un vrai miracle de force et d'adresse lui trancha au vol son cou gras ; la tête s'en alla bondissant au pied de l'échafaud.

On voulait le mettre aux Célestins, à côté des vieux Valois. Mais ces moines furent politiques ; on vit déjà l'effet du coup ; ils refusèrent. Et on le mit à Saint-Paul, paroisse de la Bastille.

Pendant ce temps-là, une foule énorme se morfondait à la Grève, où on l'attendait. Des fenêtres y étaient louées jusqu'à dix écus.

La foule des amis de l'Espagne, cagots, bigots, ligueurs, jésuites, et aussi des gens de haut vol qui voulaient braver le roi, allaient jeter de l'eau bénite, faire dire des messes à son tombeau.

Le roi, après l'exécution, était si défait, dit l'ambassadeur d'Espagne, qu'on l'eût cru l'exécuté. Huit jours après, il fut pris d'un violent flux de ventre qui le tint quelque temps très faible.

Il n'en eut pas moins conscience d'avoir fait justice. En conversation, il disait souvent et comme un proverbe : « Aussi vrai que Biron fut traître. »

Il fut très reconnaissant pour l'homme inflexible qui l'avait soutenu dans cette rude circonstance ; il alla voir Sully, lui dit : « D'aujourd'hui, je n'aime que vous. »

Grand témoignage et mérité. L'un et l'autre, en ce coup sévère qui servit tellement la France, et qui lui donna huit ans de repos, méritèrent d'elle ce jour-là autant qu'aux jours d'Arques et d'Ivry.

CHAPITRE XIX

Le rétablissement des Jésuites. (1603-1604.)

La noire intrigue de Biron, que le roi ne voulut pas percer jusqu'au fond, n'était qu'un petit accident de la grande conjuration qui minait l'Europe, qui déjà avait accompli la partie la plus cachée de son œuvre souterraine, et qui bientôt procéda à l'exécution patente de cette œuvre, la *Guerre de Trente-Ans*.

Henri IV était l'obstacle, avec Maurice d'Orange, et secondairement le roi d'Angleterre et d'Écosse, Jacques VI, successeur d'Élisabeth. Mais celui-ci avait donné grand espoir aux catholiques. Il ne tarda guère à faire un traité avec l'Espagne. Pour le roi de France, on comptait en venir à bout. On voyait qu'il était malade, atteint de cette cruelle affaire de Biron. On pensait, non sans vraisemblance, qu'il faiblirait de plus en plus. Les zélés qui déjà avaient réussi à le marier à leur guise avec cette fausse Italienne, d'Espagne et d'Autriche, voulaient pour deuxième point faire rentrer les Jésuites en France et leur faire confesser le roi. Le troisième qu'on devait gagner sur le roi ou après lui, c'était un double mariage d'Espagne, pour espagnoliser la France, la neutraliser, l'hébéter. La France, cette tête de l'Europe, branlant, caduque, imbécile, comme elle fut sous Louis-le-Bègue (Louis XIII), dans ses quinze premières années, on pourrait alors s'attaquer au ventre, je veux dire aux Allemagnes, ces profondes entrailles du monde européen.

Ce n'est pas qu'avant 1600 on n'ait travaillé l'Allemagne, mais c'était en préparant les moyens de la grande guerre, surtout en disciplinant l'armée ecclésiastique. Cette besogne préalable était celle du concile de Trente, la *transformation du clergé*. Il fallait d'abord que ce corps eût l'unité automatique d'un collège discipliné par la férule et le fouet. L'âme du concile de Trente, Lainez, ce cuistre de génie, bien plus fondateur qu'Ignace, avait mis là son empreinte. Toute la hiérarchie conçue comme une échelle de classes, sixième, cinquième et quatrième, où des écoliers rapporteurs s'espionneraient les uns les autres et se dénonceraient par trimestre.

Cet amortissement du clergé, plus facile que l'on n'eût cru, encouragea à entreprendre une œuvre qui semblait plus hardie : la *transformation de la noblesse*.

Nous devons à M. Ranke (*Papauté*, liv. V, § 9) la connaissance d'une pièce inestimable, tirée des manuscrits Barberini. C'est le plan que le nonce Minuccio

Minucci propose à la cour de Rome pour le remaniement moral de l'Allemagne. Son principe dominant est celui-ci : *C'est de la noblesse qu'il faut s'emparer.* Il ne se fie pas au peuple.

Il veut : 1° *qu'on traite les enfants nobles mieux* que les petits bourgeois, pour attirer la noblesse aux collèges ; 2° *qu'on donne les évêchés aux nobles,* « qui seuls ont droit d'y arriver ». Point de bénéfices aux bourgeois, qui pourraient devenir savants ; il faut bien quelques savants, mais peu, très peu de savants ; 3° *on n'exigera pas de ces nobles prélats qu'ils résident* dans leurs évêchés ; ils seront bien plus utiles à la cour et près des princes.

Ce plan tout aristocratique porte sur cette pensée, très juste, que la noblesse, plus qu'aucune autre classe, pouvait être corrompue par les places et par l'argent, par le plaisir, par son besoin absolu de vivre à la cour.

Justement, à cette époque, se formaient autour des princes ces grands centres de vie galante et mondaine, les cours, et de moins en moins la noblesse pouvait vivre chez elle. Dans plusieurs pays, les Jésuites n'eurent besoin que d'une chose ; il suffit que les protestants ne fussent plus admis chez les princes. En Pologne, l'effet fut terrible ; les exclus furent désespérés et se refirent catholiques. En France, il en fut peu à peu de même. Les protestants non chassés furent du moins vus de mauvais œil ; il leur fallut s'éloigner. Dans les châteaux commencèrent les lamentations des femmes, les querelles domestiques. Le jour ne fut qu'un bâillement et la nuit qu'une dispute. Le mari y échappait, tant qu'il pouvait, par la chasse; mais il y retombait le soir. Hélas! malheureuse dame, exilée, perdue au désert! Loin du roi, nouveau dieu du monde, vous ne verrez donc plus que Dieu! Ce soleil vivant vous avait dorée d'un rayon; à son aimable chaleur auraient éclos les amours. Or, dans le monde monarchique, les amours font les affaires : le mari eût fait fortune...

La noblesse fut vaincue. Tous les *honnêtes gens* se firent catholiques. Des collèges magnifiques furent ouverts par les Jésuites à la jeune noblesse; les enfants des princes eux-mêmes s'y assirent avec les nobles. Ces princes, élèves des Jésuites, Bavarois et Autrichiens, vont être l'épée du parti.

Du jour où la France a faibli en abandonnant l'Italie, Ferdinand d'Autriche exécute chez lui l'opération violente de chasser tous les protestants. Persécution que l'Empereur Rodolphe commence en Hongrie, en Bohême, et généralement dans l'Empire, par la destruction des hauts tribunaux qui maintenaient l'équilibre entre les deux religions.

Tous les princes sont tentés par les domaines protestants, ou ceux même des catholiques. Le pape trouve bon que son favori le Bavarois s'approprie les biens des couvents, et il le charge de corriger et de stimuler les évêques.

L'artère du monde est le Rhin. Bade, Mayence, Cologne et Trèves, les évêchés peu éloignés, Bamberg, Wurtzbourg et Paderborn, avaient chassé les protestants. Mais la grande affaire était Clèves, la porte de la Hollande et de l'Allemagne, ce bas Rhin commun à tous, qui touche aux trois nations.

Dès 1598, l'Espagne s'y était jetée, et elle n'en fut distraite que par le long siège d'Ostende. La Hollande ne sauva pas cette place. Elle s'épuisa en efforts, et chacun prévit le moment où la France serait obligée de se mettre de la partie, de soutenir les Hollandais, ou de les laisser périr, ce qui livrait l'Allemagne, avec l'Allemagne l'Europe. De sorte que l'Espagnol, ruiné, séché jusqu'à l'os, un squelette, une ombre, se fût trouvé le maître à la fin et le vainqueur des vainqueurs.

Donc, on regardait Henri IV, et tout retombait sur lui. Sa tête était au fond l'enjeu du grand combat de l'Europe.

La mort de Biron lui avait causé un terrible ébranlement. L'on se demandait deux choses :

Mourrait-il naturellement ? Ce n'était pas impossible. Dysenterie au moment fatal, en juillet 1602. Mai 1603, seconde crise de rétention d'urine. Dysenterie en septembre, en décembre encore. En janvier et en avril 1604, premières atteintes de goutte.

Mourrait-il moralement, d'inquiétude et de chagrin, de tiraillement intérieur ? La conjuration générale de bêtise et de bigotisme vaincrait-elle cet esprit si vif et si résistant ?

Il semble qu'il fût alors très bas et très affaissé. J'en juge surtout par une chose. Sully ne parvenait pas à lui faire comprendre qu'il n'avait à craindre jamais une alliance du parti protestant avec l'Espagne. Alliance visiblement impossible. L'avènement de l'infante Claire-Eugénie à Bruxelles avait été solennisé par une femme enterrée vive. Le conseil d'Espagne songeait à chasser tous les Morisques. La seule difficulté était que le frère du premier ministre, grand inquisiteur, voulait, non qu'on les expulsât, mais qu'on les passât au fil de l'épée. Or, c'était un million d'hommes!

L'Espagne faisait horreur. Le plus suspect des protestants, le plus intrigant, Bouillon, n'osait traiter avec elle. (De Thou.) Il se fût perdu chez les siens.

Ce qu'il faisait réellement, c'était de calomnier le roi dans l'Europe protestante, jusqu'à dire qu'il méditait avec le pape une seconde Saint-Barthélemy. (*Lettres*, VI, p. 10.) Il sollicitait le roi d'Angleterre de prendre le protectorat de nos réformés. Cela troublait fort le roi et le rapprochait des catholiques, le faisant même faiblir dans la question des Jésuites.

Moment d'obscurité profonde. Le roi ouvrait les bras à l'ennemi, favorisait, sans le savoir, le grand complot fanatique organisé contre lui-même. Et les protestants se défiaient du roi, qui déjà, dans la Bastille, amassait l'argent, les armes, pour la grande guerre nécessaire au salut des protestants.

On ne pouvait agir de face contre un homme de tant d'esprit, mais on le pouvait de côté par des moyens indirects. L'Espagne trouvait à cela d'admirables facilités; le conseil, la cour étaient espagnols. Ce n'étaient pas seulement des Villeroy, des Jeannin, qui discouraient en ce sens, mais les gens les plus innocents, des mondains, des étourdis, par exemple : Bassompierre, le galant colonel des Suisses. La reine, au lit même du roi, grondait, pleurait pour l'Espagne, pour l'alliance espagnole, pour le double mariage. Et, si le roi se sauvait chez sa Française Henriette, il y retrouvait l'Espagne; Henriette voulait s'y réfugier, si le roi venait à mourir. Donc l'Espagne en tout et partout; on la sentait de tous côtés, on la respirait. Ou, si ce n'était pas elle, c'était la Savoie, plus adroite, une sorte d'Espagne française par où le poison arrivait.

Au moment où de la Savoie, partait un agent secret qui devait travailler les Guises, un Savoyard, très aimable, l'insinuant, le charmant saint François de Sales, venait prêcher devant le roi.

Celui-ci n'était pas Jésuite. Son maître, le P. Possevino, le grand diplomate de l'ordre, avait senti qu'il servirait bien mieux les Jésuites en ne l'étant pas. Leur but alors étant, comme je l'ai dit, de s'approprier la noblesse, il leur fallait des gentilshommes à eux, qui eussent les grâces et l'élégance mondaine. Tel était François de Sales, blond de barbe, de cheveux, d'un sourire d'enfant, avec un charme féminin qui allait surtout aux dames, qui ravit la cour, le roi. Le Crucifié, dans ses mains, perdant toutes ses terreurs, devenu gai et aimable, n'aimant qu'oiselets, fleurettes des champs, avait pris la gentillesse du rusé petit Savoyard.

Ce n'était pas Possevino, un pédant baroque (à en juger par ses livres), qui avait pu faire ce charmant disciple. C'était la cour, c'étaient les femmes, la douce conversation des Philotées et des Chantal. C'était la camaraderie de l'aimable auteur d'*Astrée*, le sire d'Urfé, ex-amant de Marguerite, réfugié en Savoie, qui, d'après les Espagnols, faisait son roman de bergers.

Le confesseur de madame de Chantal, fort jaloux, dit de saint François : « Ce berger. » Et, en effet, ses sermons, ses petits livres dévots, sont des *Astrées* spirituelles, des bergeries ecclésiastiques.

Le roi, enchanté de voir une dévotion si gaie, si peu exigeante, en contraste si parfait avec le sombre, la roideur des huguenots, inclina fort de ce côté, et, sous cette séduction, se trouva tout préparé à laisser rentrer en France les maîtres du doux prédicateur.

Au voyage qu'il fit à Metz, en 1603, La Varenne lui présenta les Jésuites de Verdun, qui le prièrent de rétablir un ordre pauvre, disaient-ils, modeste, et surtout point intrigant. Le roi dit avec bonté que, de retour à Paris, il aviserait. Tout solliciteur a besoin de suivre son juge; ils obtinrent que deux seulement, deux humbles, de tout petits Jésuites, les Pères Ignace et Cotton, suivraient l'affaire, et par conséquent accompagneraient le roi. Il consentit. Cotton s'attacha à lui et ne le quitta plus jamais. Jamais, quand il l'eût voulu, il n'eût pu arracher de lui ce lierre tenace, ce plat, froid, indestructible lichen, qui semblait collé à lui. Il s'en moquait tout le jour, mais ne le traînait pas moins. Controversiste ridicule et prédicateur grotesque, il était admirablement choisi pour un roi rieur. C'était un trait de génie d'avoir mis chez lui pour espion un fourbe sous la figure d'un sot.

Voilà l'humble commencement de cette grande dynastie de confesseurs du roi, qui, sous La Chaise et Le Tellier, finiront par gouverner la France.

Le roi, autour de Metz, fut malade deux fois, coup sur coup, en un même été. En septembre, étant à Rouen, les huîtres normandes lui rendirent son flux de ventre. Il était faible et isolé, la cour ne l'ayant pas suivi. Mais Cotton et La Varenne ne le lâchaient pas. Ils tirèrent de lui le rétablissement des Jésuites.

Sully assure qu'Henri IV lui avoua qu'il ne se décidait à cela que pour sortir des angoisses où le tenait constamment la peur de l'assassinat, « vie misérable et langoureuse... telle qu'il me vaudrait mieux être déjà mort ».

Tels ils furent reçus, tels ils se maintinrent. Et c'est, selon Saint-Simon, la raison même que le plus doux des Jésuites, le P. La Chaise, donnait en mourant à Louis XIV, pour qu'après lui il prît toujours un confesseur jésuite : « Dans toutes les compagnies il y a de mauvais sujets... Un mauvais coup est bientôt fait », etc.

Ce qui ne les aida pas peu, c'est qu'ils persuadèrent au roi que l'Espagne les persécutait, et qu'ils n'avaient que lui de protecteur au monde. Cela le toucha. Il les reçut à bras ouverts, et leur dit ce mot étonnant : « Aimez-moi, car je vous aime. »

Pour rentrer ils s'étaient faits sveltes, minces et bien petits. Il leur suffisait d'une fente. D'abord, point de confession, à moins que les évêques ne les y forçassent. C'était assez que Cotton fût auprès du roi.

Ils étaient hommes de collège, voués tout à fait aux enfants, n'aimant que l'enfance. A La Flèche, ils se chargeaient de leur enseigner le latin, laissant le roi y ajouter tout l'enseignement mondain du siècle, quatre professeurs de latin et quatre de médecine, deux d'anatomie. Les Jésuites n'avaient aucun préjugé. Les bénéfices du collège devaient s'employer à doter chaque année douze pauvres filles, innocentes et vertueuses.

Tout ce que leur reconnaissance, leur tendresse pour le roi, leur faisait demander, exiger de lui, c'était son cœur, qu'ils voulaient voir à jamais dans leur église.

Après sa mort, bien entendu. Et celui des rois et des reines, à jamais, voulant être un ordre essentiellement royaliste.

Accordé. Les gallicans mêmes, des hommes du Parlement (par exemple, le greffier L'Estoile), se radoucirent un peu pour eux, trouvant les sermons de Cotton doux, modestes, modérés, pacifiques et pas trop dévots, enfin d'un homme du monde.

Ce qui toucha fort Paris pour ce pauvre P. Cotton, c'est que, revenant le soir dans le carrosse de La Varenne, il y fut assassiné. Par les huguenots sans doute? Ce fut le cri général. Mais qu'y auraient-ils gagné? Cotton mort, on n'aurait pas manqué de

Jésuites aussi saints et aussi savants. Quoi qu'il en fût, heureusement le ciel avait veillé sur lui; l'assassinat se réduisit à une invisible écorchure, que ces méchants huguenots crurent qu'il s'était faite lui-même.

CHAPITRE XX

Le roi se rapproche des protestants, leur accorde le temple
de Charenton. (1604-1606.)

Richelieu nous a tracé de main de maître le portrait du créateur originaire de sa fortune, qui fut son prédécesseur dans les affections de Marie de Médicis, du signore de Concini. Concini succédait lui-même à ces cousins de la reine, les Orsini, ses premiers *cavaliers servants*. Il rendit au roi le service de les supplanter. Un homme de sa condition était moins embarrassant, et pouvait *servir* la reine avec moins d'éclat et de bruit.

Concini était né en pleine cour, fils du ministre dirigeant de Côme de Médicis, mais cadet, troisième cadet, d'une maison qui n'était pas riche. Il avait eu force aventures, prison, fuite et bannissement. Il avait été domestique du cardinal de Lorraine; mais c'était un homme charmant, un rieur, un beau joueur, un élégant cavalier. La triste Léonora, si disgraciée de la nature, avait cependant osé regarder le brillant jeune homme. A leur départ de Florence, elle l'aida de quelque argent; et l'usage qu'il en fit, ce fut d'acheter un cheval de deux mille ducats, qu'il eut l'impertinence de donner à Henri IV.

Ce petit fait peint l'homme de la tête aux pieds. Il n'était que vanité, folie, insolence. Il passait tout le jour au jeu comme un grand seigneur. Il plut d'autant plus à la reine, qui le maria à sa Léonora, afin de le pouvoir garder. Avec cet arrangement, Marie de Médicis put être sévère à son aise, jalouse de son mari, inexorable et terrible pour la régularité de sa maison. Une de ses filles ayant, la nuit, reçu un amant qui se sauva en chemise, la reine exigea que le roi le fît condamner à mort (par contumace heureusement).

Léonora, modeste et sage, n'aurait visé qu'à l'argent. Mais Concini, un fat, un fou, avec ses goûts de grandeur, ne pouvait manquer de suivre le vent de la cour, qui était tout à l'Espagne. Le grand-duc de Florence, son maître, s'était refait espagnol. Marie de Médicis ne rêvait que le double mariage espagnol, qui était aussi toute la politique de l'ancien ligueur Villeroy.

Un commis de Villeroy, qui déchiffrait les dépêches, en donnait copie à Madrid. Concini communiquait par une voie plus détournée, par l'ambassadeur du grand-duc auprès de Philippe III; ses lettres passaient par Florence pour être envoyées à Madrid.

Le roi avait ainsi l'Espagne tout autour de lui, chez lui. En avril 1605, il apprit l'affaire du commis, que

Villeroy laissa fuir, et qu'on trouva dans la rivière, non pas noyé, mais étranglé.

Et, au même moment, un coup plus sensible lui était porté. Les Espagnols avaient gagné Entragues, le père d'Henriette, et son frère, le comte d'Auvergne, déjà mêlé à l'affaire de Biron.

Elle-même était-elle innocente ? Son père disait oui, son frère disait non.

La faute en était au roi, qui n'avait pas su prendre un parti avec elle, et l'avait exaspérée.

La reine, pour faire digérer son nouveau cavalier servant, avait trouvé bon qu'Henriette eût un logement dans le Louvre. Mais celle-ci croyait qu'elle ne la souffrait là que pour la faire tuer un matin. Elle avait prié le roi de la marier, ou de la laisser partir. Il ne faisait ni l'un ni l'autre, lui disait qu'il la marierait, et se dépitait contre elle quand elle cherchait un mari.

Il la relevait, il la rabaissait. Il reconnaissait son fils, qu'elle appelait *mon Dauphin*. Il ne pouvait se passer d'elle, et il employait l'homme le plus grave du royaume, Sully, à négocier avec elle dans leurs brouilleries. Une lettre d'Henriette à Sully indique que c'était justement alors qu'il était plus amoureux et d'une impatiente exigence. Elle était fière et révoltée d'avoir à se soumettre ainsi. De plus en plus, elle songeait à fuir en Espagne, et elle entra dans les projets de son père et de son frère.

Qu'elle ait eu dès 1604 l'idée de tuer le roi, qu'elle ait su le fond du complot, je ne le crois pas. Mais certainement elle voulait enlever son fils en Espagne, et le constituer dauphin contre le Dauphin avec l'appui des Espagnols.

Ceux-ci, qui n'en pouvaient finir avec le grand siège d'Ostende depuis trois années, avaient monté deux machines qui les auraient débarrassés de deux appuis de la Hollande, d'Henri IV et de Jacques VI.

Contre le premier, ils fomentèrent *le complot d'Entragues*.

Contre le second, ils accueillirent, encouragèrent l'infernale *conjuration des poudres*, qui commença en même temps.

Le roi, pour être plus ferme contre Henriette, dans ce procès, avait pris une autre maîtresse, plus belle, mademoiselle de Beuil, qu'il dota, titra à grand bruit et fit comtesse de Moret. Mais celle-ci n'était qu'un corps. L'autre était une âme, maligne et méchante, il est vrai, mais une âme enfin. Et elle sentait sa puissance. Son père, son frère furent condamnés; on menaçait de l'enfermer et de lui ôter ses enfants. Elle ne s'effraya pas. Elle dit toujours bravement qu'elle avait promesse du roi, et que ses enfants étaient les seuls légitimes; que, du reste, n'ayant rien su, elle ne demandait que trois choses : pardon pour son père, une corde pour son frère, et justice pour elle.

Le roi gracia le père, enferma le frère, et elle, l'éloigna un moment. Mais il la fit revenir. Insigne imprudence. Humiliée, et subissant et cette grâce et cet amour, désormais insupportable, elle devint tout à fait perverse et très dangereuse.

Dans cette cruelle affaire, il avait senti au cœur la pointe du poignard espagnol. On l'avait pris par sa maîtresse. On chercha une autre ouverture, on entreprit de lui ôter son grand serviteur Sully.

Celui-ci venait de prendre une grave initiative. Il se voyait au plus haut dans l'amitié de son maître. Il avait reçu de lui comme un nouveau ministère, la surveillance des affaires étrangères et du très suspect Villeroy (*Lettres*, VI, 253). Il vit que le roi ne pouvait tarder à se mêler directement de la Hollande et du Rhin pour la succession de Clèves : donc qu'il serait obligé de revenir aux protestants. Lui-même, qui les avait fort mécontentés, se rapprocha d'eux. La mort de La Trémouille, celui de leurs chefs qu'aimait le moins Henri IV, permettait le rapprochement. Sully maria une de ses filles à un protestant illustre et le chef futur du parti, le jeune duc de Rohan (13 février 1605).

Cela eut effet. Et un moine, chargé d'espionner les gens qui se rendaient au temple d'Ablon, d'espion se fit prosélyte, jeta le froc, et tout haut se déclara protestant.

De là un curieux duel entre Sully et Cotton.

Cotton tâchait de le noircir, et toute la cour aidait à la calomnie. On parvint à faire naître entre lui et le roi un petit nuage qui, heureusement pour la France, se dissipa au moment même. Lorsque déjà on croyait Sully disgracié sans remède, le roi lui ouvrit les bras. Il faut lire dans les *OEconomies* cette scène touchante dont on a tant parlé et qui a passé en légende.

Par représailles, Sully surprit, montra et publia une

pièce secrète où Cotton avait écrit les questions qu'il devait adresser au diable qu'une possédée faisait parler. Pièce qu'on trouva ridicule, mais que nous trouvons tragique, en y voyant certains noms qui vont se représenter à la mort du roi.

Sully, dès lors se constituant avocat des protestants, se rendit lui-même, comme gouverneur du Poitou, à leur assemblée de Châtellerault. La confiance se rétablit. Il leur dit que, s'ils tenaient à leurs méchantes petites places qui n'auraient pu se défendre, on les leur laisserait quelque temps encore. D'autre part, les protestants le reçurent à La Rochelle. Les portes lui en furent ouvertes, quoiqu'il eût avec lui une petite armée de douze cents chevaux. Ces excellents citoyens, et les meilleurs de la France, qu'on disait amis de l'Espagne, ne pensaient qu'à lui faire la guerre. Ils régalèrent Sully d'un combat naval où vingt vaisseaux fleurdelisés battaient vingt vaisseaux espagnols.

Sully, désormais bien sûr qu'ils ne soutiendraient pas Bouillon, donna au roi l'excellent conseil de venir lui-même en Limousin et en Quercy. Il y vint avec une armée (sept. 1605), mais elle fut inutile. Bouillon avait donné ordre qu'on ouvrît les places au roi. Une enquête contre les agents de l'Espagne, qui voulaient lui livrer des villes, Marseille, entre autres, révéla des coupables, mais généralement catholiques. La grande masse protestante était loyale et dévouée. Revoir leur roi de Navarre après tant d'années, retrouver vieillie, blanchie, la tête chérie des anciens jours, le camarade des souffrances, des misères et des combats, ce fut un attendrissement universel. Les Rochelois vinrent lui dire qu'il ne passât pas si près sans les visiter; qu'il vînt avec son armée; que toutes les portes lui seraient ouvertes; que si elles n'étaient assez larges, ils abattraient encore trois cents toises de mur. « Vous les entendez? » dit le roi à toute la cour. Et alors il les embrassa par trois fois en versant des larmes.

Second jour d'unanimité, dans ce pays si divisé. Je compte pour le premier jour, non moins mémorable, celui où l'armée d'Henri III et celle d'Henri de Navarre, la réformée, la catholique, en juin 1589, s'étaient reconnues, embrassées.

Le roi avait pu reconnaître quels étaient véritablement ses amis, ses ennemis, et combien toutes ses faiblesses pour ceux-ci étaient inutiles. Il était à peine revenu à Paris, qu'on apprit (novembre 1605) l'explosion la plus terrible, le complot le plus scélérat, dont il y ait eu jusque-là exemple, de mémoire d'homme.

Rien n'apaisait les fanatiques, nulle concession ne suffisait. Ils étaient divisés entre eux. Pendant que les doux, les patients, les rusés, vous caressaient, pendant qu'un François de Sales charmait et touchait le cœur, un Parson, ou un Garnet, pouvait vous frapper par derrière.

Les percées hardies, violentes, que faisaient les impatients, trahissaient leurs souterrains. Leur Sigismond III (de Pologne), emporté par les Jésuites, perdit ainsi la Suède. Leur jeune Ferdinand d'Autriche et les princes de sa famille poussaient les choses si vite, que, de Bohême, de Hongrie, de Moravie, on regardait vers la France, et l'on préparait un soulèvement. Venise se plaignait d'avoir une inquisition jésuitique, plus redoutable déjà que l'Inquisition d'État. De partout un cri s'élevait : « L'Europe est minée en dessous. »

Ils protestaient. Plusieurs même, comme Cotton, semblaient des simples, des crédules. Pendant qu'on en rit, la nouvelle se répand que ces doucereux personnages ont voulu faire sauter le roi d'Angleterre, sa cour, tout le parlement.

Les Jésuites jurèrent que la conspiration était puritaine. Il fallait, pour croire cela, la majorité du parlement étant puritaine, admettre que ces sectaires avaient conspiré pour se faire sauter eux-mêmes.

Les puritains, grand parti, qui avaient pour arrière-garde tout le royaume d'Écosse, et qui se voyaient désormais assurés dans le parlement, n'avaient que faire d'un tel crime. C'était trop clairement l'acte désespéré d'une minorité minime que le roi avait sottement flattée, et qui, trompée dans ses espérances, croyait couper d'un seul coup la tête de l'Angleterre, puis régner par les Espagnols.

Le chef réel de l'affaire, Garnet, supérieur des Jésuites, ne fut point mis à la torture ; le roi le fit bien traiter. Il nia, puis avoua ; mais là encore il se coupait, disait qu'il avait su la chose *en confession ;* et, plus tard, il dit *hors de confession.* Quiconque lira son procès (*State Trials*, 1,247,310) dira, non qu'il fut complice, mais qu'il fut l'âme même de la conspiration.

Le monde fut stupéfié. On discutait, on attaquait Mariana, sa théorie sur le droit de tuer les rois. Ici la pratique allait bien autrement loin. Il s'agissait d'anéantir indistinctement le roi, les princes, les pairs, les communes, les assistants, tout ce qu'il y avait de considérable dans le pays; enfin, pour ainsi parler, de faire sauter tout un peuple.

Il y avait tant de poudre entassée sous la salle de Westminster, qu'avec le palais, sans nul doute, toute cette partie de Londres eût sauté en l'air.

Henri IV vit, je crois, dès lors plus clair dans sa situation. En janvier 1606, il dit toute sa pensée à Sully : Préparer la grande guerre, en divisant l'ennemi. Mais avant tout il fallait, en France même, arracher l'épine qui restait encore, réduire le duc de Bouillon.

Le roi alla à lui avec une armée, mais « les bras ouverts ». Pas un protestant ne le défendit. En revanche, les ennemis de la France, les bons amis de l'Espagne, la reine, Villeroy, tous les grands seigneurs conseillaient de le ménager. Le roi le fit en effet, se contentant d'occuper Sedan pour quatre ans, par un gouverneur huguenot.

Bouillon était fini, perdu, surtout dans l'opinion, ayant démenti sa réputation de prévoyance, ayant misérablement livré ses amis. Il ne restait aucun des grands qui pût sérieusement résister.

Mais d'autant plus violemment revenait-on aux moyens du fanatisme populaire. Il se trouvait à chaque instant des fous pour tuer le roi. Un, tout à fait aliéné, l'arrêta sur le pont Neuf, le tira par son manteau et le tint sous son poignard. Un autre, un fou béarnais, se mit à prêcher sur les places contre les huguenots. Des batailles eurent lieu dans Paris, et non sans mort d'homme, entre les deux communions. Un protestant fut attaqué et tué sur le chemin d'Ablon.

Tout cela ne pouvait étonner, quand on entendait les sermons violents, factieux, assassins, qu'on faisait contre le roi, tout comme au temps de la Ligue. De nombreux couvents surgissaient, foyers ardents de fanatisme, puissantes machines à faire des fous.

Toutes les formes de la pénitence furent étalées, affichées. Les picpus, les récollets, les augustins déchaussés, les frères de la charité (pour la captation des malades), s'établirent partout à Paris, sous la protection des reines, de Marguerite et de Marie de Médicis. Le 24 août 1605, jour même de la Saint-Barthélemy, les princesses, en grande pompe, menèrent les carmélites à leur célèbre couvent de la rue d'Enfer, l'école de l'extase espagnole, qui pullula tellement que cette maison d'Enfer engendra soixante-deux maisons qui couvrirent toute la France.

En juillet 1606, autre scène, et plus dramatique. Les capucines furent menées par madame de Mercœur et autres princesses de Guise, à travers tout Paris, de la Roquette à la rue Saint-Honoré (la future place Vendôme). Nu-pieds, couronnées d'épines, ces filles de la Passion émurent vivement le public.

Ce spectacle de cinq ou six femmes vouées à la vie

la plus dure, à une mort anticipée, faisait dire aux exaltés : « A quel degré donc est montée l'abomination publique, qu'il faille une telle expiation ?... Pourquoi laisse-t-on si longtemps vivre l'anathème au milieu de nous? » Ainsi la pitié tournait en colère, arrachait des larmes de rage, et ces larmes, adressées au ciel, demandaient l'assassinat.

Le roi, devant ces fureurs ascétiques et monastiques de gens qui se frappaient eux-mêmes dans l'espoir de le frapper, fit une chose courageuse, que lui demandait Sully depuis près d'un an. Il mit le temple des réformés à *deux* lieues de Paris, le transportant d'Ablon, distant de cinq lieues, à Charenton, c'est-à-dire presque aux portes de la grande ville.

On ne peut se figurer quelle fut la violence des résistances. On fit réclamer le seigneur du lieu, et il s'ensuivit un procès qui dura soixante années. Sans en attendre l'issue, on fit arriver au roi d'aigres et menaçantes plaintes; l'Édit de Nantes, disait-on, n'avait autorisé le temple qu'à quatre lieues de Paris. « Eh bien, dit le roi gaiement, qu'on sache que désormais Charenton est à quatre lieues. »

Alors on essaya de la violence populaire, des batteries, des coups de bâton. Mais le roi, sur le chemin, fit mettre une belle potence, qui avertit suffisamment, et l'on n'eut besoin d'y pendre personne.

Ce simple rapprochement du temple, mis si près du centre, presque dans Paris, le prêche en ce lieu sonore, d'où tout retentit en France, l'éloquence austère des ministres en face des échos de la Ligue, des sermons en calembours, en rébus, en madrigaux, où brillait l'esprit des Jésuites, ce fut un grand coup de parti.

Chacun se tint pour averti. Quoique le roi continuât un simulacre de bascule, on vit bien, dans les grandes choses, qu'il inclinait aux protestants. Personne ne fut étonné lorsque, peu après, il entraîna l'Angleterre dans un traité où les deux puissances couvraient définitivement la Hollande de leur garantie.

Les protestants, un à un, lui revinrent, et d'Aubigné même.

La guerre d'Espagne, l'affranchissement des consciences, la liberté religieuse de l'Europe que pouvait fonder Henri IV, c'était l'idée nouvelle du temps. C'est celle qui lui ramena l'intraitable d'Aubigné, et le jeta dans ses bras :

« Je me rendis à la cour, où le roi, sous prétexte de me charger de l'inspection des joutes, me tint deux mois sans me parler de ce qu'il avoit sur le cœur. A la fin, comme j'entrois avec lui dans un bois où il alloit chasser, il me dit : « D'Aubigné, je ne vous ai point
« parlé de vos assemblées, où vous avez pensé tout
« gâter, parce que vous étiez de bonne foi, et que
« j'étois sûr qu'il ne se passeroit rien contre ma
« volonté. Un des vôtres, et des meilleures maisons,
« ne m'a coûté que cinq cents écus. Que de fois j'ai
« dit, en vous voyant si rétif :

« Oh! que si ma gent eût ma voix ouï,
« J'eusse en moins de rien pu vaincre et défaire », etc.

« Je répliquai : « Sire, je savois tout. Mais, nommé

« par les Églises, j'ai cru devoir les servir, d'autant
« plus qu'elles étoient plus abaissées... » Le roi m'embrassa et suivit sa chasse. Mais, courant après lui, je
lui dis : « Sire, en regardant votre visage, je reprends
« mes anciennes hardiesses. Défaites trois boutons de
« votre pourpoint, et faites-moi la grâce de me dire
« ce qui vous a mû à me haïr... » Alors il pâlit,
comme il faisoit quand il parloit d'affection, et dit :
« Vous avez trop aimé La Trémouille; vous saviez
« que je le haïssois...

« — Sire, repartis-je, j'ai été nourri aux pieds de
« Votre Majesté, et j'y ai appris de bonne heure à ne
« pas délaisser des personnes affligées et accablées
« par une puissance supérieure. Approuvez en moi
« cet apprentissage de vertu que j'ai fait auprès de
« vous. » Cette dernière réponse fut suivie d'une
seconde embrassade que fit mon maître, en me disant
de me retirer.

« Sur quoi il faut que je dise ici que la France, en
le perdant, perdit un des plus grands rois qu'elle
eût encore eus ; il n'étoit pas sans deffauts, mais en
récompense il avoit de sublimes vertus. »

CHAPITRE XXI

Grandeur d'Henri IV.

Les grands résultats du règne commençaient à apparaître. Toute l'Europe sentait une chose, c'est qu'il n'y avait qu'un roi, et c'était le roi de France.

Le vœu de tous ses voisins eût été d'être conquis. Les Flamands écrivaient aux nôtres : « Ah! si nous étions Français! » Et la Hollande elle-même dans ses embarras, recevant son meilleur secours de nos volontaires, se surprenait à désirer de devenir France. Les revers du prince Maurice, les craintes que faisait concevoir sa tragique ambition, reportaient vers Henri IV, et plusieurs, déjà fatigués d'une liberté si pénible, eussent voulu être ses sujets (1607, Sully).

Vœu déraisonnable pourtant. On en jugera ainsi si l'on songe à la si courte durée de ce règne, à ses résultats éphémères, aux calamités si longues qui suivirent... Tel fut, tel est le caractère du gouvernement viager. Marc-Aurèle aujourd'hui, et demain Commode.

Est-ce à dire que la voix publique a eu tort de vanter ce règne? La légende est-elle vaine? Non, le peuple a eu raison de conserver la mémoire du roi singulier, unique, qui fit désirer à tous d'être Français, qui paya ses dettes, prépara la guerre sans grever la paix et laissa la caisse pleine.

Il n'y a aucune comparaison à faire entre lui et Louis XIV, entre ce règne réparateur et ce règne exterminateur. Le bel accord, si heureux, d'Henri IV et de Sully ne se retrouve point du tout entre Louis et Colbert. Les dépenses d'Henri IV, pour son jeu et ses maîtresses, que je n'excuse nullement, ne sont rien en comparaison de la furieuse prodigalité, de la Saint-Barthélemy d'argent qui signala le grand règne.

Celui-ci est vraiment grand. Avec peu il fit beaucoup. Sully n'était pas ce que fut Colbert. Henri IV n'avait qu'un petit pouvoir, en comparaison de l'épouvantable puissance de Louis XIV, qui trouva tout aplati.

La situation d'Henri IV, relativement, fut misérable. Il dut racheter la royauté et combler ses ennemis.

Les Guises restèrent grands et devinrent plus riches. Leur chef, Mayenne, était gouverneur de l'Ile-de-France, et il enserrait Paris. Son neveu, Guise, avait la Provence, Marseille, la porte par où entra Charles-Quint. M. de Montmorency était roi de Languedoc. L'homme le plus dangereux, d'Épernon, gouverneur de la Saintonge, de l'Angoumois et du

Limousin, l'était encore, à l'est, des Trois Évêchés. Le duc de Longueville avait la Picardie, c'est-à-dire nos frontières du Nord. Le duc de Nevers avait la Champagne, Mézières et Sainte-Menehould, la route ordinaire des invasions allemandes.

Sous ces hauts tyrans subsistait la foule des petits tyrans, gouverneurs de villes, commandants de places; enfin les seigneurs, moins forts comme seigneurs alors, mais plus lourds peut-être encore comme gros propriétaires de terres, que dis-je? comme propriétaires d'hommes. Malgré les rachats innombrables et les adoucissements de nos coutumes, la servitude subsistait dans nombre de nos provinces.

Un des fléaux de l'époque, c'est que les grands s'appropriaient et tournaient à leur avantage la puissance du roi et des parlements qui devaient les réprimer. Ils n'avaient plus besoin, comme autrefois, de combattre; il leur suffisait de plaider. La lâcheté des hommes de robe mettait la justice à leurs pieds. Les parlementaires, si gourmés, si gonflés dans leur robe rouge, tombaient à l'état de valets quand un de ces dieux de la cour leur faisait l'insigne honneur de les visiter. Chapeau bas, courbés jusqu'à terre, reconduisant le grand seigneur jusqu'à la rue, jusqu'au carrosse; le magistrat promettait tout. *La cour! un homme de cour!* A ce mot, la loi s'effaçait, le droit s'évanouissait. Le courage du président tombait, et, le plus souvent, la vertu de madame la présidente.

Les grands, alors aussi avares qu'autrefois ambitieux, visaient à l'absorption de toutes les fortunes de

France. Ils y marchaient par deux voies, d'abord par leur toute-puissance sur les tribunaux, par des procès toujours heureux; deuxièmement par des mariages, en s'adjugeant, bon gré mal gré, toutes les riches héritières.

Le roi se mit en travers et les arrêta. 1° Il rendit les magistrats plus indépendants en leur permettant, pour un léger droit, de rendre leurs charges héréditaires, et de n'avoir plus à compter à chaque vacance avec les rois de province ou les influences de cour; 2° il interdit aux familles trop puissantes, spécialement à celle des Guises, les grands mariages, qui les auraient encore fortifiées. C'est ce qu'ils ne supportèrent pas, et ce qui leur fit désirer ardemment sa mort.

Ce règne leur apparut comme une dure tyrannie, une cruelle révolution.

C'était là, en effet, son caractère profond, qu'entravé encore à l'extérieur, il avait en lui la force vive d'une révolution sociale qui poussait la royauté, qui la trouvait trop timide, et qui lui disait d'oser.

Sully, qui avait quelque chose des grands révolutionnaires, semble avoir senti cela. Rien de plus dramatique que l'intrépide percée de cet homme de guerre, jusque-là étranger à ces choses, dans l'épaisse forêt des abus, où il entre l'épée à la main. Mais ces abus, entrelacés comme un chaos inextricable de ronces, pour les couper, il fallait avant tout les démêler. Là se place le travail prodigieux du grand homme, sa vie sauvage au milieu de Paris, ses nuits d'écriture et de chiffres, sa rudesse implacable pour les courtisans.

Il se bouchait les oreilles pour ne pas entendre l'attendrissante plainte des abus qu'il fallait trancher. A chaque coup, ils criaient tous, comme ces arbres animés des forêts du Tasse. Mais quoi! la hache de révolution ne respecte rien.

Révolution contre l'hypothèque sacrée de nos créanciers étrangers, et nos impôts dégagés de l'exploitation florentine, des mains pures, irréprochables, des Gondi et des Zamet.

Révolution contre les offices achetés ou si bien gagnés, contre ces honorables receveurs, contrôleurs, comptables de toute sorte, qui trouvaient moyen de ne point compter, tous couverts du patronage des grands de la cour.

Révolution contre les gouverneurs de provinces, qui virent mettre à côté d'eux un lieutenant général du roi.

Révolution plus hardie contre la seigneurie, essai non pas de raser encore les châteaux, mais d'empêcher qu'on n'y fît des fortifications nouvelles.

Après ces révolutions, notons les tyrannies de cette administration.

Elle exigea que les seigneurs laïques ou ecclésiastiques qui levaient péages sur les routes et rivières à condition de les entretenir, accomplissent cette condition, sous peine de déchéance. Sully, comme grand voyer, poussa contre eux cette guerre si vivement, qu'en peu d'années tous finirent par obéir. Le commerce circula, et aussi la force publique. Ces routes que refirent les seigneurs, elles servirent à les visiter, à les surveiller.

Les forêts et les cours d'eaux furent pour la première fois gardés et administrés. Autre guerre immense. Guerre aux braconniers, aux soldats devenus voleurs, aux rôdeurs armés.

Les poissons furent protégés; les rivières furent repeuplées, et défense de pêcher au temps du frai. Sully fit ce que demande et attend encore la pisciculture.

L'industrie date de ce règne. Le roi même l'encourage; moins Sully, tout préoccupé de l'agriculture. Le monde de l'ouvrier, tout autrement mobile et libre que celui du cultivateur, surgit tout à coup. Les soieries, les draps, les verreries, les manufactures de glaces, etc., furent créés ou immensément étendus par Henri IV. Il planta partout des mûriers. Il ordonna qu'en chaque diocèse on en élevât dix mille. Il en mit dans les Tuileries, à Fontainebleau et partout. Cette disposition si sage de mettre à profit les jardins publics pour les cultures d'utilité a été tournée en ridicule par les royalistes du temps de la Révolution, mais elle remonte à Henri IV.

Sully ne goûtait guère non plus les fondations de colonies. Le roi, plus fidèle en ceci aux traditions de Coligny, jugeait qu'un grand peuple inquiet, tant d'esprits aventureux, ont besoin d'un tel débouché. Il encouragea les Champlain, les De Monts, fondateurs de cette France américaine qui n'embrassait pas seulement le Canada, mais un empire de mille lieues de côtes. Regrettables colonies où la sociabilité de la France adoptait les indigènes et les assimilait. La France épousait l'Amérique, au lieu de l'exterminer, pour y substituer une Europe, comme ont fait les colons anglais.

Ce règne, si grand par ce qu'il fit, est plus grand par ce qu'il voulut, commença ou projeta. Ainsi le canal de Briare, l'une de ses belles créations, et qui fut un modèle pour l'Europe, devait être suivi du canal des deux mers et d'un vaste réseau de voies analogues, qui eussent en tous sens ouvert à la France ses vives artères. Ce système (si bien exposé par M. Poirson) avait jailli du génie des Crappone, des Crosnier, des Louis de Foix, des Viète. Ce dernier, immortel par l'application de l'algèbre à la géométrie.

Henri IV s'occupa fort de la Seine et lui créa d'abord sa route d'*en bas*. Il voulait en rectifier le cours et en assurer la navigation entre Rouen et le Havre; ce qui en eût fait la rivale de la Tamise et posé Rouen comme émule et antagoniste de Londres.

Tout ce qu'on fit pour la guerre, en dix ans, est incroyable. L'artillerie fut créée. Une ceinture de places fortes, chose énorme, fut improvisée, surtout pour couvrir le Nord.

Le roi, qui, toute sa vie, avait fait le coup de pistolet avec sa cavalerie de gentilshommes, et avait vu, pendant la Ligue, l'infanterie faire piètre figure, se fiait peu à celle-ci. Il n'avait pas la patience vertueuse de Coligny, ce martyr de la vie militaire, qui usa la meilleure partie de la sienne à nous faire une infanterie. Cependant, à sa dernière guerre, Henri IV voulait sérieusement en essayer, et peu à peu se passer des mercenaires. Il ne louait que six mille Suisses et levait vingt mille fantassins français.

Infatigable chasseur, vrai gentilhomme de campagne, d'aspect, d'habitudes et de goûts, il n'en aima pas moins Paris, qui ne le lui rendait pas trop. Les grands, le clergé, les corporations, la robe, restaient chagrins et hostiles. Il n'en fut pas moins, on peut le dire, un des créateurs de la ville. Un Paris immense se bâtit sous lui. Toutes les rues du Marais, qu'il nomma du nom des provinces où il avait tant voyagé, souffert, combattu, les rues (de Berri, Touraine, Poitou, Saintonge, Périgord, Bretagne, etc.) devaient aboutir à une grande place qu'on eût appelée *Place de France*.

La *place Royale*, qu'il bâtit à l'instar des villes des Alpes, avec des portiques commodes, et qui ne servit, après lui, qu'aux fêtes, aux tournois ridicules de Marie de Médicis, devait, dans son idée première, recevoir une immense manufacture de soieries.

Dans le quartier Saint-Marceau, il forma l'autre grande manufacture, celle des tapisseries des Gobelins, qui existe encore.

C'est lui qui relia Paris et en fit un tout. La ville centrale, l'île de la Cité et du Palais-de-Justice, tenait à peine au Paris méridional de l'Université et au Paris septentrional du commerce. Pour suite au vieux pont Saint-Michel, il bâtit le *pont au Change*, et à la pointe de l'île le vaste et magnifique *pont Neuf*, l'un des plus grands de l'Europe. Celui-ci rendit nécessaire la *rue Dauphine*, par laquelle l'ancien faubourg protestant, le faubourg Saint-Germain, est en rapport avec la ville.

Les fines et spirituelles gravures de Callot nous montrent précisément le Paris d'alors, tel que le fit Henri IV, avec le pont Neuf, le beau quai de la place Dauphine, le Louvre et sa superbe galerie, qui donne à la Seine sa principale perspective et son aspect monumental; au centre enfin, sur le pont Neuf, la figure aimable et aimée, statue la plus légitime qu'on ait dressée à aucun roi, quand tous les peuples l'appelaient comme arbitre ou comme maître.

Le Louvre fut sa passion. Dès qu'il entra à Paris, il employa une foule d'ouvriers qui mouraient de faim, et en trois ans (1594-1596) il fit la partie admirable de la grande galerie qui va du Louvre au pavillon de Lesdiguières. Catherine de Médicis, il est vrai, avait fait le rez-de-chaussée. Cependant l'œuvre est immense. Un entassement gigantesque d'étages fut superposé : « Ossa sur Pélion, Olympe sur Ossa ». Les chiffres de Gabrielle que porte ce bâtiment, mêlés à ceux d'Henri IV, disent assez l'élan de passion, d'espoir, où il fut créé.

Ce qui charme dans ce bâtiment, ce qui est bien d'Henri IV, ce qui est tout différent du Louvre de François Ier, c'est l'attention d'y créer beaucoup de petits logements, une hospitalité facile. Les premiers hôtes devaient être les arts et les sciences, dont les emblèmes sérieux ornent les frontons, avec les jeux de la chasse, les Amours de la Renaissance. Le Louvre continué et uni aux Tuileries eût été en même temps un palais et un musée de toute activité humaine. En haut, à côté du logement du roi et de son conseil, son long promenoir avec ses tableaux. Aux deux étages intermédiaires, un vaste dépôt de machines, l'histoire des inventions (en petits modèles). De plus, des logements pour les artistes ou artisans supérieurs, pour les inventeurs qui, sortant de la routine des corporations, eussent été entravés par elles.

Il n'avait pu détruire les corporations de métiers, si puissantes encore. Mais quiconque établissait devant un jury du roi qu'il était capable, était dispensé des épreuves et des épines sans nombre dont ces corporations fermaient l'entrée de leurs arts. Entre ces ouvriers libres, les plus inventifs eussent été logés chez le roi. Celui-ci, qui ne rougissait d'aucune chose bonne et utile, leur ouvrait des boutiques au rez-de-chaussée, pour montrer leurs œuvres au public.

Ce que j'admire le plus dans cette idée originale, ce qui est à mille lieues des rois d'avant et d'après, c'est qu'il n'ait point séparé l'artiste de l'artisan, qui, dans tant de professions, n'est pas moins artiste. A la *Galerie des Antiques*, que Catherine avait créée, eût été joint de plain-pied le *Conservatoire des arts et métiers.*

Il ne voulait rien pour lui qu'il ne communiquât aux autres. Par lui, la *Bibliothèque royale*, mise à Paris, ouverte à tous, devint vraiment celle du peuple, comme eussent été le *Musée des Métiers* et le *Jardin des Plantes* qu'il voulait créer.

Le roi, le peuple logeant désormais sous le même toit, dans le Louvre, cet homme curieux, bienveillant, avide de bien, du nouveau et des belles choses, eût descendu de son musée aux ateliers, eût assisté aux progrès industriels, eût causé avec l'ouvrier, comme il faisait avec le paysan, et se fût incessamment informé du sort du peuple.

Quand parut *la Maison rustique*, le beau *Théâtre d'agriculture* d'Olivier de Serres, Henri IV le lut religieusement une demi-heure par jour.

« Pâturage et labourage, deux mamelles de l'État. » Cet axiome de Sully était au cœur d'Henri IV. Il aurait voulu que les seigneurs, au lieu de mendier à la cour, allassent vivre sur leurs domaines, les vivifier.

« On sent dans Olivier de Serres (dit si bien M. Doniol, *Classes rurales*, 332) l'idéal qui animait Sully. C'est la tradition des laboureurs de Bernard de Palissy qu'Olivier transporte au domaine seigneurial, et que Sully met dans l'État. Une société assise sur le travail de la terre où l'homme aurait cette vigueur morale que donne la vie rustique, où le travail, accepté comme un devoir, fonderait seul la richesse, où la richesse rurale dominerait l'économie politique, c'est la grande et sainte pensée de ces trois grands huguenots. »

Sous Louis XIV, je vois qu'un bon citoyen, Vauban, l'illustre ingénieur qui fortifia toutes nos places, dans les longs et tristes loisirs qu'il avait des mois entiers sous les murs de ces citadelles, s'informait avec sollicitude des causes de la misère, interrogeait le paysan, compatissait à son sort et cherchait les moyens de l'améliorer. Sous le règne d'Henri IV, ce curieux, ce citoyen, c'est le roi lui-même. Notez qu'ici ce n'est pas un solitaire comme Vauban, mais un homme tiraillé de mille influences, et d'affaires et de passions; mais son cœur restait tout entier. Après cette vie mêlée et d'efforts et de misères (j'y comprends surtout ses vices), qui auraient blasé, endurci tout autre, il gardait la même chaleur, le même amour du bien public.

« Quand il alloit par pays, dit Matthieu, il s'arrêtoit pour parler au peuple, s'informoit des passans d'où ils venoient, où ils alloient, quelles denrées ils portoient, quel étoit le prix de chaque chose. Et, remarquant qu'il sembloit à plusieurs que cette facilité populaire offensoit la gravité royale, il disoit : « Les « rois tenoient à deshonneur de savoir combien valoit « un écu; et moi, je voudrois savoir ce que vaut un « liard, combien de peine ont ces pauvres gens pour « l'acquérir, afin qu'ils ne fussent chargés que selon « leur portée. »

CHAPITRE XXII

La conspiration du roi et la conspiration de la cour. (1606-1608.)

Deux conspirations commencent en 1606, qui marchent parallèlement pendant trois années :

Celle du roi pour sauver l'Europe ;

Celle de la cour pour tuer le roi.

La première, celle du roi, se motivait, nous l'avons dit, par le succès effrayant des catholiques en Allemagne, par la discorde et la faiblesse des protestants, qui déjà avaient perdu pied dans dix États considérables. La maison d'Autriche, malgré ses divisions intérieures, la vieille Espagne ruinée, se trouvaient relevées par là, et on les voyait venir pour s'emparer du bas Rhin (Clèves, Juliers). Déjà le haut Rhin presque entièrement était redevenu catholique. Cette situation effrayait les catholiques mêmes, et tous, du fond même du Nord ou de l'Est (Hongrie, Moravie), regardaient du côté du prince, qu'on croyait impartial, non protestant, non catholique, mais *homme* et bienveillant pour tous. Sa victoire, qu'on le dît ou non, se serait trouvée, par le fait, l'avènement du droit nouveau, du droit *humain*, extérieur et supérieur au principe religieux du Moyen-âge.

Tous les opprimés de la terre se tournaient vers lui, non seulement les chrétiens, mais les mahométans mêmes. Les Morisques d'Espagne, tenus plusieurs années sous le couteau, n'ignorant pas qu'on discutait leur massacre général, s'adressaient à Henri IV dès 1603. Occasion admirable qui le faisait pénétrer aux entrailles de l'Espagne même. Mais occasion embarrassante, qui aurait mis en lumière l'impartialité réelle du nouveau principe politique, *humain*, et sa parfaite indifférence à l'idée religieuse. Elle l'aurait trop démasqué, et lui eût ôté le pouvoir de diviser les catholiques. Il ne pouvait l'espérer qu'en restant demi-catholique.

La fortune l'embarrassait ainsi, à force de le bien servir. La coalition future qui se préparait pour lui était véritablement immense, mais hétérogène, monstrueuse, se composant d'hommes de toutes religions.

Quelles que fussent ses réserves et ses dissimulations, cette monstruosité ne laissait pas d'apparaître. Les zélés la lui imputaient et n'étaient pas loin de l'envisager comme un perfide et un traître, un Janus à double face, un Judas. Un peuple immense de simples, de dévots aveugles, sincères, désiraient sa mort, et la demandaient à Dieu, s'accordant très bien en cela avec l'Espagne et ce qui restait de la Ligue, avec les grands et la cour, la famille même du roi et son plus intime intérieur. Mais qui exécuterait, qui ferait le coup? Il fallait un fanatique; c'est ce qui retarda la chose. Si nombreux dans l'autre siècle, ils étaient rares dans celui-ci, et l'on n'avait que des bigots.

Le danger réel du parti, c'est que les catholiques n'étaient pas sûrs eux-mêmes de rester fixement fidèles à l'intérêt catholique. Le roi pouvait les diviser. Le pape même, Paul V, fort peu français d'inclination, n'aurait pas été fâché que son bon ami le Roi-Catholique fût éreinté en Italie par le mécréant Henri IV. Le bigot par excellence, le Bavarois, égalé ou surpassé par son émule Ferdinand d'Autriche, eût laissé faire le roi en Allemagne pour l'abaissement de ses chers alliés, les Autrichiens. Le Savoyard, si espagnol et mari d'une Espagnole, n'espérant plus la succession d'Espagne quand Philippe III eut des enfants, chercha à faire ses affaires d'un autre côté, et offrit de tourner pour la France contre son beau-frère.

Le parti catholique, si peu sûr de lui, et certain d'être vaincu, avait en revanche une chose pour lui et un avantage : c'est que le faisceau terrible de forces qui le menaçait n'avait encore qu'un lien très fragile, la vie d'un individu.

L'espoir du parti de l'avenir (qui n'est point un parti, mais *l'humanité* elle-même) était alors en un homme. Digne ou non, celui-ci seul le représentait, et, lui mort, pour longtemps il restait dissous. Un rhume suffisait pour trancher la question générale du monde, ou bien un couteau de deux sous.

En l'année 1606, le roi d'une part et de l'autre les ennemis du roi mirent les fers au feu.

Le roi s'accorda avec Sully sur ce qu'il voulait, et se mit dès lors en lutte avec la reine et la cour qui voulaient la chose contraire. « Entamons par l'Allemagne, dit-il, offrons l'Empire à la Bavière; puis au duc de Savoie la royauté de Lombardie, avec ma fille pour son fils... Maintenant, comme la reine me fait un cas de conscience de m'écarter de Rome et de la maison d'Autriche d'où elle est sortie, comme elle veut nous joindre à l'Espagne par un double mariage, *je la laisserai en doute du côté vers lequel je penche.* »

Voilà ce qu'on peut appeler la conspiration du roi. Elle reposait sur plusieurs négociations très cachées, pour diviser les catholiques et les armer contre eux-mêmes. Elle impliquait une bascule peu glorieuse pour le roi, force caresses aux Jésuites, etc. État trouble qui dura longtemps par l'hésitation de la Savoie et par la fatigue de la Hollande, qui fit trêve avec l'Espagne sans le roi, et le força d'ajourner les projets de guerre, de s'associer à ses négociations, de se faire au moins l'arbitre du traité qu'elle eût fait sans lui.

Dans cette même année 1606, où le roi, à l'Arsenal, arrêtait avec Sully sa grande pensée, à l'église de Saint-Jean-en-Grève, pendant un sermon, deux personnes, qui semblaient venues par hasard, arrêtèrent une alliance entre d'anciens ennemis, qui s'unirent et se liguèrent pour tramer la mort du roi.

Quoiqu'on ait brusqué, étouffé, le procès de Ravaillac, quoiqu'on ait assassiné le témoin Lagarde et muré aux oubliettes la demoiselle d'Escoman (autre témoin plus terrible), la voix du sang a parlé! Et il est clair aujourd'hui que le complot partit du Louvre, que la reine en eut connaissance, qu'on n'eut pas besoin de chercher, de payer un assassin, parce que, trois années durant, on en fit un, exalté par des sermons meurtriers et chauffé à blanc par les moines.

Les deux personnes qui se trouvèrent au sermon de Saint-Jean, et qui complotèrent sous les yeux de la foule, étaient un grand seigneur, une grande dame : le duc d'Épernon et Henriette d'Entragues. C'est la déposition expresse de cette femme infortunée qu'on mura, qui ne se démentit point et mourut pour la vérité.

D'Épernon avait vu tomber Biron et Bouillon. Il sentait que son tour venait. Le roi l'avait déjà frappé dans son revenu, lui interdisant des taxes arbitraires, et dans sa puissance, ayant mis sous sa main la place de Metz.

Henriette voyait dans le roi l'obstacle à un grand mariage qu'elle voulait se faire chez les Guises. Le roi l'avait tour à tour mise haut et bas, faite presque reine, éloignée. Cette ambition exaltée, rabaissée, tournait en fureur; elle subissait son amour avec dépit, avec injures. Elle ne lui cachait point sa haine. Tout ce que les anecdotiers, les Tallemant et autres, ont recueilli de dégoûtant sur les infirmités, vraies ou fausses, d'Henri IV, ce sont les reproches mêmes et les dérisions par lesquelles la petite furie se vengeait de ses caresses. Lui, il la trouvait plus charmante, et peu généreusement jouissait de ce triste jeu avec une créature féline qui du chat passait au tigre.

Les Guises s'amusaient d'elle, s'en moquaient au fond, car toute leur pensée était d'avarice. Ils auraient voulu que le roi mourût, non pour épouser Henriette, mais au contraire pour avoir la grande et très grande héritière, mademoiselle de Montpensier, et pour ne pas donner au bâtard du roi une autre grosse fortune qui allait leur échapper avec mademoiselle de Mercœur.

D'Épernon avait été le mortel ennemi des Guises, et c'est pour les rapprocher et « conclure une alliance » qu'Henriette traita avec lui à Saint-Jean-en-Grève.

Bientôt à ces alliés un autre s'unit, celui qui disposait absolument de l'esprit de la reine, son chevalier, Concini.

Concini, non content d'avoir le réel de la faveur, en avait voulu l'éclat, le scandale. De ses petites épargnes il allait acheter, pour un million, une terre princière, La Ferté. Le roi, si patient, eut peur cependant du bruit que cela ferait, et il prit la liberté, non de dire (il n'eût osé), mais de faire dire à la reine, par madame de Sully, que cela lui ferait du tort et qu'on pourrait en jaser.

Cet avis timide, ménagé par la dame autant qu'elle put, jeta le signore Concini dans une épouvantable fureur. Une telle révolte du mari contre le chevalier-servant était dans les mœurs italiennes, chose inouïe, intolérable. Le roi s'était méconnu; on le lui fit voir. Non seulement Concini lava la tête à la dame, mais dit qu'il se moquait du roi, qu'il n'avait pas peur du roi, et que, si le roi bougeait, il lui arriverait malheur.

Le roi n'aimait pas les disputes. Il craignait un peu la reine, acariâtre, têtue, qui, une fois qu'elle boudait, restait intraitable, et des mois entiers. Il la ménageait aussi, parce qu'elle était toujours grosse. Sa fécondité était admirable. De prime abord, en arrivant, elle eut deux enfants en deux ans, et l'interruption fut courte : à partir de 1605, elle ne manqua jamais d'avoir un enfant par année.

Une reine tellement féconde ne craignait aucun divorce. Aussi n'avait-elle pour le roi aucun ménagement. Comme elle avait peu d'esprit et qu'un fou la gouvernait, il en advint un scandale plus grand que n'aurait été l'acquisition de La Ferté.

Concini, dont le grand mérite, outre sa jolie figure, était sa bonne grâce à cheval, voulut, exigea qu'on lui arrangeât une fête où il pût se montrer solennellement. Il ne prit pas un lieu obscur, mais royalement la place historique du fameux tournoi d'Henri II, les lices de la grande rue Saint-Antoine devant la Bastille. Du moins, ce n'était pas cette fois un combat bien dangereux, mais tout bonnement une course de bague. Du reste, la même dépense, et guère moins d'émotion. Les vives rivalités des hommes, la faveur des dames pour celui-ci ou celui-là, leurs palpitations, tout était de même, — et pour un jeu puéril de sauteurs et d'écuyers.

L'heureux faquin, brillant d'audace, tint la partie contre les princes et tous les plus grands de France, envié et admiré, sous les yeux de la reine, qui siégeait là comme juge et dame du tournoi, et qui, de sa faveur visible, l'avouait pour son cavalier.

Il fut très amer au roi qu'on se gênât si peu pour lui ; cela touchait à l'outrage public. Il n'en parla qu'à Sully, mais d'autres le devinèrent, et quelqu'un lui demanda s'il voulait qu'on tuât Concini.

Il était à cent lieues d'une telle chose, et cependant il croyait que ces gens, épargnés par lui, ne l'épargneraient pas lui-même. Il en était convaincu et le disait à Sully : « Cet homme-là me menace... Il adviendra quelque malheur... Vous le verrez, ils me tueront. »

Cette prévision qu'il avait de sa mort lui fit désirer d'autant plus de régler les affaires des siens. Il insista auprès des Guises pour qu'on accomplît enfin le traité de mariage qu'eux-mêmes avaient sollicité, obtenu par Gabrielle, entre César de Vendôme et mademoiselle de Mercœur. Mais les temps étaient changés ; madame de Mercœur voulait éluder ; elle ne voulait donner ni la fille ni un dédit considérable d'argent que le traité stipulait en cas de refus. On fit jouer à la fille une grande comédie d'effet populaire, qui devait indigner les simples et leur faire détester le roi. Cette enfant, comme d'elle-même, se sauva aux Capucines, dit qu'elle aimait mieux cet ordre si dur, jeûner et marcher pieds nus. Le roi étant fort mécontent de ce violent coup de théâtre, la mère aggravait en disant : « Prenez mon bien, prenez ma vie. »

A tous ces éléments de haine, de conjuration, à ces vœux de mort, un centre manquait. Il vint. Un ambassadeur d'Espagne, superbe, grave et rusé, don Pèdre, vint attiser le feu et jeter, surtout au Louvre. entre le roi et la reine, la pomme de discorde, l'offre du double mariage espagnol. La condition eût été la chose impossible et funeste, l'abandon de la Hollande, que le roi venait de garantir par un solennel traité.

Ce don Pèdre devint le héros du jour. Les dames n'avaient d'yeux que pour lui. On répétait tous ses mots noblement espagnols et castillans. La reine lui faisait la cour et se disait sa parente. Le roi, contre son habitude, fut net et ferme, ne lui donna nul espoir et rabattit ses bravades. Alors il changea de style et le flatta bassement. Un jour qu'un valet, dans le Louvre, passait en portant l'épée d'Henri IV, l'Espagnol l'arrête, la prend, la tourne et retourne, la regarde bien, la baise : « Heureux que je suis, dit il, d'avoir tenu la brave épée du plus brave roi du monde. »

Il resta huit mois ici, traînant et gagnant du temps, faisant le malade, tâtant nos plaies, les irritant, travaillant le vieux levain du *Catholicon*, donnant courage à tous nos traîtres, aux futurs assassins du roi.

CHAPITRE XXIII

Le dernier amour d'Henri IV. (1609.)

La Hollande, fatiguée, voulait, exigeait la paix, au moment où tout annonçait le réveil de la grande guerre. Le roi travaillait au traité qui ajournait tous ses projets. En attendant, il s'ennuyait. Le Louvre n'était plus tenable. On eût dit que la régence avait déjà commencé. La cour, visiblement, était d'un côté, et le roi de l'autre. A une entrée du Dauphin, tout le monde se précipita au-devant de lui; le roi resta seul.

Le jour, ses courses à l'Arsenal; au soir, le jeu, c'était sa vie. Ajoutez-y la lecture des romans de chevalerie. Le livre de Cervantès n'en arrêtait pas le cours. Le torrent des Amadis (cinquante volumes in-folio !) continuait. Les Parisiens disaient « que toute sa Bible était l'*Amadis de Gaule* ».

Au printemps de 1609, on lui mit en main l'*Astrée*, livre doux, ennuyeux, où les chevaliers ne sont plus que de langoureux bergers. Le tout faiblement imité des pastorales espagnoles.

Du moins la tendance était pure, la réaction de l'Amour. Le nouveau roman put être loué de saint François de Sales. Et l'auteur lui-même, d'Urfé, compare son innocente *Astrée* à la dévote *Philotée*.

La grande réputation d'un livre si faible étonne, mais elle tient à la surprise qu'elle causa, étant en contraste avec l'impureté du temps. Beaucoup paraissaient excédés des femmes; ils les fuyaient, retournaient aux mœurs d'Henri III. Ils haïssaient la nature, la lumière, l'amour. Il leur fallait l'obscurité, des plaisirs sauvages, égoïstes. Le jeune Condé, à vingt ans, était déjà sombre et avare comme un vieux sénateur de Gênes, ou comme ces nobles de Venise lucifuges et fils de la nuit. Henri IV, qui avait prêché d'exemple l'amour des femmes, était indigné de voir son petit Vendôme à quinze ans avoir tous les goûts d'un page italien.

Pour lui, on le voit dans ses lettres à Corisande, à Gabrielle, il gardait sous l'homme d'affaires une étincelle poétique. Il était tendre à la nature, sensible à toute beauté, et même (chose rare alors) au charme des lieux. Sur la Loire, sur Fontainebleau, il a des paroles émues. Après une longue vie d'épreuves et tant de misères morales, dans cet homme indestructible, l'étincelle était la même, plus vive encore, en finissant.

Le romanesque projet que lui attribue Sully, de vouloir fonder la paix éternelle, de créer, par une guerre courte et vive, un état nouveau de tolérance universelle, d'amitié entre les États, est-il d'un fou? Je ne sais; sans nul doute il est d'un poète.

Mais c'était surtout par l'amour que ce sens devait éclater en lui. Le voilà, à cinquante-huit ans, qui un matin se retrouve lancé, comme il ne fut jamais, dans la poésie et dans le rêve.

En janvier 1609, la reine organisait un ballet des *Nymphes de Diane*. Le roi et elle étaient (comme toujours) en discorde; ils ne pouvaient s'entendre sur le choix des dames qui feraient les nymphes. Et, comme toujours aussi, la reine l'avait emporté et en faisait à sa tête, de sorte que le roi, de mauvaise humeur, pour ne pas voir aller aux répétitions, avait fait fermer sa porte. Une fois pourtant, en passant, il jette un regard dans la salle. Il se trouve juste au moment où l'une de ces nymphes armées levait son dard et semblait le lui adresser au cœur. Le coup porta, et si bien, que le roi s'évanouit presque... C'était mademoiselle de Montmorency.

Elle était presque encore enfant; elle avait à peine quinze ans; mais elle avait le cœur haut, ambitieux; elle vit le roi, et sans doute se plut à porter le coup.

Il explique très bien à Sully ce qu'il avait éprouvé. Cette enfant, qui devait un jour être mère du grand Condé, lui parut, dans ce regard, non seulement unique en beauté, mais *en courage*, dit-il. Il y vit ce dont rien encore ne lui avait donné l'idée, une lueur héroïque, et d'avance l'éclair de Rocroy.

La figure du grand Condé, si triste dans les portraits, fait pourtant conjecturer par son sauvage nez d'aigle et ses yeux d'oiseau de proie, ce que put avoir de vainqueur le sourire, la menace enjouée de son irrésistible mère.

Mademoiselle de Montmorency, dès sa naissance, avait été une merveille, une légende. Sa mère, plus belle que noble, s'était, dit-on, donnée au Diable. De là son grand mariage et deux enfants admirables; cette fille de beauté fantastique, telle qu'on croyait que l'autre monde (ange ou diable) y avait passé.

Le terrible pour le roi, c'était l'âge : elle, quinze ou seize ans; et lui, cinquante-huit. Un monde de faits, de batailles, d'émotions, était lisible sur ce visage, où l'histoire du temps pouvait s'étudier. Ses ruses y avaient laissé trace, et aussi ses larmes, sa sensibilité facile; barbe grise; lui-même disait : « Le vent de mes adversités a soufflé dessus. »

L'irrécusable document que nous avons de ce visage, c'est le plâtre pris sur lui en 93, quand on le trouva si bien conservé. Sauf une légère convulsion qui suivit le coup de couteau et qui a fait remonter un coin de la bouche, rien n'est altéré. La tête est forte pour un homme de sa taille. Le profil ressemble à François Ier, mais il est bien plus arrêté et surtout plus spirituel; il est d'un homme, l'autre d'un grand enfant. Le nez, moins long et tombant, semble ferme et courageux. Il incline un peu à gauche, soit par l'effet de la convulsion, soit que dans la vie il ait été tel. Le front est extrêmement beau, non pas d'un vaste génie, mais d'un esprit vif, intelligent et rapide, sensible à toutes choses. Les yeux sont dans une arcade marquée, non profonde. Ils ne sont pas très grands, mais doux, charmants, infiniment aimables.

L'incertain dans cette figure, c'est la bouche, moins visible sous la barbe, et un peu tirée de côté. Autant qu'on peut entrevoir, elle ne rassurerait pas trop ; elle semble fuyante et flottante. Ajoutez ce nez indirect qui semble d'un homme incertain.

Le masque, selon le jour et l'aspect, a des expressions très diverses. Vu de haut, il est funèbre. Face à face et de niveau, il est douloureux. Vu d'au-dessous, il sourit, et paraît comique, sceptique ; il dit : oui et non.

Ce qui est sûr et certain en cet homme, ce qui est visible, c'est l'amour. Les yeux fermés couvent de tendres pensées et continuent toujours leur rêve.

La folie croît par les obstacles. D'une part, à l'Arsenal, l'homme positif et sage, l'homme de la grande confiance, montrait l'impossibilité, l'absurdité, le ridicule. D'autre part, au Louvre, on disait qu'elle était engagée, promise ; mais c'était justement ce qui piquait le roi, qu'un mariage de cette importance eût été réglé par son compère, le vieux connétable, sans qu'il en sût rien. D'Épernon avait travaillé le vieillard, lui avait persuadé de la marier brusquement à leur ami de jeu, le beau Bassompierre, colonel des Suisses, issu des cadets de Clèves, mais qui n'eût jamais aspiré si haut. Ce fat, qui, trente ans après, a écrit ses Mémoires, ne manque pas de faire croire que son mérite avait fait tout.

M. de Bouillon, parent de la demoiselle, à qui on n'avait rien dit du mariage, s'en vengea en donnant au roi le conseil de la donner à son neveu, le jeune prince de Condé. C'était l'avis de Sully et de tous les gens raisonnables. Le roi fut forcé d'avouer que c'était le meilleur parti.

La passion est si rusée que, dans son for intérieur, il calculait, il espérait que ce mariage ne serait pas un mariage, Condé détestant les femmes.

Ce personnage sournois, taciturne alors (plus tard il devint beau diseur), se tenait près du roi, tout petit et fort servile. Il attendait tout de lui. Il était très pauvre, sa naissance même était contestée. Était-il sûr qu'il fût Condé? Les Condé, jusque-là rieurs, à partir de celui-ci, ont tous des mines tragiques. Il était né, il est vrai, dans un moment fort sérieux, sa mère étant en prison pour empoisonnement. Un petit page gascon, son amant, avait pris la fuite, et le mari brusquement était mort. Les tribunaux huguenots la jugèrent coupable et la mirent pour toujours entre quatre murs. Mais elle se fit catholique; d'autres tribunaux la lavèrent, ce qui refit légitime cet enfant né en prison. Les Bourbons le renièrent, protestèrent. Le roi, par pitié, n'ayant point d'ailleurs d'autre héritier alors, le soutint Condé, le maintint Condé. Il ne lui donna pas grand'chose, comptant l'enrichir par un mariage. Lui, docile, modeste, attendait, et, en attendant, se liait sous main avec les parlementaires pour qu'ils le soutinssent si sa naissance était contestée, ou, après le roi, l'aidassent à bouleverser le royaume.

Mariée à cette face de pierre, à cet ennemi des femmes, mademoiselle de Montmorency devait s'ennuyer, chercher des consolateurs. Et, comme elle était haute et fière, pour chevalier qui prendrait-elle? Le plus haut placé, le roi.

C'était le calcul de celui-ci, peu moral, mais selon le temps. Il lui fallait, au préalable, avaler l'amère médecine du mariage. Il essaya de la tourner en gaieté, en y menant Bassompierre et s'amusant de la figure désespérée qu'il y fit. Mais, malgré cette malice, le rieur, qui avait plutôt envie de pleurer, rentra comme frappé au Louvre; la goutte le prit et le mit au lit. Lié là et immobile, d'autant plus imaginatif, sous la griffe de sa passion, il n'avait plus la force de la cacher, la disait à tout le monde. On se relayait jour et nuit pour lui lire l'*Astrée*.

Le mariage eut lieu le 3 mars, et Condé savait si bien pourquoi on l'avait marié, qu'il se contenta de palper l'immense dot (deux cent mille écus), mais se tint loin de sa femme, comme d'un objet sacré, réservé et défendu. La mariée semblait déjà veuve, et cela alla ainsi jusqu'à ce que des événements politiques qui survinrent enhardirent Condé, deux mois et demi après le mariage, à ne plus ménager le roi.

Le coup que l'on attendait depuis des années éclata à la fin de mars. Le 25, le duc de Clèves mourut, et la question du Rhin fut posée, le duel ouvert entre les maisons de France et d'Autriche.

Dès 1604, le roi avait dit : « Je ne tolérerai pas à Clèves l'Espagnol ni l'Autrichien. »

Cependant cette chose prévue fut comme « un tonnerre » : c'est le mot dont Villeroy se servit.

Jeannin, qui négociait, rendit à l'Espagne l'essentiel service de brusquer la trêve avec la Hollande, qui fut signée deux jours après (mars 1609).

Le roi ne s'en déclara pas moins tout prêt à agir. Il se dit guéri, se leva et se montra dans Paris d'abord. Il alla au Pré-aux-Clercs, et s'amusa à une chasse de malade que les bourgeois aimaient fort, la chasse à la pie.

Il ordonna qu'on lui fît une belle et riche cotte de mailles, fleurdelisée d'or, pour porter un jour de bataille, s'il pouvait avoir le bonheur d'y amener Spinola, le général des Espagnols.

Du reste, don Pèdre avait dit qu'il avait le diable au corps. Il semblait que le Béarnais eût, de race, apporté, gardé la verdeur de la montagne, ce mystère de chaude vie que les Pyrénées versent dans leurs eaux. Il garda cela au tombeau. Sa dépouille, pendant deux cents ans, y resta telle qu'au premier jour.

N'eût-il pas eu cette vie forte, l'Europe le priait à genoux de la prendre, de se refaire jeune.

Venise, dit un contemporain, adorait ce soleil levant; quand on voyait un Français, tous les Vénitiens couraient après lui, criant comme les *Papimanes* de Rabelais : « L'avez-vous vu ? »

A la cour de l'Empereur, on disait : « Qu'il ait l'Empire, qu'il soit le vrai roi des Romains, et réduise le pape à son évêché !

L'Électeur de Saxe faisait prêcher devant lui sur l'évidente analogie entre Henri IV et David.

La Suisse avait imprimé un livre intitulé *Résurrection de Charlemagne*.

L'affaissement de l'Espagne et de l'Angleterre elle-même, depuis la mort d'Élisabeth, avait mis le roi si haut que, si on le voyait agir, on l'eût salué de toutes parts pour chef de la chrétienté.

Plus que de la chrétienté même. Les mahométans d'Espagne voulaient être ses sujets.

Position unique, qu'il devait moins à sa puissance qu'à sa renommée de bonté, de modération et de tolérance.

CHAPITRE XXIV

Progrès de la conspiration. — Fuite de Condé. (1609.)

On avait vendu, en 1607, à la grande foire de Francfort, plusieurs livres d'astrologie où l'on disait que le roi de France périrait dans la cinquante-neuvième année de son âge, c'est-à-dire en 1610, qu'il ne serait pas heureux dans son second mariage, qu'il mourrait de la main des siens, ne laisserait pas d'enfants légitimes, mais seulement des bâtards. Ces livres vinrent à Paris, et chacun les lut. Le Parlement les fit saisir.

L'Estoile, qui les vit, raconte que, la même année 1607, un prieur de Montargis trouva plusieurs fois sur l'autel des avis anonymes de la prochaine mort du roi. Il fit passer ces avis au chancelier, qui n'en tint compte. Le même prieur le contait plus tard à L'Estoile en pleurant.

En 1609, le docteur en théologie Olive, dans un livre imprimé avec privilège et dédié à Philippe III, annonçait pour 1610 la mort du roi de France. (*Mém. de Richelieu.*)

On pouvait prédire qu'il serait tué. Chacun le croyait, le pensait et s'arrangeait en conséquence. La prédiction, en réalité, préparait l'événement ; elle affermissait les fanatiques dans l'idée et l'espoir d'accomplir la chose fatale qui était écrite là-haut.

A l'entrée de don Pèdre à Paris, le roi, étant en voiture avec la reine, se rappela qu'on lui avait prédit qu'il serait tué en voiture, et, le carrosse ayant penché, il se jeta brusquement sur elle, si bien qu'il lui enfonça au front les pointes des diamants qu'elle avait dans ses cheveux. (Nevers.)

Ces craintes n'étaient pas vaines. Au départ de don Pèdre (février 1609), on put voir qu'il n'avait pas perdu son temps. Le vent d'Espagne, le souffle de haine et de discorde, souffla de tous côtés. D'abord au Louvre ; la reine trouvait impardonnable le refus des mariages espagnols. Ces glorieux mariages, qui (dans ses petites idées de petite princesse italienne) étaient l'Olympe et l'Empyrée, manqués, perdus par son mari ! et les basses idées d'Henri IV de marier ses enfants en Lorraine, en Savoie ! Cette fermeté toute nouvelle dans un homme qui cédait toujours, c'était entre elle et lui un plein divorce. Le roi crut, ce mois même (février 1609), l'apaiser et la regagner, lui offrant de renoncer à toute femme, si elle renvoyait Concini. Sans s'arrêter aux rebuffades, il se rapprocha d'elle, et elle devint enceinte (d'une fille, la reine d'Angleterre) ; mais le cœur resta le même, la rancune plus grande d'être infidèle à Concini.

Celui-ci, loin d'être chassé, était si fort chez elle, si absolu à ce moment, qu'un oncle de la reine, Juan de Médicis, lui ayant déplu, il le fit chasser, quoiqu'il fût fort aimé du roi. Concini et Léonora, plus tard accusés, non sans cause, de l'avoir ensorcelée, l'avaient certainement assotie au point de lui faire croire qu'il faisait jour la nuit; ils lui persuadèrent que son mari (et Henri IV !) au moment même où il se rapprochait d'elle, voulait l'empoisonner. Elle le crut si bien qu'elle ne voulut plus dîner avec lui, affichant la défiance, mangeant chez elle ce que sa Léonora apprêtait, refusant les mets de son goût que le roi choisissait de sa table et lui envoyait galamment.

Ces brouilleries publiques enhardirent tout le monde contre le roi. Les Jésuites jouèrent double rôle, le flattant par Cotton, l'attaquant par un P. Gauthier. On devinait fort bien que, tant que le roi n'entamerait pas la grande guerre, il endurerait tout des catholiques. Ce Gauthier, en pleine chaire, ouvre la croisade contre les huguenots, contre le roi même. Les sermons de la Ligue recommencent à grand bruit. On ne s'en tient pas aux paroles, on les traduit en actes. En Picardie, un temple rasé par un prince du sang, le comte de Saint-Pol. A Orléans, un cimetière des huguenots menacé, violé, s'ils ne fussent accourus en armes. A Paris, sous les yeux du roi, le chemin de Charenton infesté par le peuple, le *bon peuple* des sacristies ; les gens qui vont au prêche insultés à coups de pierre, entre autres un malheureux infirme sur qui on lâchait les enfants; ils le tiraient, ils le battaient; n'y voyant pas, il ne résistait guère. La foule appelait ce pauvre homme l'*Aveugle de Charenton*.

La Rochelle se fortifia, à tout événement.

Le roi ne faisait rien. Les Guises impunément tentèrent plusieurs assassinats. Le jour même où le roi défendit les duels, un des Guises en cherche un. Ils se succédaient près d'Henriette, moins par amour, ce semble, que pour faire pièce au roi. Toute sa vengeance fut de leur faire exécuter le traité de mariage; l'héritière de Mercœur fut donnée enfin à Vendôme. Larmes, fureur et résistance. Les jeunes Guises s'en allèrent à Naples, au foyer des plus noirs complots, où le secrétaire de Biron, où les assassins de la Ligue avaient pris domicile, et (d'accord avec les Jésuites) organisaient l'assassinat.

Le roi en eut nouvelle. Il lui arriva d'Italie un Lagarde, homme de guerre normand, qui, revenant des guerres des Turcs, s'était arrêté à Naples, et y avait vécu avec Hébert, secrétaire de Biron, et autres ligueurs réfugiés. Lagarde raconta au roi qu'un jour, dinant chez Hébert, il avait vu entrer un grand homme en violet, qui se mit à table et dit qu'en rentrant en France il tuerait le roi. Lagarde en demanda le nom; on lui dit : « M. Ravaillac, qui appartient à M. le duc d'Épernon, et qui apporte ici ses lettres. » Lagarde ajoute qu'on le mena chez un Jésuite, qui était oncle du premier ministre d'Espagne, le Père Alagon. Ce

Père l'engagea fort à tuer le roi à la chasse, et dit : « Ravaillac frappera à pied et vous à cheval. » Lagarde n'objecta rien, mais partit et revint en France. Sur la route, il reçut une lettre de Naples où on l'engageait encore à tuer le roi. Reçu par lui à Paris, il lui montra cette lettre. Le roi dit à Lagarde : « Mon ami, tranquillise-toi ; garde bien ta lettre ; j'en aurai besoin. Quant aux Espagnols, vois-tu, je les rendrai si petits qu'ils ne pourront nous faire du mal. »

Il avait entrevu, plus qu'il n'eût voulu, que d'Épernon n'était pas seul là-dedans. Il ne devina pas Henriette, mais bien les entours de la reine. Il sentit que Naples et Madrid étaient au Louvre, près de sa femme, que la noire sorcière Léonora avec l'insolent Concini pervertissaient, endurcissaient. Ils l'avaient décidée à faire venir une dévote, la nonne Pasithée (c'était son nom mystique), que déjà on trouve nommée dans les *Questions de Cotton au Diable :* « Est-il bon que la mère Pasithée soit appelée ? » Cette mère avait des visions, et savait par ses visions *qu'il était urgent de sacrer la reine,* pour qu'on pût sans doute se passer du roi et trouver au jour de sa mort une régence déjà préparée.

Le roi fut bouleversé de ces idées, n'en parla à personne. Il garda huit jours ce cruel secret, quitta la cour, resta seul à Livry et dans une petite maison de son capitaine des gardes. Puis, n'y tenant plus et ne dormant plus, il vint à l'Arsenal tout dire à Sully (chap. 189, 190) : « Que Concini négociait avec l'Espagne, que la Pasithée, mise par Concini auprès de la reine, la poussait à se faire sacrer, qu'il voyait très bien que leurs projets ne pouvaient réussir que par sa mort, qu'enfin il avait un avis précis qu'on devait l'assassiner. »

Il se sentait si mal au Louvre, qu'il pria Sully de lui faire arranger à l'Arsenal un tout petit logement; quatre chambres, c'était assez. Ainsi ce prince redouté de toute l'Europe en était à ne plus coucher dans sa propre maison. Le signore Concini l'avait à peu près mis dehors, à la porte de chez lui.

Son malheur, son isolement, rendirent à sa passion une furieuse force. Il avait cru devenir père de la princesse « et en faire la consolation de sa vieillesse ». Mais il se retrouva amant, amoureux fou. Elle en était un peu coupable ; elle l'encourageait. Sans doute, elle en avait pitié. Un tel homme, un tel roi, celui dont l'Espagnol baisait l'épée à genoux, et si persécuté chez lui, entouré de traîtres et d'embûches, c'était sans doute de quoi attendrir un jeune cœur. Sa vieillesse n'était qu'un malheur de plus. Elle le comparait à son triste Condé, sournois, avare, si pressé pour la dot, si peu pour la personne. Elle était dans une situation singulière, mariée, toujours fille. Elle commença à se dire que le roi pourrait divorcer encore. Et son père, le connétable, peu satisfait sans doute de voir ce mariage sans mariage, eut les mêmes pensées.

Dans cette fermentation, la jeune fille fit un coup de tête. Elle fit faire son portrait secrètement et l'envoya au roi. Coup suprême qui le foudroya et le rendit tout à fait fou.

Il se trouve, pour rendre la situation plus tragique, que, justement à ce moment (17 mai), Condé se ravise, revient. Au bout de dix semaines, il se souvient qu'il a épousé la princesse et fait valoir ses droits d'époux. Éclairé par sa mère, qui haïssait le roi (son bienfaiteur), Condé avait compris tout le parti qu'il pouvait tirer de l'aventure, qu'elle allait le poser comme adversaire du roi et l'exhausser énormément, le rendre précieux pour les ligueurs et pour les Espagnols. Donc il vint, prit possession de sa jeune femme, justement irritée de cet oubli de dix semaines, et, d'autorité, l'enleva, la cacha à Saint-Valery, bien sûr qu'on viendrait l'y chercher.

Il est probable qu'elle avertit le roi. Il en perdit l'esprit. Son désespoir lui fit faire une folie près de laquelle Don Quichotte, sur la *Roche pauvre,* jouant le *beau Ténébreux* et faisant ses cabrioles, aurait passé pour un sage.

Il part à peu près seul et déguisé. A mi-chemin, un prévôt le prend pour un voleur, l'arrête. Il lui faut dire : « Je suis le roi. » Il arrive. Condé, averti, enlève encore sa femme, sûr que le roi suivra et s'avilira d'autant plus.

Le secret n'en était pas un ; les dames de la princesse l'avaient bien reconnu. Mais le roi, éperdu d'amour, ne leur demandait rien que de la laisser voir. Son rêve était de la contempler « à sa fenêtre, entre deux flambeaux, échevelée ». Elle eut cette complaisance, et l'effet fut si fort qu'il tomba presque à la renverse. Elle-même dit : « Jésus! qu'il est fou! »

Le lendemain, elle partant, il alla se mettre au passage, sous la jaquette d'un postillon, s'étant appliqué, pour mieux s'embellir, un emplâtre sur l'œil. Elle souffrit de le voir si abaissé, laid et ridicule à ce point. Soit colère, soit pitié, pour lui donner une parole, elle cria du carrosse : « Je ne vous pardonnerai jamais ce tour-là ! »

Grand succès pour Condé. La partie était belle pour lui. Il en pouvait tirer deux avantages : ou de l'argent, beaucoup d'argent, et il inclinait à cela ; ou bien (chose plus agréable à sa mère) une rupture avec le roi, qui le constituerait candidat de l'Espagne au trône de France. Si les Espagnols avaient désiré avoir en main le petit bâtard d'Entragues, combien celui-ci valait mieux ! La guerre venant, ils l'opposaient au Béarnais, faux converti, relaps, apostat, renégat. Et, même après la mort du roi, ils lui offrirent, en effet, de déclarer Louis XIII illégitime, bâtard adultérin, et de le porter au trône.

Cependant la petite femme, qui brûlait d'être reine, avait signé secrètement une demande de divorce. Mais la mère et le fils l'enlèvent. Ayant pris de l'or espagnol qu'un médecin leur apporta, malgré ses pleurs, ses cris, ils la mènent d'un trait à Bruxelles.

Toute la situation était changée au profit de l'Espagne. Maintenant, si le roi commençait la guerre préparée depuis dix ans, on allait rire ; vieux chevalier errant, il aurait l'air seulement de courir après sa princesse. Tout le monde serait contre lui. Sa cruauté à l'égard de son épouse infortunée, sa tyrannie dans sa famille, sa violence effrayante qui forçait son pauvre neveu de fuir, n'ayant nul autre moyen de soustraire sa femme aux derniers affronts, tout cela éclatait dans l'Europe, au profit du Roi-Catholique, protecteur des bonnes mœurs et défenseur de l'opprimé.

L'Espagne, en si bonne cause, ne pouvait manquer d'assistance. Le ciel devait se déclarer, et, ne fît-il plus de miracles, il en devait un cette fois pour la punition du tyran et la vengeance de Dieu.

CHAPITRE XXV

Mort d'Henri IV. (1610.)

Il y avait à Angoulême, place du duc d'Épernon, un homme fort exemplaire, qui nourrissait sa mère de son travail et vivait avec elle en grande dévotion. On le nommait Ravaillac. Malheureusement pour lui, il avait une mine sinistre qui mettait en défiance, semblait dire sa race maudite, celle des *Chicanous* de Rabelais, ou celle des *Chats fourrés*, hypocrites et assassins. Le père était une espèce de procureur, ou, comme on disait, *solliciteur de procès*. Le fils avait été valet d'un conseiller au Parlement, et ensuite homme d'affaires. Mais quand les procès manquaient, il avait des écoliers qui le payaient en denrées. Bref, il vivait honnêtement.

Il avait eu de grands malheurs, son père ruiné, le père et la mère séparés. Enfin, un meurtre s'étant fait dans la ville, on s'en prit à lui, uniquement parce qu'il avait mauvaise mine. On le tint un an en prison.

Il en sortit honorablement acquitté, mais endetté, ce qui le remit en prison. Là, seul et faisant maigre chère, il advint que son cerveau creux commença à s'illuminer. Il faisait de mauvais vers, plats, ridicules, prétentieux. Du poète au fou, la distance est minime. Il eut bientôt des visions. Une fois qu'il allumait le feu, la tête penchée, il vit un sarment de vigne qu'il tenait s'allonger et changer de forme. Le sarment jouait un grand rôle en affaire de sorcellerie ; un plus modeste aurait craint une illusion du Diable. Mais celui-ci, orgueilleux, y vit un miracle de Dieu. Ce sarment était devenu une trompe sacrée d'archange qui lui sortait de la bouche, et sonnait la guerre : la guerre sainte, car de sa bouche, à droite et à gauche, s'échappaient des torrents d'hosties.

Il vit bien qu'il était destiné à une grande chose. Il avait été jusque-là étranger à la théologie. Il s'y mit, lut, étudia, mais une seule et unique question, le droit que tout chrétien a de tuer un roi ennemi du pape. Mariana et autres faisaient grand bruit alors. Qui les lui prêta? qui le dirigea? c'est ce qu'on n'a pas voulu trop éclaircir au procès. Tout au moins il en avait bien profité, et était ferré là-dessus.

A sa sortie de prison, il confia ses visions, et le bruit s'en répandit. On fit savoir au duc d'Épernon qu'il y avait dans sa ville d'Angoulême un homme favorisé du ciel, chose rare alors. Il l'apprécia, s'intéressa à Ravaillac, et le chargea d'aller *solliciter* un procès qu'il avait à Paris. Il devait, sur son chemin, d'abord passer près d'Orléans, au château de Malesherbes, où il eut des lettres du père Entragues et d'Henriette. Il lui donnèrent leur valet de chambre, qui le fit descendre à Paris, chez la dame d'Escoman, confidente d'Henriette.

Celle-ci fut un peu effrayée de cette figure. C'était un grand homme et fort, charpenté vigoureusement, de gros bras et de main pesante, fort bilieux, roux de cheveux comme de barbe, mais d'un roux foncé et noirâtre qu'on ne voit qu'aux chèvres. Cependant, il le fallait, elle le logea, le nourrit, le trouva très doux, et se repentant de son jugement sur ce bon personnage, elle le chargea même d'une petite affaire au Palais.

Il resta deux mois à Paris; que fit-il ensuite? Lagarde nous l'apprend : il alla à Naples pour le duc d'Épernon; il y mangea chez Hébert, et lui dit qu'il tuerait le roi. C'était le moment, en effet, où le roi avait garanti la Hollande et refusé le double mariage d'Espagne. Il ne restait qu'à le tuer. Ravaillac, de retour à Paris, vit la d'Escoman, à l'Ascension et à la Fête-Dieu de 1609. Il lui dit tout, mais avec larmes; plus près de l'exécution, il sentait d'étranges doutes et ne cachait pas ses perplexités.

Cette d'Escoman, jusque-là digne confidente d'Henriette, femme galante et de vie légère, était pourtant un bon cœur, charitable, humain. Dès ce jour, elle travailla à sauver le roi; pendant une année entière, elle y fit d'étonnants efforts, vraiment héroïques, jusqu'à se perdre elle-même.

Le roi pensait à tout autre chose. Sa grande

affaire était la fuite de Condé. En réalité, et, toute passion à part, on ne pouvait laisser tranquillement dans les mains des Espagnols un si dangereux instrument. Le manifeste qu'il lança visait droit à la révolte. Pas un mot de ses griefs : il ne s'occupait que du peuple ; il n'avait pu rester témoin des souffrances du peuple. C'était dans l'intérêt du peuple qu'il s'était réfugié chez nos ennemis, et qu'il donnait des prétextes pour la guerre, et la guerre civile.

Ce manifeste eut de l'écho. Condé avait fort caressé les parlementaires, spécialement M. De Thou. Dans la noblesse mécontente, quelques-uns se mirent à dire que, pas un enfant du roi ne venant de lui, Condé lui succéderait. Au Louvre même, on répandait un quatrain prophétique qu'on disait de Nostradamus, où le *lionceau fugitif* devait trancher les jours du *lion*.

L'Autriche prit du courage quand elle vit ainsi le roi tellement menacé par les siens. L'Empereur décida hardiment la question du Rhin, déclara Clèves et Juliers en séquestre, et les fit saisir par son cousin Léopold. Il fallait de grands calmants et force opium pour faire avaler cela ; Cotton n'en désespérait pas, le roi paraissant distrait, affolé par sa passion, et l'Espagne lui jetant l'appât de lui rendre la princesse. Un homme dévoué aux Jésuites lui fut présenté par Cotton pour être envoyé à Clèves. Le roi leur en donna l'espoir, mais en envoya un autre, qui conclut (10 février 1610) avec les princes protestants le traité de guerre. Par trois armées à la fois, et trois généraux protestants, Sully, Lesdiguières et La Force, il allait entrer en Allemagne, en Espagne et en Italie. Ses canons étaient partis, une armée déjà en Champagne.

Les Jésuites étaient joués. Leur homme, le duc d'Épernon, colonel général de l'infanterie, était laissé à Paris. Nul doute que ce titre même ne lui échappât. Le roi le caressait fort, mais il venait de faire couper la tête à un de ses protégés qui avait fait la bravade, au moment de l'édit contre les duels, de se battre et de tuer un homme; d'Épernon pria en vain, supplia, le roi tint ferme.

Plus cruellement encore la reine fut humiliée dans son chevalier Concini. Ce fat, qui n'avait jamais guerroyé que dans l'alcôve, posait comme homme de guerre. Il affectait grand mépris pour les hommes de robe longue. Dans un jour de cérémonie, le Parlement défilant en robes rouges, seul des assistants, Concini restait couvert. Le président Séguier, sans autre façon, prend le chapeau, le met par terre. Cela ne le corrigea pas. Peu après, affectant de ne pas savoir le privilège du Parlement, où l'on n'entrait qu'en déposant ses armes à la porte, notre homme, en bottes, éperons dorés, l'épée au côté, et sur la tête le chapeau à panache, entre dans une chambre des enquêtes. Les petits clercs qui étaient là courent à lui, abattent le chapeau. Concini avait cru qu'on n'oserait, parce qu'il avait avec lui une dizaine de domestiques. Grande bataille, un page de la reine vient à son secours. Mais les clercs ne connaissent rien. Concini reçoit force coups, est tiré, poussé, houspillé. On le sauva à grand'peine en le fourrant dans un trou, d'où on le tira le soir.

La reine avait le cœur crevé, non le roi. Lorsque Concini se plaignit d'une injure telle pour un homme d'épée comme lui, les parlementaires étaient là aussi pour se plaindre, et le roi, toujour rieur : « Prenez garde, dit-il, leur plume a le fil plus que votre épée. »

Cette fatale plaisanterie fut, sans nul doute, une des choses qui endurcirent le plus la reine. Elle se crut avilie, voyant son cavalier servant, son brillant vainqueur des joutes, qui avait éclipsé les princes, battu par les clercs, moqué par le roi. Elle avait le cœur très haut, magnanime, dit Bassompierre; ce qui veut dire qu'elle était altière et vindicative. Pour la *vendetta* italienne, ce n'eût pas été trop qu'une Saint-Barthélemy générale des clercs, des juges, etc. Mais plus coupable était le roi. La reine se boucha les oreilles aux avis que la d'Escoman s'efforçait de faire arriver. Celle-ci avait été au Louvre, lui avait fait dire, par une de ses femmes, qu'elle avait à lui donner un avis essentiel au salut du roi; et, pour assurer d'avance qu'il ne s'agissait pas de choses en l'air, elle offrait, *pour le lendemain*, de faire saisir certaines lettres envoyées en Espagne. La reine dit qu'elle l'écouterait, et la fît languir trois jours, puis partit pour la campagne.

Bien étonnée d'une si prodigieuse insouciance de la reine, la pauvre femme pensa que le confesseur du roi peut-être aurait plus de zèle. Elle alla demander

Cotton aux Jésuites de la rue Saint-Antoine. Elle fut assez mal reçue. On lui dit que le Père n'y était pas, rentrerait tard, et partirait de grand matin pour Fontainebleau. Désolée, elle s'expliqua avec le Père procureur, qui ne s'émut pas, fut de glace, ne promit pas même d'avertir Cotton, dit : « Je demanderai au Ciel ce que je dois faire..... Allez en paix, et priez Dieu. — Mais, mon père, si l'on tue le roi?... — Mêlez-vous de vos affaires. »

Alors elle le menaça. Il se radoucit : « J'irai, dit-il, à Fontainebleau. » — Y alla-t-il? on l'ignore. Ce qu'on sait, c'est que l'obstinée révélatrice fut arrêtée le lendemain.

Incroyable coup d'audace! ceux qui donnèrent l'ordre étaient donc bien appuyés de la reine, ou bien sûrs que le roi mourrait avant que l'affaire vînt à ses oreilles?

La d'Escoman était si aveugle que, du fond de sa prison, d'où elle ne devait plus sortir que pour être mise en terre, elle s'adressa encore à la reine. Elle trouva moyen d'avertir un domestique intime, qui alors n'était qu'une espèce de valet de garde-robe, mais approchait de bien près (l'apothicaire de la reine). Sans nul doute, l'avis pénétra, mais trouva fermée la porte du cœur.

Ravaillac a dit, dans ses interrogatoires, qu'il se serait fait scrupule de frapper le roi avant que la reine fût sacrée et qu'une régence préparée eût garanti la paix publique. C'était la pensée générale de tous ceux qui machinaient, désiraient la mort du roi.

Le premier était Concini. Il mit toute son industrie à hâter ce jour. Ni nuit ni jour, la reine ne laissa au roi de repos qu'il n'eût consenti. Elle disait que, s'il refusait, on verrait bien qu'il voulait lui préférer la princesse, divorcer pour l'épouser. Le roi objectait la dépense. Il lui fallut pourtant céder. Elle fit une entrée magnifique, fut sacrée à Saint-Denis.

Le roi, au fond assez triste, plaisantait plus qu'à l'ordinaire. Quand elle rentra dans le Louvre, couronnée, en grande pompe, il s'amusa à lui jeter, du balcon, quelques gouttes d'eau. Il l'appelait aussi, en plaisantant, madame la régente. Elle prenait tout cela fort mal. En réalité, il lui avait témoigné peu de confiance, la faisant, non pas régente, mais membre d'un conseil de régence sans qui elle ne pouvait rien, où elle n'avait qu'une voix qui ne devait peser pas plus que celle de tout autre membre.

Sully dit expressément que le roi attendait de ce sacre les derniers malheurs.

Il était dans un abattement qui étonne quand on songe aux grandes forces qu'il avait, aux grandes choses qu'il était près d'accomplir. La Savoie l'avait retardé, il est vrai. Le pape tournait contre lui et travaillait pour l'Autriche. Cependant il était si fort, il avait tant de vœux pour lui, tant d'amis chez l'ennemi, qu'il ne risquait rien d'avancer.

Qui lui manqua? son propre cœur.

C'est un dur, mais un haut jugement de moralité, une instruction profonde, que cet homme aimable, aimé, invoqué de toute la terre, mais faible et changeant, qui n'eut jamais l'idée du devoir, tomba à son dernier moment, s'affaissa et défaillit.

Il avait eu toujours besoin de plaire à ce qui l'entourait, de voir des visages gais. Toute la cour était sombre, manifestement contre lui.

Il avait eu besoin de croire qu'il était aimé du peuple. Il l'aimait; il le dit souvent dans ses lettres les plus intimes. Malgré des dépenses trop fortes de femmes et de jeux, l'administration était sage, et au total économe. L'agriculture avait pris un développement immense. Le roi croyait le peuple heureux. En réalité, tout cela ne profitait guère encore qu'aux propriétaires du sol, aux seigneurs laïques, ecclésiastiques. Ils vendaient leur blé à merveille, mais le pain restait très cher, et le salaire augmentait peu. On vivait avec deux sols en 1500; en 1610, on ne vivait plus avec vingt, qui font six francs d'aujourd'hui; l'ambassadeur d'Espagne les donnait à chacun de ses domestiques, et ils se plaignaient de mourir de faim.

Quand le roi, en 1609, aux approches de la guerre, ordonna quelques impôts, le président De Harlay, vénérable par son âge et par son courage au temps de la Ligue, opposa la plus vive résistance. Le roi s'indignait, mais les mêmes choses lui furent dites par le vieil Ornano, gouverneur de Guyenne, qui vint mourir à Paris; il lui assura que le Midi ne pouvait payer, succombait sous le fardeau.

Il fut touché, retira deux de ses édits fiscaux. Mais en même temps il faisait (toujours dans sa triste bascule) une concession au clergé qui désespéra le Midi;

pour le Béarn, tout protestant, le rétablissement forcé des églises catholiques et la rentrée des Jésuites; pour nos Basques, une commission contre les sorciers, qui les jugeait tous sorciers et qui eût voulu brûler le pays.

Sans savoir tout le détail de ces maux, il entrevoyait cette chose triste, que le peuple souffrait, gémissait, et qu'il n'était pas aimé.

Une scène lui fit impression. Un mendiant vient prendre le roi aux jambes, lui dit que sa sœur, ruinée par l'impôt et désespérée, s'est pendue avec ses enfants. Forte scène, et qui aurait mérité d'être éclaircie. Le roi venait au moment même de retirer deux impôts. On n'en dit pas moins dans Paris qu'il était dur et sans pitié.

Un jour que le roi passait près des Innocents, un homme en habit vert, de sinistre et lugubre mine, lui cria lamentablement : « Au nom de Notre-Seigneur et de la très sainte Vierge, sire, que je parle à vous ! » On le repoussa.

Cet homme était Ravaillac. Il s'était dit qu'il était mal de tuer le roi sans l'avertir, et il voulait lui confier son idée fixe, qui était de lui donner un coup de couteau.

De plus, il lui eût demandé si vraiment *il allait faire la guerre au pape.* Les soldats le disaient partout, et, de plus, qu'ils ne feraient jamais guerre dont ils fussent si aises.

Troisièmement, Ravaillac voulait savoir du roi même ce que lui assuraient les moines, *que les huguenots préparaient le massacre des bons catholiques.*

Tout cela faisait en lui une incroyable tempête. Une violente plaidoirie se faisait dans son cœur, un débat interminable. Il semblait que le Diable y tînt sa cour plénière. Souvent il n'en pouvait plus, était aux abois. Une fois, il quitta son école, sa mère, s'alla réfugier dans un couvent de Feuillants; mais ils n'osèrent le garder. Il eût voulu se faire Jésuite. Les Jésuites le refusèrent, sous prétexte qu'il avait été dans un couvent de Feuillants.

Il ne cachait guère sa pensée, demandait conseil. Il parla à un aumônier, à un Feuillant, à un Jésuite. Mais tous faisaient la sourde oreille et ne voulaient pas comprendre. Au Feuillant il avait demandé : « *Un* homme qui voudrait tuer *un* roi, devrait-il s'en confesser ? » Un Cordelier auquel il parla en confession de *cet homicide volontaire* (sans rien expliquer) ne lui demanda pas même ce que ce mot signifiait. C'est une chose effrayante de voir que, sur la mort du roi, tous entendaient à demi-mot, ne se compromettaient pas, mais laissaient aller le fou.

Ainsi rejeté, livré à lui-même, il eût fait le coup, sans une idée qui lui vint et fit qu'il ajourna. Il songea que c'était le temps de Pâques, et que c'était le devoir de tout catholique de communier à sa paroisse. La sienne était à Angoulême. Il quitta Paris, et y retourna. Mais là, à la communion, il sentit qu'un cœur tout plein d'homicide ne pouvait pas recevoir Dieu. Il voyait d'ailleurs sa dévote mère, bien plus agréable au ciel et plus digne, qui communiait. Il s'en remit à elle de ce devoir, laissa le ciel à sa mère et garda l'enfer pour lui.

Lui-même a raconté cela plus tard, avec d'abondantes larmes.

Au pied même de l'autel, pendant la communion, sa résolution lui rentra au cœur, et il s'y sentit fortifié. Il revint droit à Paris. C'était en avril (1610). Dans son auberge, il empoigna un couteau, le cacha sur lui. Mais, dès qu'il l'eut, il hésita. Il reprit machinalement le chemin de son pays. Une charrette, sur la route, allait devant lui. Il y épointa son couteau, en cassa la longueur d'un pouce. Arrivé ainsi à Étampes, un calvaire qui était aux portes lui montrait un *Ecce Homo*, dont la lamentable figure lui rappela que la religion était crucifiée par le roi. Il revint plein de fureur, et dès lors n'hésita plus.

De peur pour lui-même, aucune. Un chanoine d'Angoulême lui avait donné un cœur de coton qui, disait-il, contenait un morceau de la vraie croix. Il est probable qu'on voulait l'affermir, le rassurer. Un homme armé de la vraie croix pouvait croire qu'invisible ou défendu par le ciel, il traverserait tout danger.

Ravaillac, si indiscret, était fort connu, et, de même qu'on avait su fort longtemps que Maurevert, l'assassin gagé des Guises, devait tirer sur Coligny, on n'ignorait nullement que le tueur du roi fût dans Paris. Le dimanche, un ancien prêtre, devenu soldat, rencontrant près de Charenton la veuve de son capitaine qui allait au prêche, lui dit de quitter Paris, qu'il y avait plusieurs bandits apostés par l'Espagne pour tuer le roi, l'un entre autres habillé de vert, qu'il y aurait grand trouble dans la ville, et danger pour les huguenots.

Il paraît que, même en prison, ces bruits circulaient, et parvinrent à la d'Escoman. Acharnée à sauver le roi, elle décida une dame à avertir un ami de Sully à l'Arsenal; cette dame était mademoiselle de Gournay, fille adoptive de Montaigne. Sully, sa femme et l'ami reçurent l'avis, mais délibérèrent, le transmirent au roi, en ôtant les noms (sans doute de d'Épernon, de Concini et de la reine) : « Si le roi en veut savoir davantage, dirent-ils, on le fera parler aux deux femmes, la Gournay et la d'Escoman. » L'avis devenait dès lors fort insignifiant. Le roi, qui en avait reçu tant d'autres, n'y fit aucune attention.

Il était si incertain, si flottant, si troublé, qu'il ne distinguait guère ses amis de ses ennemis. Il montra de la confiance à Henriette d'Entragues, lui renvoyant à elle-même un homme qui l'accusait, et il montra de la défiance à Sully, ne voulant pas qu'il fît d'avance un traité avec une compagnie qui eût assuré les vivres.

Ce renversement d'esprit semblait d'un homme perdu qui va à la mort. Tout en se moquant de l'astrologie, il craignait ce moment prédit, le passage du 13 au 14. Il devait partir dans trois jours, justement comme Coligny, quand il fut tué. La nuit du 13, ne pouvant trouver de repos, cet homme si indifférent se souvint de la prière, et il essaya de prier.

Le matin du vendredi 14, son fils Vendôme lui dit que, d'après un certain Labrosse, ce jour lui serait fatal, qu'il prît garde à lui. Le roi affecta d'en rire. Vendôme en parla à la reine, qui, plus ébranlée qu'on n'eût cru, par une contradiction naturelle, supplia le roi de ne pas sortir. Il dîna, se promena, se jeta sur son lit, demanda l'heure. Un garde dit : « Quatre heures », et familièrement, comme tous étaient avec le roi, lui dit qu'il devrait prendre l'air, que cela le réjouirait. — « Tu as raison... Qu'on apprête mon carrosse. »

Quand la voiture sortit du Louvre, il ne dit pas d'abord où il allait, et il ne voulut pas de gardes, pour ne pas attirer l'attention. Il allait à l'Arsenal voir Sully malade. Mais, selon une tradition, il eut l'idée de passer d'abord chez une beauté célèbre, la fille du financier Paulet, une rousse qu'on appelait la *Lionne*, pleine d'esprit, et de voix charmante. Un jour qu'elle chantait, trois rossignols, disait-on, en moururent de jalousie. Le roi avait pensé à elle pour en faire la maîtresse de son fils Vendôme, une maîtresse qui l'eût relevé, qui en aurait fait un homme, un Français, qui l'eût retiré de ses vilains goûts italiens.

Il faisait beau temps, le carrosse était tout ouvert. Le roi était au fond, entre M. de Montbazon et le duc d'Épernon. Celui-ci occupait le roi à lire une lettre. A la rue de la Ferronnerie, il y eut un embarras, une voiture de foin et une de vin. Ravaillac, qui suivait depuis le Louvre, rejoignit, monta sur une borne, et frappa le roi... « Je suis blessé ! » En jetant ce cri, le roi leva le bras, ce qui permit le second coup, qui lui perça le cœur. Il mourut au moment même. D'Épernon jeta dessus un manteau, et, disant que le roi n'était que blessé, il ramena le corps au Louvre.

Une tradition veut qu'au moment où le coup fut fait, Concini ait entr'ouvert la chambre de la reine, et lui ait jeté ce mot par la porte : « *È ammazzato.* »

Nous n'aurions pas rappelé cette tradition, si la reine elle-même n'eût redit ce mot avec un accent de remords, de reproche, lorsque Concini fut à son tour assassiné.

APPENDICE

Chapitre II. — *L'Armada*, p. 22.
De Thou, si complet ici, doit être comparé aux Anglais, il donne la part importante que les Hollandais eurent à la chose. Les *Mémoires de la Ligue* contiennent les dépositions des Espagnols naufragés, t. II, p. 452. Nos archives possèdent trois curieuses ballades anglaises, avec gravures ; on y voit les grils, fouets, etc., qu'apportaient les Espagnols. (*Archives de Simancas*, B, 6, 76.)

Chapitres VI et VII. — Vers le mois d'avril 89, le légat Morosini s'étant retiré à l'abbaye de Marmoutiers, le roi y vient pour se récréer, dit-il, puis il avoue que c'est pour parler au légat. — Il s'excuse de s'appuyer sur l'alliance des hérétiques. — Suit un dialogue très vif. A tout ce qu'objecte l'homme du pape, le roi répond toujours par l'impossibilité d'apaiser les catholiques. « Que voulez-vous que je fasse ? si le duc de Mayenne *vient pour me couper le cou*, il me faut bien une épée, recourir aux hérétiques, aux Turcs même. Ils veulent absolument ma tête, et moi je veux la garder, etc., etc. — Le cardinal Cajetano fait, le 28 mars 1590, un long rapport sur la situation. — Si le Navarrais arrive à la couronne, il faudra peu de temps *pour que la religion soit exterminée*. — Villeroy lui a conté un entretien de Mornay, d'après lequel « le Navarrais ne se fera pas catholique, mais laissera tout le « monde croire et vivre à sa guise ; il réformera le catholicisme, se « fera roi des Romains, envahira l'Italie, bouleversera la chré- « tienté. » — « Le Navarrais, dit Cajetano, a su, par des lettres « interceptées que le pape me donnait ordre de semer la division « parmi les princes du sang. »

On est saisi d'étonnement en voyant, quelques feuilles plus loin, Henri IV devenu si indifférent au parti protestant, qu'il songe à épouser une fille de Philippe II (26 juin 1597). La grande crainte du pape à cette époque, c'est qu'à la mort d'Élisabeth Henri IV ne fasse tomber la succession d'Angleterre dans les mains du roi d'Espagne; cette idée monstrueuse paraît si naturelle au pape, qu'elle fait son inquiétude ; il y pense jour et nuit! (*Archives de France, extraits des Archives du Vatican*, carton L, 388.)

Les *Archives de Suisse* contiennent plusieurs pièces intéressantes sur cette époque. Celles de *Berne* éclairent la destinée du fils aîné de l'amiral. Dans les *Registres du Conseil de Genève*, on trouve la manière étrange dont on avait imaginé d'annoncer l'abjuration aux étrangers. Le chancelier écrit : « S. M. *demeure en l'église où elle a été baptisée.* » (Communiqué par MM. Bétant et Gaberel.) — Cf. la correspondance d'Henri avec le landgrave, éd. Rommel; une très curieuse brochure de M. C. Read : *Henri IV et le ministre Chamier*, 1854; enfin le charmant livre de M. E. Jung, *Henri IV écrivain*. — J'ajourne beaucoup de choses. Voir l'important ouvrage de M. Poirson et mon volume suivant.

Notes de la conclusion, page 197.

Luther fut réellement le premier apôtre de la tolérance. Il y a des textes pour et contre dans l'Évangile. Les Pères sont partagés : saint Hilaire, saint Ambroise et saint Martin sont pour; saint Cyprien, saint Augustin sont contre, et ce sont ces derniers que toute l'Église a suivis, et les conciles, et les papes, et saint Thomas d'Aquin. — Luther n'hésite pas. Il tranche ainsi la question : « L'usage de brûler les hérétiques vient de ce qu'on craignait de ne pouvoir les réfuter. » Léon X et la Sorbonne le condamnent (error 33) pour avoir avancé : *Hereticos comburi esse contra voluntatem Spiritus*. Il avait dit (à la noblesse allemande) : « Contre les hérétiques, il faut écrire, et non brûler. » Dans son explicaion de saint Matthieu (XIII, 24-30) : « Qui erre aujourd'hui n'errera pas demain. Si tu le mets à mort, tu le soustrais à l'action de la parole et tu empêches son salut, ce qui est horrible. . Oh! que nous avons été fous de vouloir convertir le Turc avec l'épée, l'hérétique par le feu et le Juif à coups de bâton! » Le 21 août 1524, il intercède auprès de l'Électeur pour ses ennemis, Münzer et autres : « Vous ne devez point les empêcher de parler. Il faut qu'il y ait des actes et que la Parole de Dieu ait à lutter... Qu'on laisse dans son jeu le combat et le libre choc des esprits. — La guerre des paysans qui ne l'écoutèrent pas et le mirent dans une si grande colère ne lui fit pas cependant modifier ces doctrines. Il autorise seulement les princes à se faire obéir et à réprimer *l'esprit de meurtre* (4 février 1525). En 1530 encore (sur le psaume 82), il ne demande contre les blasphémateurs publics *que leur éloignement*. — Un savant et consciencieux ministre d'Alsace, M. Müntz, qui connaît à fond Luther, et que j'ai consulté, me répond : « Je ne connais de lui aucun passage où il approuve qu'on punisse l'hérétique paisible qui ne prêche pas la révolte et le meurtre. »

Pages 203-210. — *Palissy, Palestrina.*

Pour la bénédiction de ce livre, finissons par ces innocents, le protestant, le catholique. J'ai tiré ce que j'ai dit de Palestrina des *Memorie* du chanoine Baïni, très lumineusement résumés dans un excellent article de M. Delécluze (ancienne *Revue de Paris*).

Quant à Palissy, je serais inconsolable de n'en pas parler tout au long si M. Alfred Dumesnil n'en avait fait si bien la légende. Un mot seulement sur son séjour aux Tuileries. Ce sont de ces spectacles où Dieu s'amuse, que ce bonhomme, ce saint, ait été logé au palais de la Saint-Barthélemy, par Catherine, dans sa ménagerie avec ses bêtes, oiseaux, poissons, à côté de l'astrologue et du parfumeur trop connu!... Elle prenait plaisir à voir Palissy orner ses vases de plantes d'un vert pâle où couraient des serpents.

Sa poterie lui sauva la vie, et fit excuser son génie de naturaliste. Admirablement étranger aux sottes sciences du Moyen-âge, il avait un sens pénétrant pour toute chose d'expérience et de vérité, une seconde vue lointaine des vraies sciences. Il semblait que la nature, charmée de trouver un homme si ignorant, lui dît tout, comme à son enfant. Il voyait au sein de la terre couler les eaux, sourdre les fontaines, monter la sève aux plus secrètes veines des plantes. Il entendait parfaitement la formation des coquillages et l'élaboration profonde du monde des mers. Le premier il ramassa toutes sortes de curiosités et fit un *Cabinet d'histoire naturelle*. Beaucoup de gens demandant ce que signifiait tout cela, il commença (1575) à enseigner, non telle science (faisant profession de ne rien savoir), mais seulement ce qu'il avait vu, trouvé, expérimenté.

Ce qu'il regarde volontiers dans les choses de la nature, ce qu'il observe avidement et voudrait imiter, ce sont les arts ingénieux par lesquels elle protège les plus humbles de ses enfants. Les volutes des coquillages où ils se retirent, s'abritent et trouvent tant de sûreté contre la violence des flots, contre la rage d'un monde de destructeurs, lui font envie; il les propose comme modèle originaire des forteresses les plus sûres. Ah! pourquoi Dieu n'a-t-il donné le refuge au moins de l'huître et du moule, la carapace des tortues, à ce grand peuple poursuivi, à ces infortunés troupeaux de vieillards, d'orphelins, de femmes, qui, désormais sans foyer, s'enfuient, éperdus, sur les routes de France?... Le rêve des îles Bienheureuses dont se berça l'humanité, les solitudes d'Amérique où nos fugitifs qui cherchaient la paix trouvèrent la mort et l'Espagnol, tout cela n'arrête pas l'imagination de Palissy, positif jusque dans ses songes. Le sien, c'est une œuvre d'industrie, un vaste jardin établi dans une position forte et savamment fortifiée où il ferait un château de refuge pour sauver les persécutés. Les sciences de la nature ont été précisément cet abri pour l'âme humaine.

Ce pauvre homme, méprisé, jeté à la voirie avec les chiens, n'en commence pas moins le vrai nouveau monde. Il termine le seizième siècle et le dépasse. Par lui, nous passons de ceux qui devinèrent la nature à ceux qui la refirent, *des découvreurs aux inventeurs*, créateurs et fabricateurs. — De lui est cette parole : « *La nature la grande ouvrière; l'homme ouvrier comme elle.* » Le seizième siècle n'a pas été perdu, puisqu'il finit par un tel mot. Combien nous voilà loin de l'*Imitation* monastique, froide et stérile! La chaude imitation dont il s'agit ici, c'est le prolongement de la création.

Page 338. — *Projet de république chrétienne, grand dessein d'Henri IV*, etc.

M. Poirson a très bien distingué qu'il y a là deux choses : 1° le système positif des alliances d'Henri IV avec les ennemis de la maison d'Autriche, système qui se faisait de lui-même sous l'impression de terreur que cette maison inspirait; toute l'Europe se serrait du côté de son défenseur ; 2° un plan tout utopique de Sully pour la fédération européenne. M. Poirson est trop indulgent pour ce plan ridicule. Cela a été écrit par les secrétaires de Sully (ils le disent eux-mêmes en 1627 pendant le siège de La Rochelle, et déjà sous la royauté du cardinal. Richelieu, l'année précédente, avait proposé, comme type de l'ordre financier, l'année 1608, c'est-à-dire l'apogée de l'administration de Sully. Celui-ci put en concevoir le vague espoir d'être rappelé aux affaires par le cardinal. De là peut-être ces idées (si étranges chez un protestant) de faire une république italienne *vassale du pape*. Ce qu'il propose aussi pour les élections de Hongrie et de Bohème est ridicule et quasi fou. On regrette de trouver cette tache dans ce beau livre des *Œconomies.*

15 octobre 1856.

FIN DU TOME DIXIÈME.

TABLE DES MATIÈRES

	Pages
Chapitre Ier. — *Le roi d'Espagne fait faire les barricades de Paris* (mai 1588)	1
Le parti espagnol dépasse Guise; le roi échappe.	20
Chapitre II. — *L'Armada* (juin, juillet, août 1588).	22
Les Guises voulaient lui ouvrir Boulogne.	27
Destruction de l'*Armada*.	31
Chapitre III. — *Le roi, Guise et Paris pendant l'expédition de l'Armada* (mai, août 1588).	39
La bourgeoisie de Paris résiste aux Guises.	45
Le roi se livre à eux.	47
Chapitre IV. — *La Ligue aux États de Blois* (août, décembre 1588).	51
Catherine penche pour les Guises.	58
Guise se dépopularise.	61
Chapitre V. — *Mort d'Henri de Guise* (décembre 1588).	62
Mort de Catherine (5 janvier 1589).	82
Chapitre VI. — *Le terrorisme de la Ligue* (1589).	84
En quoi le terrorisme d'alors différait de 93.	94
Chapitre VII. — *Henri III et le roi de Navarre assiègent Paris. Mort d'Henri III* (1588).	101
Ce qu'était le roi de Navarre.	102

La réunion des deux rois. 109
Mort d'Henri III (2 août). 120

CHAPITRE VIII. — *Henri IV.* — *Arques et Ivry* (1589-1590). 121

Venise se déclare pour Henri IV. 133
Le roi attaque Paris. 135
Ivry (13 mars 1590). 136

CHAPITRE IX. — *Siège de Paris* (1590-1592). 139

Le prince de Parme fait lever le siège. 146

CHAPITRE X. — *Avortement des Seize et de l'Espagne.* — *Siège de Rouen* (1591-1592). 150

Excès des Seize punis par Mayenne. 156

CHAPITRE XI. — *Montaigne.* — *La Ménippée.* — *L'Abjuration* (1592-1593). 160

Gabrielle et l'abjuration. 169

CHAPITRE XII. — *L'entrée à Paris* (mars 1594). 175

CHAPITRE XIII. — *Paix avec l'Espagne.* — *Édit de Nantes* (1598). *Conclusion de l'histoire du seizième siècle*. 186

Blessure du roi ; expulsion des Jésuites (décembre 1595). . . . 189
Traité de Vervins (2 mai 1598). 193
Notre histoire n'est point impartiale. 197
Ce que nous avons voulu. 200
La religion de l'humanité et de la nature. 202
Comment le vieux principe parvint à vivre après sa mort. . . 203
Pourquoi la Renaissance échoua. 207
Impuissance du vieux principe dans sa victoire apparente. . . 210

CHAPITRE XIV. — *Ligue de la cour contre Gabrielle* (1598). 213

Faiblesse d'Henri IV dans son intérieur. 215
Le dilemme du temps : *le tuer ou le marier*. 218
Gabrielle craint le mariage florentin. 219
Sully, créé par elle, travaille contre elle. 222

CHAPITRE XV. — *Mort de Gabrielle* (1599). 228

Le Diable et les possédés. 229
Maladie du roi ; assassins. 232
Le roi décidé pour Gabrielle. 237
Les protestants désirent le mariage français. . . . . *ibid.*
La mort violente. 241

TABLE DES MATIÈRES

	Pages
Chapitre XVI. — *Henriette d'Entragues et Marie de Médicis* (1599-1600)	255
La galerie de Rubens	ibid.
Politique papale et florentine de la France	257
Double négociation de mariage	261
Chapitre XVII. — *Guerre de Savoie. Mariage* (1601)	268
Conquête de la Savoie	270
Marie déplaît au roi, il prépare son divorce à Rome	277
Chapitre XVIII. — *Conspiration de Biron* (1601-1602)	279
Les amants de la reine	281
Biron traite avec l'ennemi	285
Son procès (15 juin-31 juillet)	290
Chapitre XIX. — *Le rétablissement des Jésuites* (1603-1604)	299
Réaction. Transformation du clergé et de la noblesse	300
François de Sales, Cotton	305
Chapitre XX. — *Le roi se rapproche des protestants* (1604-1606)	310
Concini, favori de la reine	311
Conspiration d'Entragues	313
Conspiration des poudres	ibid.
Le roi donne aux protestants le temple de Charenton	320
Chapitre XXI. — *Grandeur d'Henri IV*	323
Difficultés qu'il rencontrait	324
Réformes de Sully	326
Ce que le roi fit malgré Sully	328
Le Paris d'Henri IV	330
Chapitre XXII. — *La conspiration du roi et la conspiration de la cour* (1606-1608)	335
L'Europe se précipitait dans les bras de la France	336
La cour conspire la mort du roi	338
Insolence et haine de Concini	340
Chapitre XXIII. — *Le dernier amour d'Henri IV* (1609)	344
L'*Astrée* de d'Urfé	346
Mademoiselle de Montmorency	347
Masque d'Henri IV	ibid.
Mariage du prince de Condé	349
Chapitre XXIV. — *Progrès de la conspiration. Fuite de Condé* (1609)	353

	Pages
CHAPITRE XXV. — *Mort d'Henri IV* (1610).	362
Ravaillac.	*ibid.*
Avis de la d'Escoman, négligé de la reine.	367
Abattement d'Henri IV.	369
Il est tué (14 mai 1610)	375
APPENDICE.	377

FIN DE LA TABLE DU TOME DIXIÈME.

IMPRIMERIE E. FLAMMARION, 26, RUE RACINE, PARIS.

ŒUVRES COMPLÈTES

DE

J. MICHELET

ÉDITION DÉFINITIVE, REVUE ET CORRIGÉE

DÉTAIL DE L'ŒUVRE COMPLÈTE

Histoire de France (Moyen âge, Temps modernes, Révolution, XIXe siècle).	26 vol.
Vico.	1 vol.
Histoire romaine.	1 vol.
L'Oiseau. — La Mer.	1 vol.
Luther (Mémoires).	1 vol.
Le Peuple. — Nos Fils.	1 vol.
Le Prêtre. — Les Jésuites.	1 vol.
La Montagne. — L'Insecte.	1 vol.
L'Amour. — La Femme.	1 vol.
Précis d'histoire moderne. — Introduction à l'Histoire universelle.	1 vol.
La Bible de l'Humanité. — Une année du Collège de France (1848).	1 vol.
Les Origines du Droit. — La Sorcière.	1 vol.
Les Légendes du Nord. — La France devant l'Europe.	1 vol.
Les Femmes de la Révolution. — Les Soldats de la Révolution.	1 vol.
Lettres inédites adressées à Mlle Mialaret (Mme Michelet).	1 vol.
TOTAL.	40 vol.

Prix de chaque volume 7 fr. 50.
(Envoi franco contre mandat ou timbres).

IMPRIMERIE E. FLAMMARION, 26, RUE RACINE, PARIS.

www.ingramcontent.com/pod-product-compliance
Lightning Source LLC
Chambersburg PA
CBHW060610170426
43201CB00009B/970